↖ p20「右京山」本郷４丁目北部一帯。菊坂に慎ましく暮らした樋口一葉も、母や妹を連れて遊んだ
↑ p131 「愛宕山」海抜 26m といえども天然山としては都区内最高峰。「出世の階段」で名高いが…

あっ、ここは「山」だったんですね

← p116 「八幡山（亀が岡）」市ヶ谷駅のホームからビルの間に覗く。鶴岡八幡宮に対する亀が岡である
↙ p44 「権現山」護国寺の裏山の旧称。かつて東照権現社があったが、現在は「豊島ヶ岡」とよばれる
↓ p120 「木原山」大森駅前の天祖神社から南西方向に環七通まで続く峰

都区内で「お山巡り」

↗p160 「箱根山」築山だが標高 43m は山手線内最高峰
→p124 「芳葉岡」消失した御殿山、権現山から続く高台に聳える品川富士（品川神社）。展望は周囲のビルにも負けない
↘p186 「野毛大塚古墳」帆立貝式とよばれる前方後円墳。墳頂まで登れる
↓p48 「鉄炮洲富士」背面はビルに見下ろされているが、急峻な富士山で常時登拝可

↑ p66 「滝野川城址」石神井川沿いには関東平氏の流れを汲む名門・豊島一族の城が点在していた
↗ p27 「神田明神男坂」湯島台地から明神下方面を眺めると銭形平次親分の心持ち
← p114 「星が岡」都心にもかかわらず日枝神社境内の山王稲荷への鳥居参道は異界へ続くかのごとくである
→ p72 「名主の滝」都区内でこれだけ見事な滝は珍しいが、現在は電力を借りているため夜は止まってしまう
↘ p143 「西郷山」渋谷、桜丘、鶯谷、鉢山と続く凸凹の先にある斜面公園。斜面は目黒川へと下る
↙ p154 「世田谷城址」豪徳寺一帯は吉良氏の支配下にあった。周辺には常盤姫にまつわる悲話が残る

東京「お山」の神様

↗ p182 「御岳山古墳」目黒通りを挟んだ向かいの等々力不動尊が管理しているためか、修験密教ムードが色濃く漂う。墳頂には蔵王権現が祀られており、参道には多くの石仏が並んでいる

↖ p108 「筑土城址（筑土神社）」境内には桃の実を持つ二匹の猿が彫られている庚申塔があり、一部欠損してはいるが大変珍しく興味深い

→ p80 「柳森神社の福寿神」神田川沿い、柳森の土手に狸神が祀られている。このおたぬきさんは桂昌院が崇拝していただけあって妊娠中か

← p146 「目黒元富士」明治 11 年に取り壊され、昭和 18 年に一部の石祠や石碑が現在地に移転された。ボク石（富士山の溶岩）もない斜面富士塚だが手作り感一杯で、氏子衆のこだわりを感じる

↘ p152 「鉄飛坂頂上」大岡山から呑川に下る坂に帝釈堂がある。ここの庚申塔は青面金剛も邪鬼も鶏や猿までも素朴で良い表情をしている

↙ p34 「狸山（千駄木山）」麓の須藤公園には滝と池がある。この池端の休息所に「かっぱに注意」の札が下がっていた。かっぱは水神でもある

都区内の名（迷）山と埋もれた歴史を掘り起こす

東京「消えた山」発掘散歩

寺社、天然の小山、築山、富士塚、城址、古墳、塚、
かつての森やお狩場、大名屋敷などなど…
庶民は親しみと敬意と畏怖を込めて「お山」とよんだ
本書は『平成版 東京お山図会』である

『北斎漫画・五編』より

『江戸名所図会・巻之四・石神井明神《しゃくじいみょうじん》の祠《ほこら》』より

はじめに――東京には「お山」がこんなにあった！

天保七年（一八三六）に出版されたガイドブック『江戸名所図会《ずえ》』の項目には坂の名がざっと四十ほど登場する。谷は十幾つ。ところがそれに対して山の名は四十以上（寺院の山名は除く）、峰や岡、台を入れると五十以上になる。取り上げている地域は現在の東京二十三区を大きくはみ出して、西は日野、東は船橋、北は大宮、南は横浜までをカバーしているとはいえ、この江戸の都には「坂」と「山（とよばれる地域）」がほぼ同率で存在していたことがわかる。

しかし命名される坂は人口増加にともない、居住地区が増殖するほどに増え続けるから、現在では都内に八百ほどあると推定されている。ところが山のほうは鉄道が敷かれ、道路が整備され、埋立地や造成地が増えるほどに削られ、今では幻の山となってしまったケースも多い。

さらに、すぐ足元に見えた海岸線や入り江は遥か彼方に後退し、険しい斜面は整地され緩やかになり、かつて庶民を楽しませてくれた山々はビルに囲まれ――というより三階建て程度の建築物でも視界を遮るのに十分な高さなのだが――その魅力を奪われてしまったかに見える。『江戸名所図会』に紹介された山を探し歩いても商店街やオフィス街、宅地になっていて地表の凸凹を実感しにくい。

しかし筆者は、たとえビルやマンションのちょっとした隙間からでも、地面から眺める展望の衝撃的感動、「ここは山だったのか！」という驚きと喜びを読者にお伝えしたい。

それだけではない。コンクリートやアスファルトを一枚めくると、そこに隠れていた歴史の秘話が飛び出してくるのである。祀《まつ》り込められ、封じ込められ、忘れ去られていた信仰や伝承、怨霊までが目を覚ましてくれる。

「幻の山」と「眠っている歴史」を探す東京物見遊山の散策こそ私たち都会人の「癒しの郷《さと》を発見する旅」である。

●本書では、失われつつある地名や歴史を掘り起こし、ご紹介するため『新訂 江戸名所図会（校訂：市古夏生・鈴木健一／ちくま学芸文庫）』や『新編武蔵風土記稿（校訂：蘆田伊人／補訂：根本誠二／雄山閣）』などの文献と挿絵を引用しています。その場合、原本に興味を持たれた読者が容易に検索できるよう、たとえば『江戸名所図会・巻之四・赤塚明神祠』のように巻、項目・条目を明記しています。また、寺社名も基本的にこれらの文献に準じて明治以前の表記にしています。たとえば根津神社→根津権現、神田神社→神田明神などです。ただし、詳細案内地図での表記は現行の名称にしてあります。煩わしく感じられる場合はご容赦ください。

＊本書における「〇〇山塊」「〇〇山脈」などの章タイトルは地理的な根拠に基づいたものではありません。散歩には洒落心が必要です

目　次

第八章　南江戸山系　138

渋谷城址と大口真神《おおぐちまがみ》　渋谷には、若者の街を見下ろす城址と狼を祀る神社がある　140
桜丘・鉢山・西郷山　渋谷は山と坂だらけの凸凹地帯　143
猿楽塚古墳（去我苦塚）　憂悲苦情を晴らしてくれる六～七世紀・古墳時代末期の円墳　145
目黒の元富士と新富士　目黒区にあった二基の富士塚の数奇な運命　146
白金台と池田山　白金長者の砦址と都心の隠れ里　150
大岡山と鉄飛坂　大岡山の北端を東西に走る坂　152
瀬田城址の展望　二子玉川の街並を一望する玉川八景の地　153
世田谷城主と常盤姫　世田谷の領主と奥沢城主の娘にまつわるロマンと怨霊　154

第九章　新宿山系　158

箱根山　蛇も出現する山手線内最高峰。人口の山でも〝秘境の神霊スポット〟　160
天神山と紅皿の墓　道真、道灌、家光……時代のヒーローと係わりながら浮沈を繰り返した山　164
おとめ山・ねずみ山　ロマンの山の正体を探り、幻の山を求めて歩く　166
千駄ヶ谷富士のご朱印　現存する江戸最古の富士塚には今も江戸庶民の熱い信仰心が籠る　170
空堀に囲まれた四谷天王社　須賀神社――疫病神と幽霊に護られた不思議な空間　172

第十章　多摩川古代アルプス　174

【お断り】本書でご紹介する「お山」は山とよばれてはいても、登山愛好家やトレッキング目的、健康志向の方々の欲求を満たすには誠に情けなく物足りないものです。「すばらしい眺望」とご紹介している場所も、ビルの屋上からの景色にかなうものではないかもしれません。じっさい、かつて山だったといわれた場所も、探し当ててみれば何の変哲もない住宅地になっている例もいくつかあります。富士塚といっても興味のない方が見れば溶岩と文字が彫られた石の寄せ集めです。本書を手にわざわざその場に出かけられ、腹立たしく感じられる方がおられるかもしれませんが、読者諸氏の寛大なるご理解を願い上げ、さらに図々しく、筆者の好奇心と価値観を共有していただければ、この上なき喜びとさせていただく所存です。

第一章　上野山山塊

第一章では上野不忍池《しのばずのいけ》を囲む忍ケ岡と湯島台地のお山を「上野山山塊」と名付けてご紹介する。

左図の❶忍ケ岡（上野のお山、最高峰は摺鉢山）は、第四章で紹介する飛鳥山、第二章の日暮しの里を経由して南に伸びる台地の先端に位置している。

標高は二十数メートルだが上野駅の東側、すなわち入谷、松が谷方面から望むと、かなり高く聳《そび》える〝山〟だったことが容易に想像できる。

❷❹❺❻のお山は現在、神社になっているが、図をご覧になればおわかりのように、みな湯島台地の端《はし》すなわち斜面に位置している。

また❶❷❸はかつて大名屋敷でもあった。つまり平地から見上げた時に山と感じ、庶民に威圧感を与える立地条件を備えていた場所に寺社や権力者の館が建っていたということである。

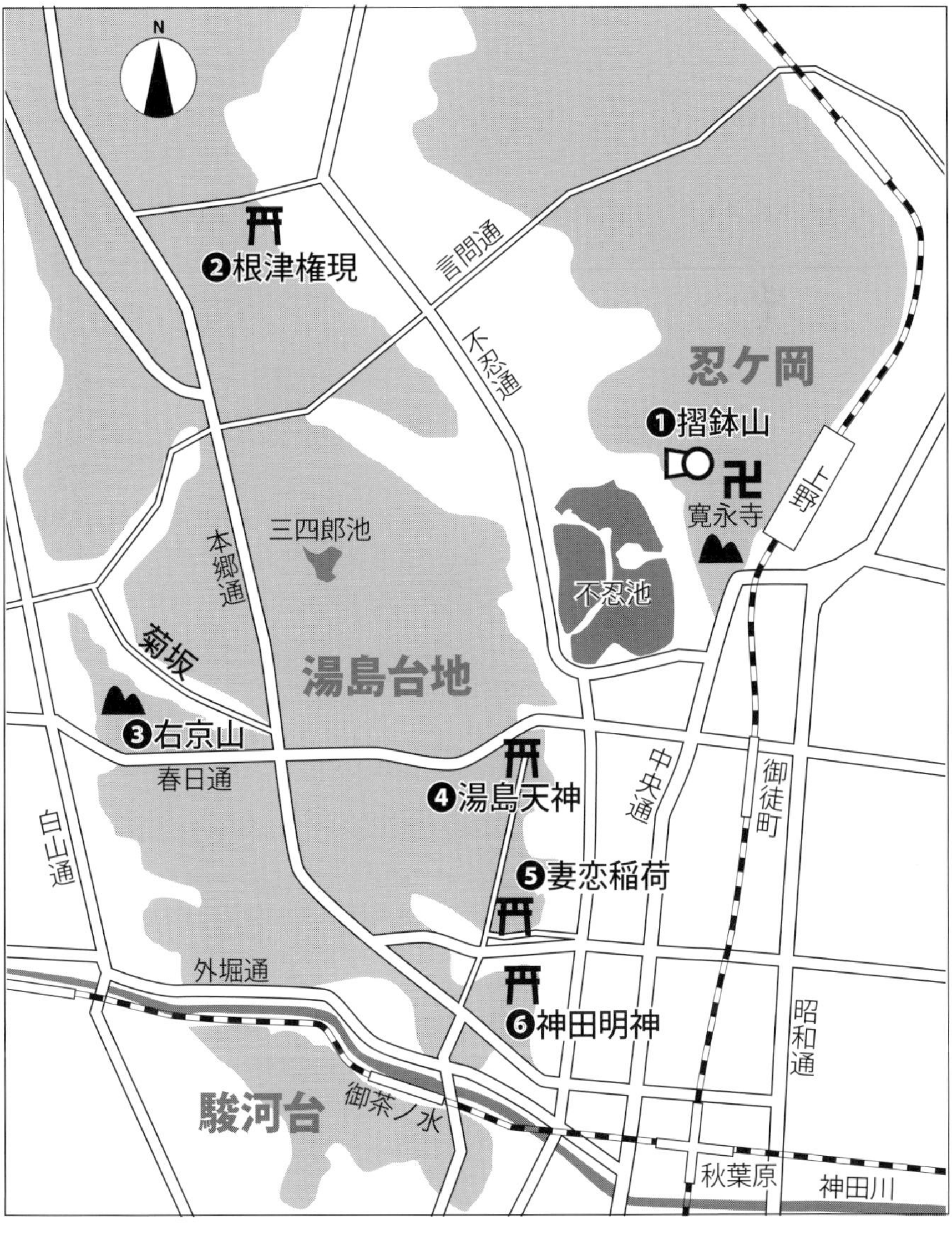
N
❷根津権現
言問通
不忍通
忍ケ岡
❶摺鉢山
寛永寺
上野
三四郎池
本郷通
不忍池
菊坂
湯島台地
❸右京山
春日通
❹湯島天神
中央通
御徒町
白山通
❺妻恋稲荷
外堀通
❻神田明神
昭和通
駿河台
御茶ノ水
秋葉原
神田川

忍ケ岡・摺鉢山・大仏山

知られざる「上野のお山」の光と影

台東区上野公園

↑清水観音堂の舞台から見た弁天堂

上野山という山はなかった

　上野とは寛永寺の境内だった地域のことで、周囲の下谷《したや》、入谷《いりや》、谷中《やなか》に対する高台という意味で、もともと「忍ケ岡《しのぶがおか》」とか「忍《しのぶ》の岡」とよばれていた。眼下の池を不忍池《しのばずのいけ》とよんだとは、なかなかシャレている。

　この地が徳川幕府と天海僧正の都市計画によって江戸の鬼門（東北＝丑寅《うしとら》の方角）を護る役目を担うようになったことは有名な話である。つまり江戸幕府は京都の鬼門に聳《そび》える比叡山・延暦寺を模して東叡山・寛永寺を建立したのである。それ以前には法輪院という寺名が出てくるが詳細は不明。他にも現存する花園稲荷（忍岡稲荷、穴稲荷）や五條天神社があった。

江戸幕府が京の都や朝廷を強く意識していた何よりの根拠は、清水寺《きよみずでら》に対するミニ清水観音堂、琵琶湖に対する超ミニサイズの不忍池（古代は海だったというが、当時でも今の倍ほどの広さがあったという）、弁財天を祀《まつ》る竹生島《ちくぶじま》に対する人造の中島の弁天堂などである。さらに天海は、豊臣秀吉を祀る京都の豊国神社に対して、家康を祀る上野東照宮を建立している。ただし、秀吉が明神《みょうじん》として祀られたことに対し家康は仏神の権現《ごんげん》とされた。今もなお発展を続ける巨大都市の現状を見ると、この呪術的都市計画は大成功だった。

一方、忍ケ岡ほど江戸という時代を象徴する場所もない。あれほど華々しく幕を上げた江戸時代は、ある意味この地で終焉を迎えたのだ。

慶応四年（一八六八）五月、君主を失ってもなお、一部の過激派が彰義隊《しょうぎたい》と名乗り、寛永寺境内に立籠って官軍に対し無益な戦いを挑んだ。戊辰《ぼしん》戦争の一つ、上野戦争である。その結果多くの戦死者を出した。戦いの後、官軍側の遺体は運び出されたが、賊軍とされた彰義隊の戦死者二百六十六名の遺体は見せしめのため散乱放置されたままだった。それを当時下谷にあった円通寺（現・荒川区南千住一丁目）の和尚が斬首を覚悟で葬ったという。

また、明治維新を果たしながらも新政府に憤《いきどお》る士族に担がれて挙兵し、敗退自刃《じじん》した西郷隆盛の銅像がこの地に立っていることも一時代の終わりを象徴している。そしてこの像の背後に立つ石塔群が彰義隊士の火葬跡碑である。桜が美しかったこの一帯は「桜が峯」または山王社があったことから「山王台」ともよばれた。

忍ケ岡の最高地点は前方後円墳

標高二十四・五メートル、通称「摺《すり》鉢《ばち》山」のことである。東京文化会館の裏、上野公園のほぼ中央にある。摺鉢山古墳は五世紀後半の前方後円墳といわれ、ここから弥生式土器や埴輪片が出土したというが確証はない。

全長七十メートル（前方部最大幅二十三メートル、後円部径四十三メートル、道路からの高さ五メートル）ある。『江戸名所図会・巻之五・東叡山寛永寺』の図では前方後円墳の形がはっきり見て取れるが現在はだいぶ崩れているように感じる。墳頂にはかつて五條天神社があったため「天神山」ともよばれていた。ここに観音堂もあったというが、同時期に建っていたかは不明。その観音堂は元禄七年（一六九四）現在地に移されている。

現在、墳頂は広場になっている。

↑時代に抗い、無益な戦いと知りつつ江戸の意地を通した彰義隊の火葬場跡石碑群

↑上野の顔、西郷隆盛像

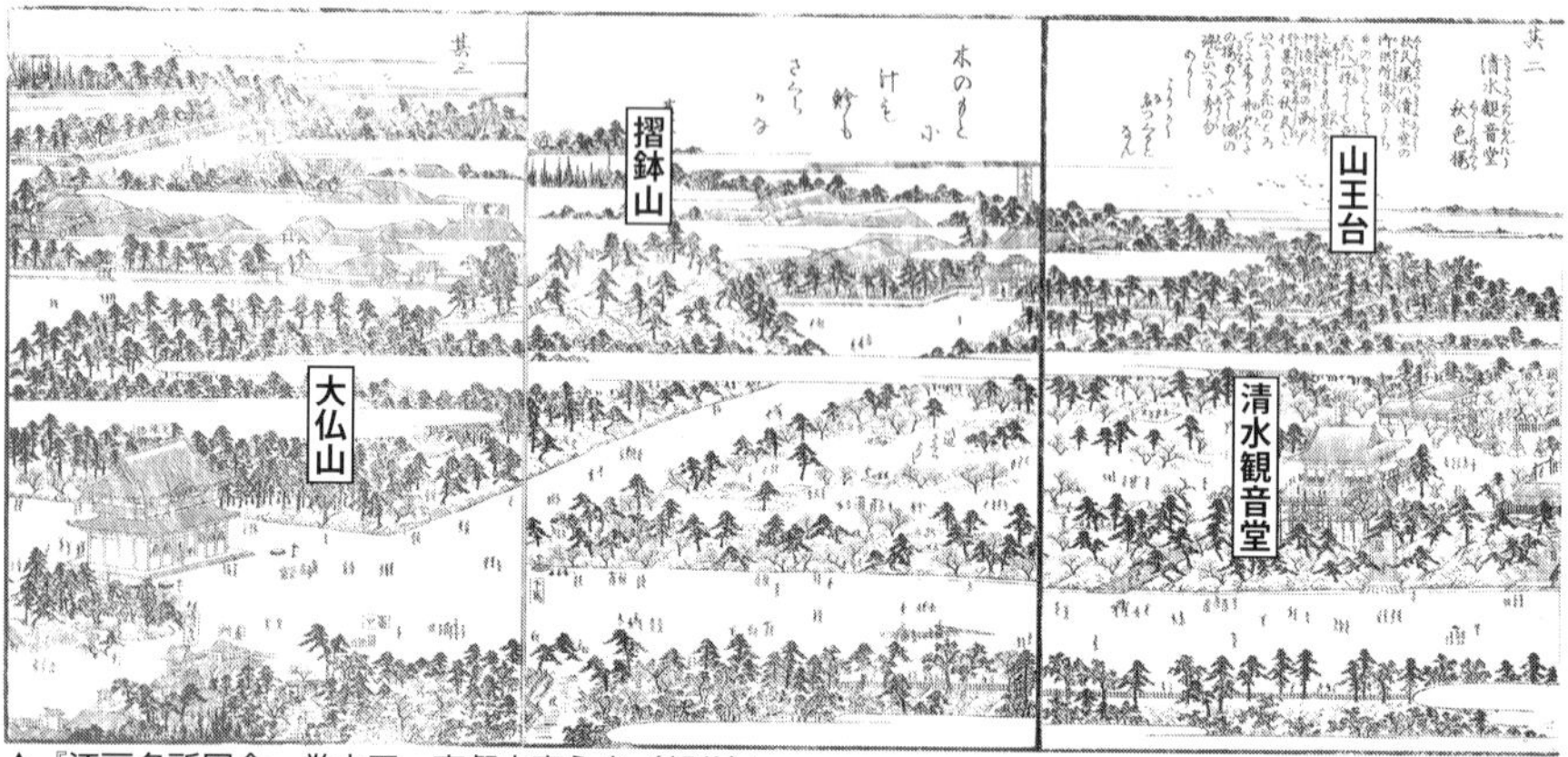

↑『江戸名所図会・巻之五・東叡山寛永寺（部分）』

↑摺鉢山の頂上は、かつて寺社が建っていたというだけあって登ってみると意外に広い

←摺鉢山には３カ所から登れる

上野公園の異界・大仏山の不思議

摺鉢山の東に「大仏山」とよばれる小丘がある。パゴタが聳《そび》え幟《のぼり》がはためいているので「なんだろう」と階段を登ると、知らない人なら、まずギョッとする。二メートルほどの巨大な顔が枠にはめ込まれているのだ。仏神とはいえバランス的にも不思議なお顔だ。

これは紆余曲折の末にご尊顔だけ残った上野大仏である。この大仏は寛永八年（一六三一）に完成。当初は金属製ではなかったが、高さ六メートルの立派な釈迦如来座像だった。

しかし何度も地震や火災の被害に遭い、その度に修復されてきた。ところが大正十二年（一九二三）の関東大震災で頭部が落下。その後、第二次大戦中に頭と胴体部を金属供出で持っていかれる。それで現在は顔面だけが残ったというわけだ。これだけ受難が続けば「もう落ちない（だろう）」ということで、今では受験生にとり、ありがたい合格大仏にイメチェンした。

ちなみに下からも見えるパゴタには薬師如来像が祀られている。怪しい宗教施設などではないが、この奇妙なコラボは（堂守のオヤジさんも含め）この丘を非常に不思議な空間にしている。まるで公園の中の異界である。

この大仏山のムードをさらに盛り上げてくれるのは、山頂の裏からチラリと見える豪快なお化け燈籠だ。これは日本三大燈籠の一つで、高さ六メートル、笠の周囲は三・六メートルあるという。大仏誕生と同年の寛永八年（一六三一）、佐久間勝之《かつゆき》が寄進したものである。

忍ケ岡の狸神とお稲荷さん

忍ケ岡には狐狸にまつわる話がある。

●まず、前述の上野戦争で住処《すみか》を失った多くの狸が行き場を失い、浅草に逃げ込んだ。その狸が浅草寺の用人の娘に憑《つ》いて「わらわは浅草のおタヌキさんだよ」などと口走り、天上から砂を降らせたり屋台の蕎麦を二十杯も食べたりした。この一件は明治五年四月十日付けの『東京日々新聞』にも掲載されたほどだ。次にこのおタヌキさんは浅草寺と寛永寺の僧正の夢枕に同時に立ち「我に住処を与えれば火伏《ひぶせ》の神となろう」と託宣《たくせん》したため、両僧正は相談の上、この狸神に鎮護大使者《ちんごだいししゃ》の名を与えて祀った。これが浅草寺《せんそうじ》伝法院裏の鎮護堂である。

●上野東照宮の境内に栄誉権現《えいよごんげん》を祀った小社がある。栄誉権現はもともと四国八百八狸の総師だったのだが、江戸城の大奥に安置されたところ、お女中に憑いたりして大いに暴れたため追放された。その後、大名、旗本、諸家などに引き取られて祀《まつ》られたが、行く先々の家を潰すなどの悪行三昧を重ね大変な禍《わざわい》をもたらした。

そこで、大正年間に東照宮境内に奉献されることになってようやく悪行が収まった。やがて狸が他抜きとなって強運の開祖として崇《あが》められるようになり、今では就職や受験に霊験ありということで人気を集めている。

●五條天神の隣りにある花園稲荷（忍岡稲荷）は、かつて穴稲荷（お穴様）とよばれ、社殿は狐の棲む石窟の上にあった。現在の旧社殿である。祭神は弥左衛門狐《やざえもんぎつね》という。寛永寺が建立される時、住処を失った狐を憐れんで巣穴の上に祠《ほこら》を祀《まつ》ったのが始まりというから、やはり何か悪さをしたのであろうか。その後、廃絶していたが、お狐さんが天海僧正の弟子・晃海《こうかい》僧正の夢枕に立ったため、忍ケ岡の護り神として社《やしろ》が再建されたという。

もともと狐狸が人を化かす主な原因は江戸の急激な開発にあったと思われていたようだ。だから不可思議な出来事が起こると狐狸が人間へ復讐をしていると考えたのである。

花園稲荷の周辺は上野戦争最後の激戦地となった。狐狸は結果的に人間への敵《あだ》討ちを成就《じょうじゅ》させたということか。

アウトロウを集める求心力とは

忍ケ岡に集結したのは彰義隊だけではない。敗戦後には多くの戦災孤児が自治的集団を形成していた。やがて都会に憧れる少年少女が上野を目指した。現在は摺鉢山の北麓にホームレスの小部落が形成されている。

一方、陽の当たる表舞台は文化の森とよばれ、博物館、美術館、図書館が立ち並び、毎日が国宝級展示会などのオンパレード。パンダまでいる。

希望に満ちあふれた芸大生や文化人、国内外の観光客、修学旅行の中高生、大道芸人や花見のサラリーマン達が醸し出すお祭り気分のカオスの中に、多くの所在無さげな人々が紛れ込んでいる。忍ケ岡は江戸時代から影の部分を隠し持っていたのだ。

そういえば国立西洋美術館の中で人の波に押し流されるようにして一瞬だけ垣間見たミロのヴィーナス展が筆者の上野デビューだった。昭和三十九年（一九六四）の話だが衝撃的な事件だった。あの白い大理石の艶《なまめ》かしい裸体に黒インクを浴びせた男がいたのだ。

まさに忍ぶと忍ばず。聖と俗、夢と絶望、光と闇…この対比はいかにも黒衣の宰相・天海の超人的・呪術的な賢察によって造営された山にふさわしい。

↑顔だけ残って「もう落ちない?」
→大正時代の雄姿

↑大仏山。山頂にパゴタが見える

←受験生や就活中の人に人気の絵馬

↑「お穴様」は花園稲荷の旧社殿で石窟の上に建てられていた

→浅草伝法院裏「鎮護堂」。ここに祀られている「おたぬき様」は上野戦争で忍ヶ岡を追い出された狸神（荼枳尼天）だ。はじめは火伏せの神だったが、やがてその名から遊女や水商売関係者の信仰を受けるようになり、現在は商売繁盛の神である

→上野東照宮・栄誉権現は四国八百八狸の総帥だった。「他抜」の絵馬も受験生や就活中の人に人気がある。上野大仏と共に力を合わせ、就職難やホームレスの問題を解決してほしいところだが…

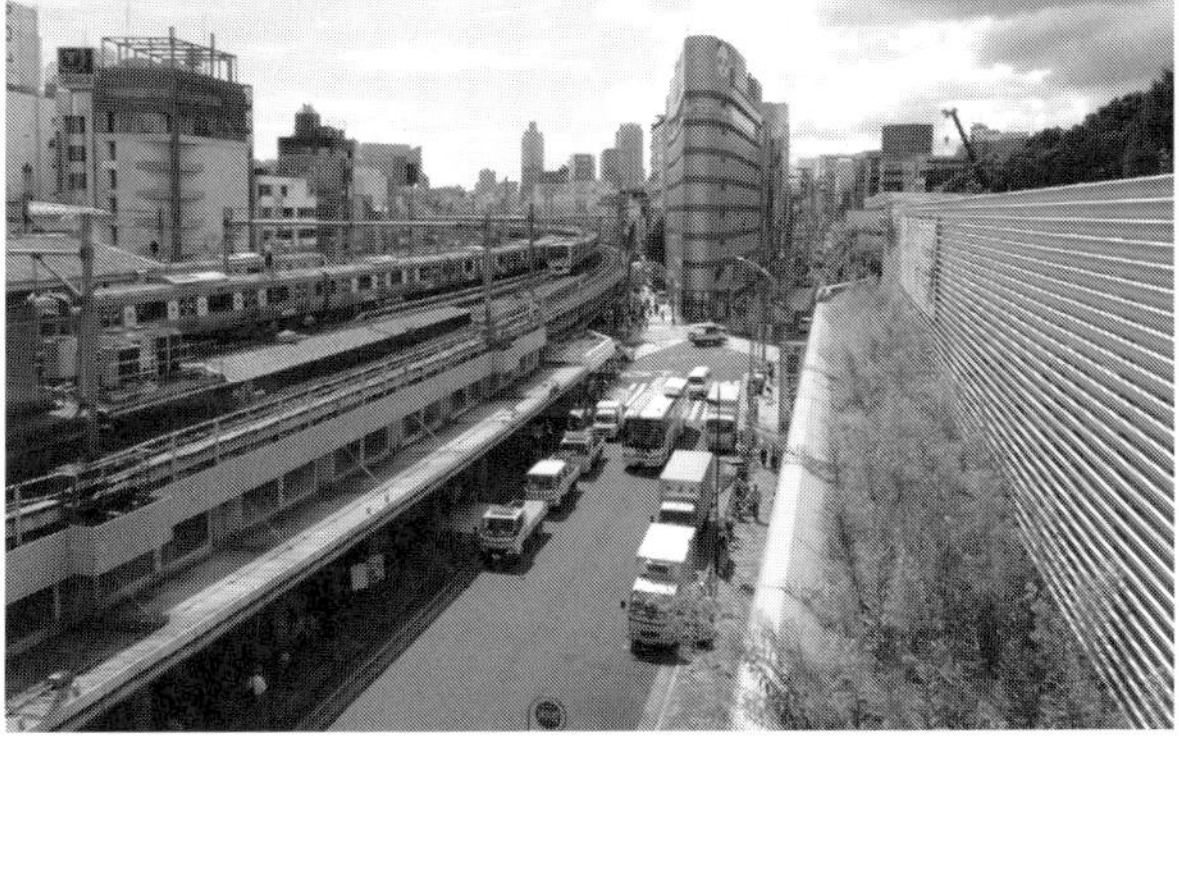

↑上野戦争最後の激戦地となった花園稲荷参道前の狛犬は人間の愚かさをせせら笑っているような表情をしている

←上野の森美術館の裏より上野駅方面を望む。忍ヶ岡の高さを実感できる場所だ

ところで清水観音堂の裏に、家康、秀忠、家光と三代の将軍に仕え百八歳で示寂《じじゃく》した天海の毛髪塔がある。

解説板には本覚院伝来の毛髪とあるが、まさか髪を伸ばしていたはずもあるまい。それとも死後の体毛を剃り集めて塔の下に埋めたのだろうか。または約百年前、十一歳で出家した時の毛髪か。はたまた高僧ゆえ、剃り集めた毛は全て保管されていたのか。


いずれにせよこの毛髪塔は「江戸を守護するため、朱、水銀、石灰で防腐処理を附されて埋葬され、おそらく死蝋化してなお江戸を護る宿命を負わされた六名の将軍（四代家綱、五代綱吉、八代吉宗、十代家治《いえはる》、十一代家斉《いえなり》、十三代家定《いえさだ》）の遺体」より、よほど不気味なモニュメントと感じてしまう。

このような混沌の渦中を、奇っ怪なパンダバスが通り抜ける。

↑忍ケ岡を「江戸城の鬼門守護の山」に大改造した天海僧正（慈眼大師）の毛髪塔

↑浅草と上野の観光スポットを無料で巡るパンダバス。無料は誠にありがたいし、子供たちは喜ぶかもしれないが、長い歴史と文化の森・上野公園の「光」の部分の広告塔に、中国に大金を払ってお借りしているパンダを任命するとは……

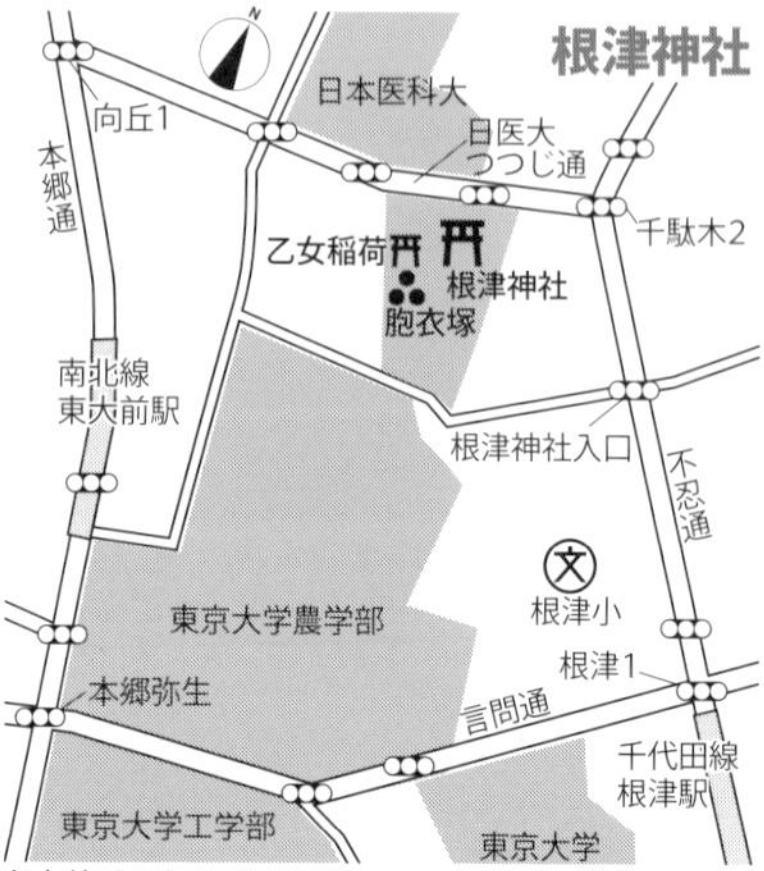

左右約 650m

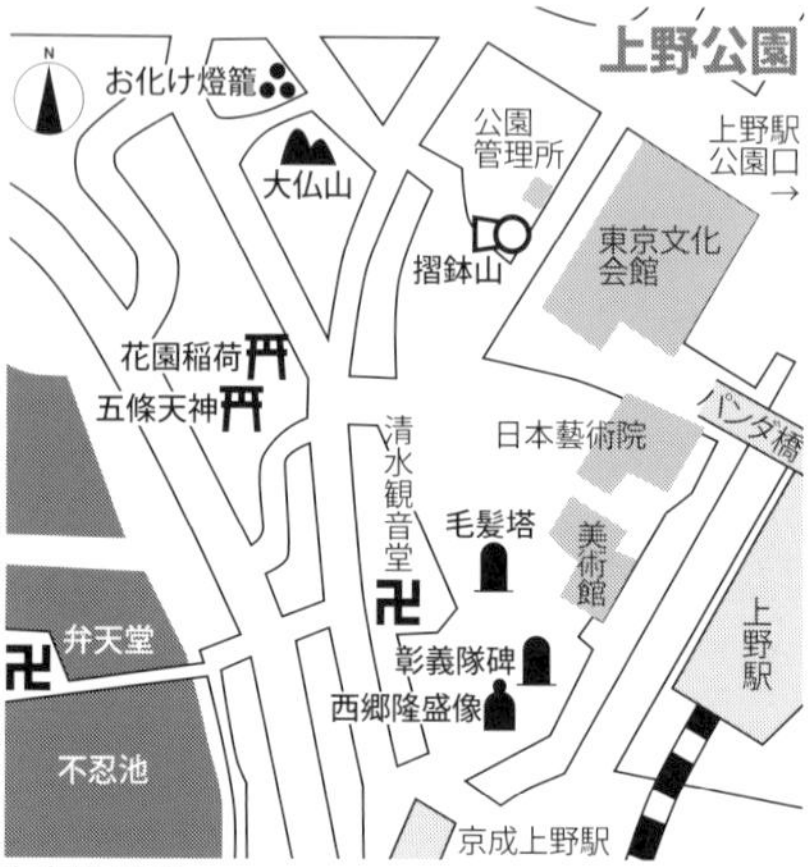

左右約 450m

根津権現の胞衣《えな》塚

「くわほうは寝て 待てとこそ聞きつれど ねづ権現を見るにつけても」

文京区根津一丁目（地図は右頁）

↑家宣の胞衣塚は乙女稲荷千本鳥居の脇にある

↑乙女稲荷千本鳥居は根津権現（現在は根津神社）境内西の斜面上にある。根津にはかつて総門内と社地門前に遊郭（岡場所）があった。乙女稲荷にはここの遊女が自ら命を絶ったという悲話が伝えられる

果報を寝て待った将軍の産土神《うぶすな》

右の句は宝永三年（一七〇六）頃の落首である。この地は五代将軍綱吉《つなよし》の兄・徳川綱重《つなしげ》の屋敷であった。ところが息子の家宣《いえなり》が綱吉の養子に入り、六代将軍になることが決まった。そうなると根津権現はご当地生まれの将軍の産土神《うぶすな》となる。綱重は屋敷地を献納、天下普請といわれる大造営を遂行し、たちまちにして山王権現、神田明神と並ぶ超一級神社が出現した。それまでは大名庭園に祀られた平凡な屋敷内社（道灌の奉建といわれるが）だったのだ。そこで「果報は寝て待て…」の落首が謳われたという次第。一度だけだが天下祭を催行したほどである。

境内には家宣の胞衣《えな》塚がある。胞衣とは後産で出る胎盤などのことで、現代では医薬品や化粧品の原料（プラセンタ）として注目されている。胞衣には独特な信仰があり、取り扱い（処理）には一定の作法があった。一般には桶や壺に入れて産屋《うぶや》の敷地内、床下や敷居の下、墓地などに埋葬される。新生児と胞衣は将来的にも運命を干渉し合う一種の兄弟とみなされていたのだ。

塚は境内・乙女稲荷の脇に祀られている。切石が無造作に積み上げられているだけで徳川家のものとしては味気ない印象だ。まだ将軍になるとは予測していなかったのか。それとも兄弟喧嘩を避けるために封じ込めたものか。

右京山と菊坂

大名の庭園跡と文豪の街は今

文京区本郷四〜五丁目

↑①②③のビューポイントは路地が入り組んでいてわかりにくいが、左頁下の詳細な地図に対応しているので根気よく探していただきたい。「本郷三丁目駅」は丸ノ内線と大江戸線が通っている

住宅や木立の隙間から展望が…

本郷四丁目の北部分が「右京山」とよばれた地域で、北は言問通、東は菊坂、西は白山通に囲まれている。

斜面を宅地が覆い尽くしているので展望のよい場所は限られるが、坂を楽しむには絶好の場所である。多くの文豪が住んでいたことでも知られているから坂愛好家や文学ファンが、ちらほらと散策している。

筆者おすすめのビューポイントは二つ、炭団《たどん》坂を上がりきって右に戻るように折れる小道の先（写真と地図①）と鐙《よろい》坂を登りきる手前を右に折れ、カギ形に進んだ先の不思議な雰囲気のコンクリート階段の上（写真と地図②）

だ。①は木立の、②は建物の間から、ちらりと望める景色によって右京山を実感できる。②の階段を下りきって右にカーブを曲がりながら進むと、台地から白山通りに下る斜面の中程に清和公園がある（写真と地図③）。右京山と書かれたプレートが立つが、だいぶ下っているから、ダイナミックさには欠ける。狭くて細長い棚田のようだ。

　この一帯は上州高崎藩主・大河内家の松平右京亮《うきょうのすけ》の中屋敷跡だったから右京山とよばれるようになった。七万二千石のお殿様だ。中屋敷とは上屋敷（本邸＝大名の住居）の控えとして建てられたものだ。

　しかし、ここ右京山は大正十一年（一九二二）に東京市に払い下げられるまで長らく原っぱだった時期があり、子供たちの格好の遊び場だった。

　また、小説の話ではあるが、富田常雄の『姿三四郎』で三四郎が檜垣源之助と死闘を演じた舞台もここである。

　本郷台地の谷間をゆったり走る菊坂に家族と共に慎ましく住んだ樋口一葉が妹を連れて虫の音を聴きにきたり、九段の祭で打ち上げられる花火を母と共に眺めたのも、この右京山であった。

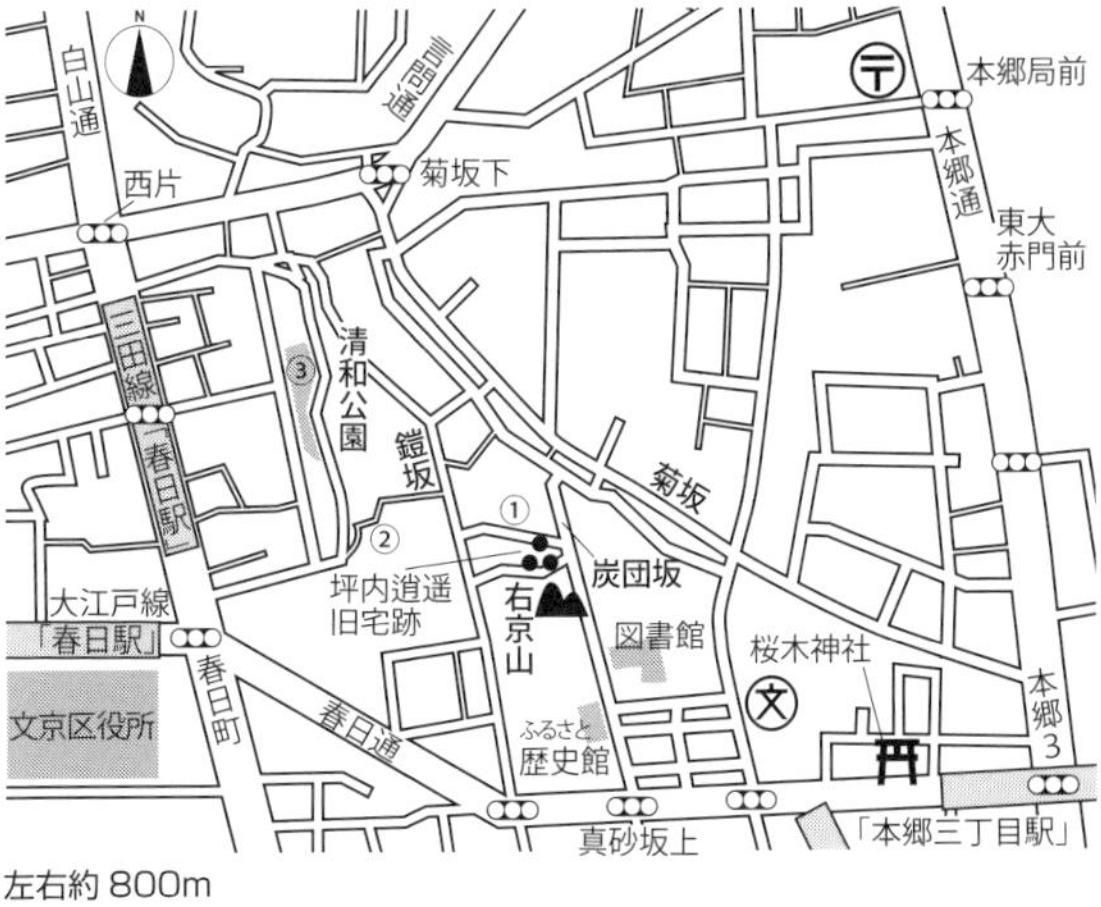

左右約 800m

↑文人が多く住んだことでファンの多い菊坂。桜木神社の神輿が「きくさかどおり」の商店街を進む

↑炭団坂。泥道だった頃なら転べば間違いなく炭団《たどん》に！

↑石垣に挟まれた鐙坂。幅は狭いがレトロなムード満点

湯島台地の天神様

男坂、女坂、夫婦坂とくれば中坂は何の坂？

文京区湯島三丁目

中坂という半端な坂名の意味

受験生から絶大な人気を誇る湯島天満宮（現在は湯島神社）は湯島台地の上にある。不忍池の西端まで続く湯島台地は本郷三丁目から上野広小路へ抜ける春日通りの切通《きりどおし》坂で南北に分断されている。

湯島という名は、この台地から温泉が湧いていたからだというが真偽の程は定かでない。ただ、不忍池《しのばずのいけ》が海だった頃、ここが島だった可能性は大いにある。しかし、たとえ温泉は出なくとも、この台地に天満宮をはじめ後述の妻恋稲荷、神田明神と人気の神社が集まれば、それぞれの参道に茶屋も多かったのは当然だ。

特に天満宮の参道にはかげま茶屋が多かったという。そのような茶屋の宴席には女性ではなく、男色を売る美少年が侍る。かげまに現《うつつ》を抜かしたお坊さんも通ったらしい。

一方、天満宮は富突き（宝くじ）の人気も江戸一番だったから、湯島の台地は大歓楽街でもあったのだ。いかに人通りが多かったかは迷子石（奇縁氷人石）が立っていたことでもわかる。この石の両脇「たづぬる（尋ねる）方」と「をしふる（教える）方」に貼紙をして情報交換をした。この石は縁結びも請け負ったそうだ。

ところで鳥居の手前、湯島中坂上を東に下る坂を中坂という。湯島中坂下という信号機設置の交差点があるほどだからなかなか立派な坂である。

これが妻恋坂と天神男坂（天神石坂）の間にあるからそうよばれたと、どの本にも書いてある。しかし、男坂と妻恋坂の間には実盛《さねもり》坂や三組《みくみ》坂もあり、不自然な理屈だ。わざわざ男坂、女坂、夫婦《みょうと》坂、妻恋坂と揃っているのだ。お気づきであろうが、中坂の本来の意はかげま坂ということだろう。それでこそ歓楽の台地にふさわしい名である。

ちなみに交通の便を図るため、湯島台地を切り開いた切通《きりとおし》坂は今でこそ緩やかだが、かつてここを通って朝日新聞社に通勤した石川啄木が愚痴をこぼすほどの急坂だったようだ。

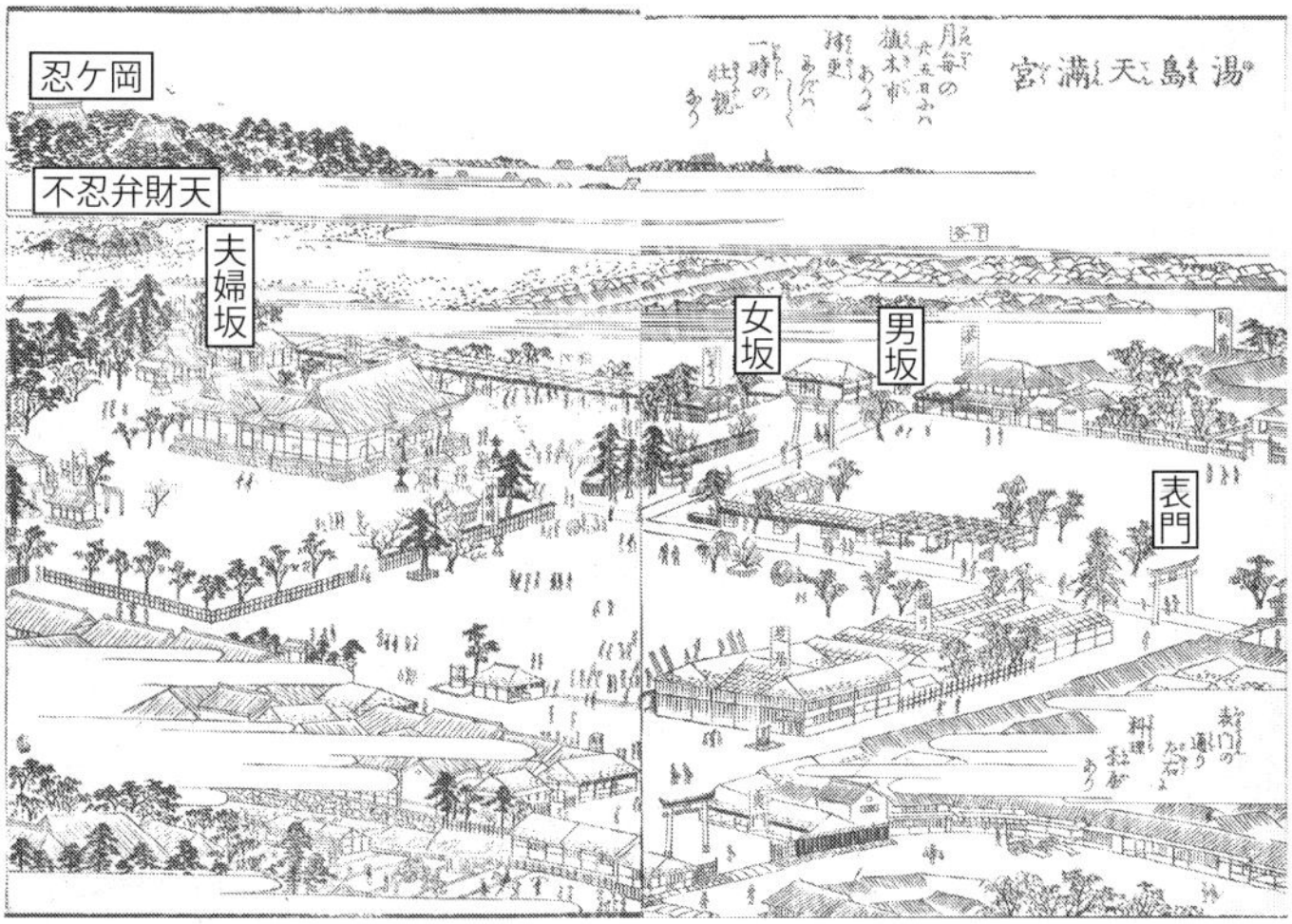

←『江戸名所図会・巻之五・湯島天満宮』図では台地とわかりにくいが左上に不忍池や忍ケ岡を展望している。つまり男坂、女坂、夫婦坂の先は落ち込んでいるのだ。右下には「表門の通り左右に料理茶屋あり」との添書がある。その中には「かげま茶屋」もあったのであろう。中坂は表門の右になる

→「湯島中坂」から見た中坂。下りきると「湯島中坂下」だ
←男坂の別名は「天神石坂」。38段ある
↘女坂はゆるやかだが、石坂に対して現在のような階段ではなかったのだろう
↙春日通りの切通坂から見た登竜門。ここを登る石段が夫婦坂

天神様とは雷神を操る怨霊

もともと道真公が天神様とよばれるようになったのは、道真公が雷神など十六万八千の手下を束ねる超ド級怨霊だったからで、当初から勉学に励む良い子たちの護り神ではなかった。

概略を述べると、道真公は政敵の讒《ざん》言《げん》によって延喜元年（九〇一）、太宰府に左遷された。そこで彼は悲嘆に暮れ、梅を愛《め》でながらおとなしく亡くなったわけではない。激しい憤りの中、日本三大怨霊のひとつといわれるほどの祟《たた》り神と化したのである。

天皇の居所・清涼殿を落雷で破壊し、後醍醐天皇や藤原一族など自分を陥《おとしい》れた人々を殺害しただけでは飽き足らず、数度に及ぶ大天災をもたらした。恐れおののいた朝廷が、この怒りを鎮めるために建立した神社こそが北野天満宮なのである。

平安の昔から日本には御霊《ごりょう》信仰という観念があった。それは、荒ぶる神、荒魂《あらみたま》、幽鬼、恐ろしい怨霊や化け物をなだめ、鎮め、善神として扱い、祀《まつ》り込めてしまうというものである。

しかし反面、それらの荒ぶる霊は、高貴な人の霊ほど、または悪ければ悪いほど、強ければ強いほど霊験あらたかな神になる。

それで全国に天満宮（天神社・菅原神社・北野神社）が増え、現在は四千社ほどあるというわけだ。

鎮魂され善神に祀り上げられた道真公は学問や書の神として崇められるようになるが、祀《まつ》りを疎《おろそ》かにすると再び祟《たた》ることを忘れてはならない。

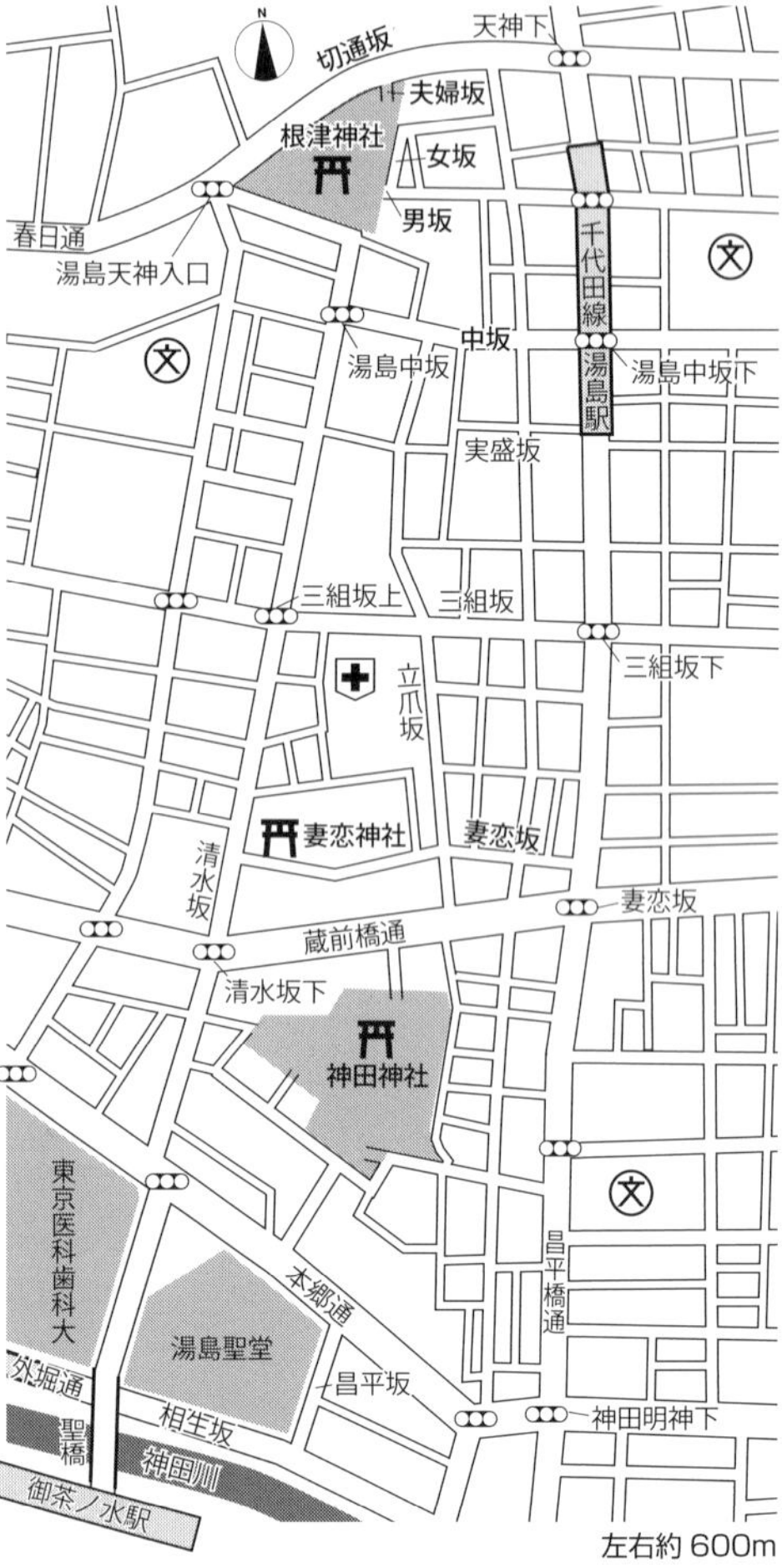

左右約 600m

妻恋神社は怨霊が建てた？

湯島の高台に佇む関東稲荷総社の栄枯盛衰

文京区湯島三丁目（地図は右頁）

↑コンクリート造りの現社殿

→かろうじて残る妻恋稲荷の小祠

妻恋哀話か怨霊の祟りか

このロマンチックな名を持つ稲荷神社が江戸時代に虫封じ（癪《しゃく》や疳《かん》、寄生虫など）のおふだを出して大当たりした関東稲荷総社とは、今ではとても想像できないほどひっそりした佇まいだ。縁起は二種伝えられている。

●日本武尊《やまとたけるのみこと》が東征の折り、浦賀水道の走水《はしりみず》で海神の起こす荒波に遭い、船が立ち往生した時、妃の弟橘媛《おとたちばなひめ》が入水して海神に身を捧げ、そのおかげで日本武尊は海を渡ることができ、一行はこの地に立ち寄った。その後、碓氷峠で尊は妻を偲び「吾妻はや」と嘆き悲しんだという。そこで尊と妃のために建立されたのが妻恋神社である。

●平将門に信太《しのぶだ》小太郎という孫があった。十四、五歳の頃、姉婿の小山太郎に国を奪われて流浪の身となるが、やがて出世して奥州の国司となり、小山太郎の館を攻める。小山太郎は妻恋坂の下まで逃れたが、そこを流れる細い溝堀に架かる妻恋橋まで追いつめられ討ち取られた。

それゆえ坂の下には小山太郎の塚があったという。以来妻恋橋の上で転ぶと小山太郎の怨霊が祟って三年のうちに死ぬなどといわれるようになったため、その怨霊を鎮めるための祠を建てた。これが妻恋神社の始まりである。つまり社名より橋名が先にあったというもので、こちらの伝説のほうが古くから語られていたようだ。

王子稲荷との本家争いには勝つが…

江戸時代には家康から社地を賜ったとか家光の拝礼があったという。それが虫封じ・癪封じの祈祷やおふだの効果というから、この神社への信仰は高まっていった。

したがって伏見稲荷や豊川稲荷ほどの数はないが関東稲荷総社として多くの分社を出すようになる。その頃、同じように関東稲荷総社を主張する王子稲荷と本家争いをして勝訴しているのである。

しかしその勢いに翳《かげ》りが見えてくる。幕末頃、神官が奢侈《しゃし》に耽《ふけ》り召捕《めしとら》われる事件が起きたのだ。

『甲子夜話続編 巻八十二』には「…この祠官《しかん》、社頭再建と申立て富《とみ》興行を願ひ《ねがひ》、願の通仰付《とおりおおせつけ》られし上は、社《やしろ》は構はず置《おき》て、皆自身居宅の入用に当《あて》、家作の構造美麗を成せしと。平日葵《あおい》御紋の高挑灯《たかちょうちん》等玄関に立てあり…三層の楼を営し、湯嶋辺の眺臨は千里の目を窮《きわ》む…なるほど神罰も有るべき体《てい》なり…」とある。

その後も大震災、大戦と二度の焼失を被るなどの災難に遭うが、現在は氏子や町内の尽力で再建され、庶民に親しまれた夢枕絵も復刻されている。

『江戸名所図会・巻之五・妻恋明神社』

↑現在の妻恋坂下

↑氏子や町内の努力で復刻された「夢枕絵」

我らが大親分・将門公の山

神田神社などというヤボなよびかたはしない。今でもここは明神様だ

千代田区外神田二丁目（地図は24頁）

↑明神男坂（明神石坂）は60段以上あり、湯島天神の男坂よりだいぶ高い。坂の脇には大銀杏があり、漁船の目印になったというから、よほど眺めが良かったのだろう。一月と七月の二十六日には人々が集まって月見をする月待ちが行なわれていた

江戸の絶景ポイントベスト3は？

神田明神は江戸城の鬼門ライン上にあるので神田川山脈（五章）ではなく上野山山塊に入れた。

明治十年、岡部啓五郎著の『東京名勝図会』神田神社の項には「当社は万世橋の艮位《うしとら》（北東）に当たり、石階高く聳《そび》え、社頭清浄にして眺望おほいに勝《すぐ》れ、都下大半の人煙《じんえん》一瞬の中にあり。その景光、上野・愛宕《あたご》に次げり…」とある。ビルの林立する都会でそのような景色を楽しむことは望む可《べ》くもないが、銭形平次親分や子分のガラッ八は、展望のきく境内から江戸庶民の平穏を見守っていたかもしれない。

もちろんこの二人は野村胡堂作『銭

形平次捕物控』に登場する架空の人物だが、境内に寛永通宝をあしらった彼らの碑が建っているのが嬉しい。

　お茶の水駅の湯島聖堂側から参拝すると、ここが台地になっているという実感はないが、本郷通りを明神下まで下りて昌平橋通りや蔵前橋通りから神田明神に参拝しようとすると、かなりの急階段を登ることになる。湯島天神と同じように男坂、女坂、裏参道とある。男坂を下ると右に明神下の交差点、その先が昌平橋である。

江戸城を護るのは関東一の大怨霊

　神田明神の明神様とは平将門《たいらのまさかど》のことである。将門は天慶三年（九四〇）、関東に独立国を作ろうと天慶の乱を起こしたが、藤原秀郷《ひでさと》（俵藤太《たわらのとうだ》）と平貞《さだ》盛《もり》らの連合軍に破れた。首は京都に晒《さら》されたが「必ず勝ってみせる」と夜ごとに叫んで豊島郡芝崎まで飛んで落ちた。その時天地は暗転鳴動したというが、人々は恐れおののきながらも、その首をねんごろに葬った。その場所が現在の大手町の将門首塚である。この首塚にまつわる数々の祟りについては別の機会に述べさせていただく。

　さて当時、そこから歩いて百歩の場所に大己貴命《おおなむちのみこと》（大国主命）を祭神とする神田の宮（日輪寺）があった。そこに将門の霊を合祀し、ねんごろに祀った。これが神田明神社の由来である。

　江戸時代に入り家康は江戸城の大造成のため神田明神を駿河台に、続いて元和二年（一六一六）、城の鬼門除けとして現在地に移した。

　つまり最終的に江戸城と、江戸城の鬼門を護る忍ケ岡・寛永寺を結ぶ直線上の中程に将門明神の霊を据えたということになる。したがって『江戸名所図会・巻之五・神田大明神の社』には「唯一《ゆいいち》にして江戸総鎮守と称す」とある。

　そうしてみると湯島周辺は道真公、小山太郎、将門公と怨霊だらけの台地であったということになる。これらの大小怨霊たちを、江戸幕府と天海僧正は祀り込めて城の守護神としたのである。恐るべし天海の策略！

明治以降の神田神社

　しかしその後、明治政府は愚かにも将門公の怨霊を祖末に扱った。まず神田明神社を何の変哲もない神田神社と改めさせた。そして明治七年（一八七四）、大己貴命と同格に扱っていた将門公の格を下げ、本殿から追い出して摂社に祀り、代わりに常陸国《ひたちのくに》（茨城県）大洗磯崎神社から大国主命と仲の良い少彦名命《すくなびこなのみこと》を勧請《かんじょう》して本殿に祀ってしまうという暴挙に出た。

理由は明治天皇が神田神社を参拝したいと希望されたからである。それで周囲は慌てたのだ。江戸時代に勅免《ちょくめん》（罪を許され無罪となること）されていたとはいえ、平将門は朝廷に対して反乱を起こした国賊だったからである。

ただ、当時の神社は社格を維持するため維新政府の政策に同調せざるを得なかったという時代背景もある。

しかし、大正十二年（一九二三）の関東大震災で、二代将軍徳川秀忠が造営した桃山風の豪華な社殿は一朝にして燃え尽き、庶民は将門公の祟りは未だ収まらずと噂した。

そこで昭和九年（一九三四）に再建されたときには将門公の霊を再び本殿に戻した。昭和二十年に東京は大空襲を受けたが、本殿は奇跡的に焼失をまぬがれたのである。その時、庶民が何と噂したかはいうまでもあるまい。

↑蔵前橋通り側から登る裏参道

↑社務所の裏に通じる明神女坂

↑庶民の味方、銭形平次の碑は寛永通宝の中に立つ。横にはガラッ八の小さな碑が寄り添う

↑大手町の将門首塚を見下ろすビルにある三井物産が寄進した将門公の豪華な神輿

第二章　日暮しの里山

❶ 諏訪台の道灌《どうかん》山
❷ 千駄木山と須藤の滝
❸ 藤代峠の仲良しベンチ
❹ 古墳の上の駒込富士
❺ 小石川の椨山《たぶのきやま》と白山《はくさん》
❻ 権現《ごんげん》山と音羽《おとわ》富士

第二章は山手線内の北側、大塚駅から日暮里駅あたりにかけての地域で「日暮しの里山」と名付けた地域。お山は北西から南東に流れる三本の台地に点在している。

❶は飛鳥山から続く台地で諏訪神社があることから諏訪台とよばれる。西日暮里の駅前は道灌山が削られた切通しになっている。

❷❸❹は湯島台地へつながる台地上にある。須藤公園は前章・根津権現から続く斜面にある。湧水が滝となっているため、小さな池がある。❸は築山、❹はもともと古墳だった富士塚だ。

❺は現在、暗渠になっている千川（小石川）が削った台地の斜面にあたり、小石川植物園の池は千川の名残である。

❻の権現山はもともと護国寺（護持院）の裏山だったが、現在は豊島ヶ岡御陵となっており、宮内庁の管轄だ。

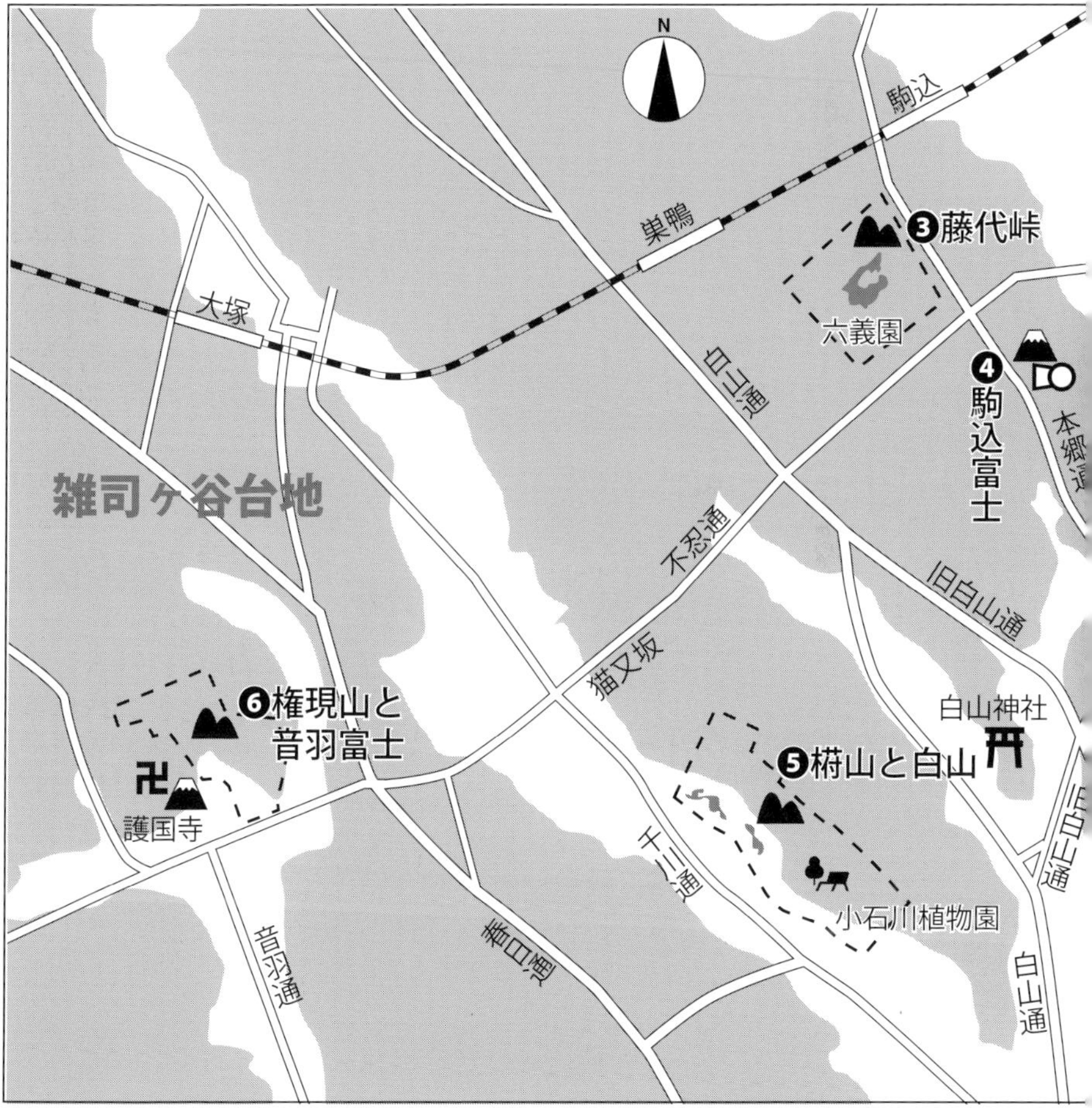

諏訪台の道灌山

太田道灌の砦址↓道灌山か、関道閑の館跡↓道閑山か

荒川区西日暮里三丁目

関道閑《どうかん》（関道観坊《せきのどうかんぼう》）は知らなくても太田道灌《どうかん》は有名人だ。西日暮里駅を見下ろす西日暮里公園は、そのどちらかのどうかんさんの砦址または館跡だったといわれている。

ところで最近にわかに注目され始めたのが江戸太郎とよばれる人物で、坂《ばん》東八平氏《どうはちへいし》（平安中期に関東地方に土着した桓武平氏の流れを汲む武家集団。千葉氏、三浦氏、上総氏など八つの氏族に大別されていた）の一つ、秩父氏から出た江戸重長《しげなが》のこととされる。

彼こそ江戸城の最初の城主ともいわれ、重長がこの地を治めたことが江戸の地名の由来となった。じつは関道閑はこの江戸重長の舅《しゅうと》なのである。

とはいえ人気で勝《まさ》る太田道灌の「出《で》張《ば》りの砦址」としたいのが江戸っ子の人情なのだろう。この山はハナから道閑山とは思われていない。だから庶民の希望通り道灌の砦とすれば、敵対する豊島氏への備えであったのだろう。

西日暮里から日暮里にかけての一帯は寺が多く、雪見寺（浄光寺）、月見寺（本行寺）などの名が残っているように遊山の名所だった。日が暮れるまで景色を見ていても飽きないというところから日暮里とよばれるようになったともいわれる。よほど夕日が美しかったのだろうか。特に夏の終わりから秋の初めにかけては松虫、鈴虫、馬追い虫などを入れた虫かごを持ち寄って、虫たちに音色を催促するという風流な「虫聴《むしきき》」の名所だった。

また、この台地には豊島氏が建立した諏訪神社が鎮座していることから、諏訪台とよばれる。神社は後に道灌が砦の鎮守としたといわれる。

道灌山といわれる地域は西日暮里公園から尾竹橋通りを挟んで開成学園を含む諏訪台の北部を指すようだ。地形的には飛鳥山から続く台地になる。

この台地には江戸時代どころか縄文・弥生時代から人が住み着いていたようで開成学園第二グラウンド敷地内にはおよそ八千年前の住居跡など（道灌山遺跡）があるそうだが、一般には公開されていない。

↑西日暮里公園。道灌山の頂上

→西日暮里駅ホームから見た道灌山の断面

←道灌山の北端、ひぐらし坂からの景色

↑諏訪神社脇の寂しい階段は線路をくぐり、西日暮里駅の反対側の駐輪場に通じる。場所は違うがこの階段のイメージが下の絵の二人の女性が上ってくる坂とダブる

↑『大日本名所図会』尾形月耕の虫聴の図

左右約 350m

千駄木山と須藤の滝

千駄木の木材を生み出した山から聞こえてくる天狗囃子

文京区千駄木三・五丁目

狸坂の中腹

↑大給坂

↑狸坂

↑地域の地名を残す御林稲荷

↑千駄木山の頂上、千駄木小学校

↑須藤公園の池。先はビル群だが、かつては江戸湾が望めた

高級住宅地と化した千駄木だが、かつてこの近辺は「千駄木山」の中でも千駄木御林《おはやし》とよばれた雑木林であった。寛永寺の寺領として上野の東照宮、つまり徳川家霊廟用の薪《まき》材を調達するための山であった。

坂の上一帯は「狸山」ともよばれていた。谷を挟んだ諏訪台（道灌山）の諏訪神社の祭礼が終わっても、夜になるとお囃子《はやし》の音《ね》が聞こえてくるので人々はこれを千駄木山の天狗囃子とか馬鹿囃子とよんだ。ところがこれを天狗ではなく、狸の仕業と思われていたようだから、よほど狸が多かったか腹鼓《つづみ》の良い音でもしたのだろう。

そのようないわれから名付けられた狸坂を上がり、最高地点を探すと千駄木小学校の前に出た。狸坂の南を平行に走る坂は大給《おぎゅう》坂だ。三河西尾藩主・大給豊後守の屋敷があったそうだが、ひっそりしたたずまいの坂である。

千駄木山の名残を求めてさらに南下すると須藤公園がある。三〜四〇〇メートル四方ほどの小さな公園だが、池あり、中の島に弁天堂あり、坂あり、滝ありとバラエティーに富む。

江戸時代には加賀金沢藩の支藩・大聖寺藩の回遊式庭園だった。明治になり実業家の須藤氏が所有し、昭和に東京市に寄贈された。

立地的には根津権現から続く斜面で園地の北と西の端が高くなっている。北斜面上部に「須藤の滝」がある。水が流れる時間帯（午前十時〜午後四時）も決まっているから水量が減ってポンプで汲上げる滝だろう。

公園の規模はそれほど大きくはないが、ここから房総半島の山々を望むことができたというから、ずいぶんと雄大な景色を持つ庭園だったのだ。

さらに南下すると団子坂に出る。この坂の別名は潮見坂（汐見坂）ともよばれているから、坂の上からやはり江戸湾が見えたのだ。

坂を上がって西へ進むと駒込学園の手前に「御林《おはやし》稲荷」がある。何の変哲もない小さな社《やしろ》だが、その名から当時の地名や土地の様子（御林跡、駒込林町）が偲ばれる。

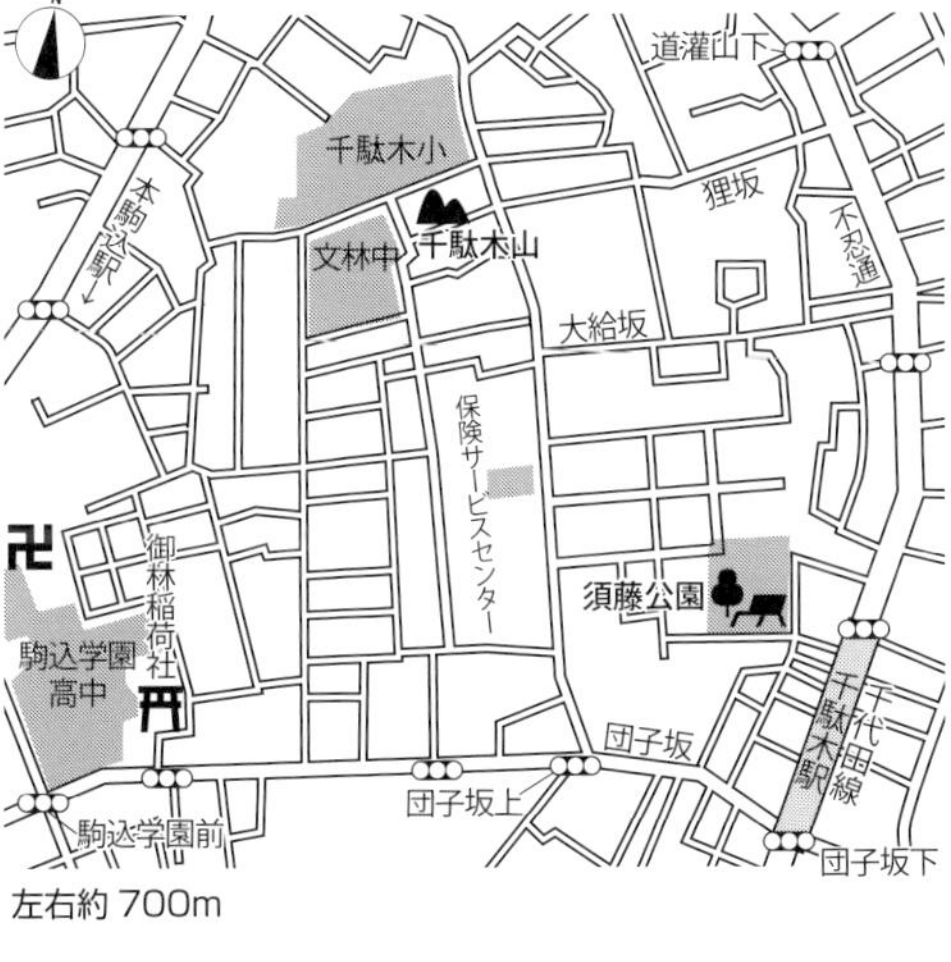

左右約 700m

藤代峠の仲良しベンチ

江戸時代からの名園は山だらけ

文京区本駒込六丁目（六義園内）

区内で一番高い山が峠？

元禄十五年（一七〇二）、柳沢吉保《よしやす》が自ら設計指揮し、七年を費やして築庭した回遊式日本庭園が六義園《りくぎえん》だ。彼はこの庭を「むくさのその」とよばせた。

広大な敷地の中には湊、浜、島、橋などが点在し、全てのものにいちいち名がついていて殿様の得意げな顔が思わず目に浮かぶ。特に築山は多く、妹山・背山、吹上峯、老峯《おいのみね》、花垣山、衣手岡《ころもでのおか》などがある。そしてそれらの中の最高峰が「藤代峠」だ。

峠といっても周囲を一周してよくよく観察すると、じつは島なのである。だからここに登るには四本ある橋のどれかを渡らなければならない。

↑実際に登ると下から見るより高く感じる

オリジナルの藤代峠（藤白峠）は紀伊半島の西側・和歌山県海南市の熊野路への入り口に位置し、熊野の一の鳥居で藤代五躰王子（藤代神社）がある。

対して六義園の藤代峠は「富士見山」ともよばれたそうだから富士山が見えたのだろう。標高三十五メートルは文京区最高峰である。峠からは園内が一望でき、庭園の周囲には高い樹を配しているので外界と遮断されている。

本来、峠には旅人を見守る道祖神や塞《さえ》の神が祀られていて、通行人が手を合わせたり花などを手向《たむ》ける風習があったことからたむけが転じて峠になったという説がある。しかしここの頂上にはこぢんまりしたベンチがあるだけだ。

ベンチにはよくカップルが座っている（上写真円内）。ところがこれが逆に園内の遠くからでも良く目立つ。「ほら、あの二人、まだ座ってるよ。何を話しているのかね」という具合だ。

明治以降は岩崎弥太郎の別邸となるが、彼は若年の頃から庭園に大変関心を持っていた。昭和十三年（一九三八）に東京市に寄付され、現在は国の特別名勝に指定されている。正式な名称は「東京都立六義園」である。藤代峠に登るには三百円の入場料が必要。

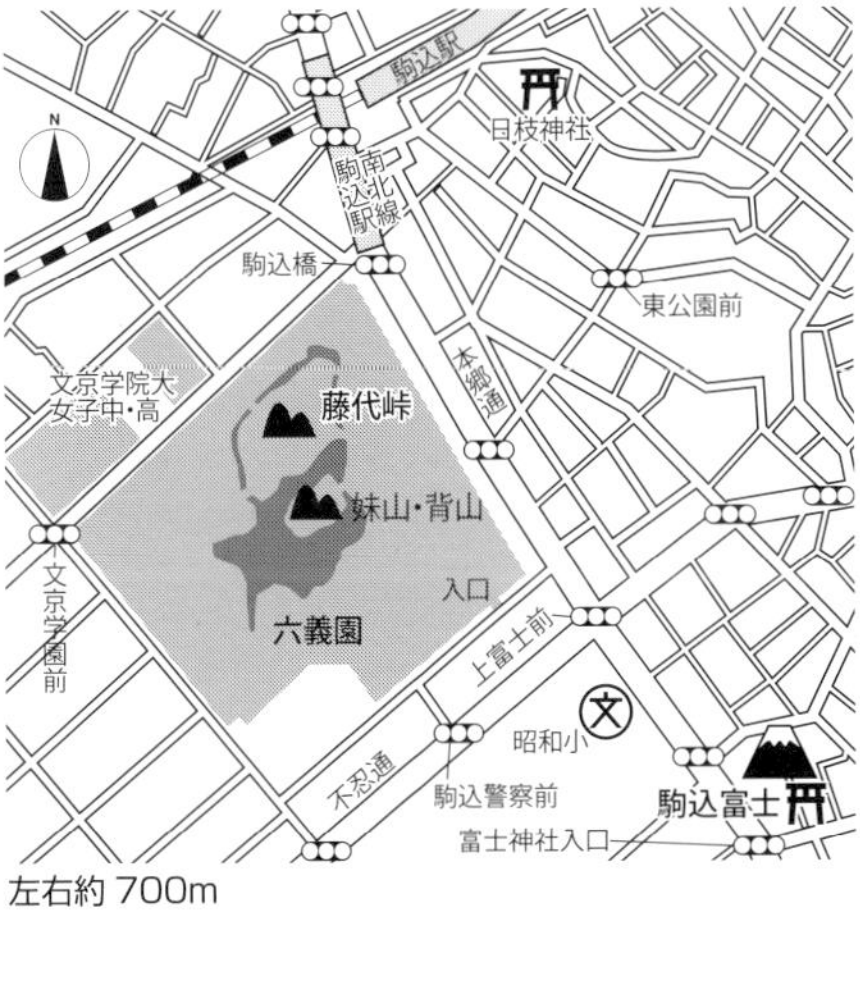

左右約 700m

古墳の上の駒込富士

麦わら蛇のごりやく変遷史

文京区本駒込五丁目（地図は37頁）

↑『絵本江戸風俗往来』より

ご利益は時代の求めに応じて変わる

宝永年間（一七〇四〜一〇）の富士塚は浅草、駒込、高田、深川、目黒、四ツ谷、茅場、下野の八カ所しかなかった。中でも駒込富士神社の駒込富士は首座とされていた。しかも登拝は五月晦日《みそか》と六月朔日《ついたち》のみだったから、この両日は大賑わいだった。

江戸の風俗を記録しておこうと菊池貴一郎が明治三十八年（一九〇五）に著した『絵本江戸風俗往来』（編：鈴木棠三／東洋文庫）にはその様子を「…富士浅間を祭れる諸社内・寺内等の群集夥《おびただ》し。何れの富士祭にても麦わら造りの蛇《じゃ》を商う店立ち並ぶ。この蛇を求めて家に置く時は、火防《ひぶせ》なりとぞ、江戸の火災甚だしき頃なるより、求めざるものなかりし」とある。

麦わら蛇とは麦藁細工の蛇のことで寺社によって形はさまざまだが、当時の駒込富士神社のものは、笹の枝に蛇が巻き付いたもので、肩に担いで持ち帰るのがお決まりのスタイルだった。

一般に伝えられる由来は「宝永のころ百姓喜八といふ者、ふと案じつきこれを作りて、祭礼の日、市に売るに珍しき細工なりとて諸人これを求む。その年の秋江戸ぢう疫癘はやること家々なり。その時この麦藁の蛇を持ちたる家には、一軒も疫癘のうれひなし。これより富士祭りの麦わら蛇はやりて、今当初の名産となれり」（『江戸塵拾《えどちりひろい》』）というものだ。

しかし『富士塚考 続』の竹谷靭負氏は著書の中で「麦わら蛇の発祥は延宝期（一六七三〜八一）まで遡り、創作者は無名の女童子で、効能は出世祈願のためであった」と述べている。

つまり麦藁蛇のご利益は時代順に出世祈願→疫病除け→火防と変遷しているようだが、いずれにせよ現世利益的な縁起モノだったことは確かだ。

今では都会で野生の蛇を見ることはほとんどないのでこのような言葉は使われないが、旧暦六月一日は夏の始まりであり、衣脱《きぬぬぎ》朔日といわれていた。この朔日に蛇が皮を脱ぐ（脱皮する）という俗信があったことが蛇細工のアイデアを生み出したようだ。

富士神社は本郷村の住人が二人同時に木花之開耶姫《このはなのさくやひめ》の姿を夢中に見て同地に勧請したものだが、寛永六年（一六二九）に現在地に移されている。

この高さ七メートルほどの塚はもともと富士塚とよばれていたが、いわゆる富士信仰のそれではなく、前方後円墳だったといわれている。そのためか他の富士塚に比べると規模も大きく独特な形状で、正面の石段も急峻だ。

小石川の椨山《たぶのきやま》と白山《はくさん》

癒しの坂道の先に発見した「森の中の小さな山」

文京区白山三（小石川植物園内）・五丁目

理想の斜面とこんもり地帯

小石川植物園は西の春日通り、東の白山通りに挟まれた台地の斜面にある。すぐ南は千川（小石川）の暗渠・千川通りだから、斜面の下には川が流れていたのだ。

明暦元年（一六五五）当時、巣鴨《すがも》原とよばれていたこの地は、後の五代将軍で当時まだ館林藩主だった徳川綱吉《つなよし》の屋敷となる。巣鴨原にはそれより四十年ほど前から白山神社があったのだが、以上の理由から社殿は現在地に移された。しかし神社名は残り、以降、綱吉の屋敷は白山御殿とよばれた。白山の地名もこの頃からなのだろう。

貞亨元年（一六八四）に麻布の御薬園がここに移され、次いで享保七年（一七二二）に八代将軍吉宗《よしむね》と名奉行・大岡忠相《ただすけ》の名コンビによって小石川療養所が設けられた。赤髭先生でも有名で「藪医者へ断りいうて御薬園」といわれるまでの人気だった。青木昆陽《こんよう》が凶作対策のためにサツマイモの試作をしたのもこの地である。近年では関東大震災で焼け出された三万人以上の市民の避難所となった。つまり小石川は庶民の救いの地だったのである。

おおむね東西に細長い園内の南半分は低地で、池や日本庭園などがあり、北半分は台地で並木や林になっている。特に台地の東半分の地域には樹木が鬱蒼と茂っていて、森林浴を満喫できる。

南低地のハナショウブ園や日本庭園あたりから北の台地へ登る斜面では、ちょっとした登山気分が味わえる。

斜面を登り切った森の中程に震災記念碑がある。そのすぐ向かいに筆者が勝手に名付けた「椨山《たぶのきやま》」がある。標高的にも間違いなく園内で一番高いと思われるほど、はっきりとした円墳状の小丘になっており、頂上には立派なタブノキが生えている。

白山権現が祀られていた場所だろうか。筆者が求め続けた理想のお山を発見したような悦びで気分が高揚した。

狐の巣穴を祀った稲荷の祠

園内には太郎稲荷と次郎稲荷が祀っ

てある。日本庭園側の斜面下にある次郎稲荷はおそらく狐の巣穴を祀ったものだ。あるいは湧水跡かもしれないが、その場合は辯才天《べんざいてん》か市杵嶋姫《いちきしまひめ》を祀っているのが普通だから、ここは筆者の希望的観測で巣穴跡とさせていただこう。

巣穴の中は崩れた古墳の内部を思わせるようだし、巣穴の上部斜面には、明治以降、おそらく東大植物園になってからの煉瓦などが積んであるので自然の穴ではないのかもしれないが、いかにも稲荷の神使が好みそうな場所だ。

王子稲荷や上野花園神社、新宿の富塚古墳にも狐の巣穴跡らしきものはあるが、これほど露骨に不気味な穴はめったにない。公園施設などにありがちな小ジャレた祠《ほこら》とは正反対。巣穴の前は池なのでジメジメしており、蛇や虫がウヨウヨ這い出てきそうな雰囲気が非常に良い。

↑お椀を伏せたような椨山
←南低地からは想像もつかない山中の気配

↑椨山のタブノキ
→日本庭園からの登山口

↑内部は崩れた横穴墳のようだ

↑狐穴側からの景色

↑祠の左下が狐穴

郷愁を誘う坂道たち

小石川植物園周辺には坂道が多い。猫又（根木股）坂、氷川坂、網干坂、播磨坂、吹上坂、御殿坂など、どれも小石川に下る坂だ。『江戸名所図絵・巻之四・小石川』には地名（川名）の由来を「昔は小石の多き細流数条ながれしゆゑに、かく号《なづ》くるとも、また加州（加賀）石川郡《ごおり》の白山の神祠鎮座のゆゑならんといひ伝ふれども詳らかならず」とある。

植物園に面して南東が御殿坂だが、ここが白山御殿とよばれるようになってからの坂名だ。西が網干坂で、かつてはこの坂のすぐ下の川か入り江で漁をしていたことを物語っている。

網干坂に平行して簸川《ひかわ》神社の石段がある。これを上がって境内に入り、そのまま抜けると氷川（簸川）坂の中程に出る。網干坂では男子学生が、氷川坂では数人の女子中学生がお喋りを楽しんでいた。いずれもゆったりした時間が流れる名坂だ。

白山権現の女神とは

白山権現は三回遷座している。天暦二年（九四八）豊島郡本郷元町（本郷一丁目）に創建され、元和年間（一六一五～二四）に秀忠の命により巣鴨原（小石川植物園）に移された。前述のように、その場所に当時まだ館林藩主だった綱吉の屋敷が造られることになったため、明暦元年（一六五五）現在地の白山五丁目に遷座し、信仰に並々ならぬ情熱を注ぐ綱吉と圭昌院《けいしょういん》母子の崇敬を受けるようになる。

もともとの祭神は加賀国石川郡《ごおり》白山の女神・白山比咩《ひめ》（菊理媛尊《くくりひめ》）で神仏習合・山岳修験の神である。

しかし原初的に山の神は水や豊穣を司《つかさど》る。だいたい美人に描かれているが、誰がどのような目的で本郷に勧請したかは由緒に出ていない。

この地の話ではないが『江戸名所図会・巻之四・赤塚明神祠』には、板橋区赤塚の白山権現は二、三株の榎《えのき》が生えた塚の下の小祠に祀られているが、この榎に触れると必ず祟りがあるので土地の人々は恐怖したとあり、この塚はかつて高貴な人を葬った荒陵であろうと結論付けている。

同じ女神のはずが、将軍家から大切にされたり、土地の人に恐れられたりとなかなか忙しい。

白山神社は「文京あじさいまつり」でも有名だが、そのメイン会場は境内に隣接し、祭りの日にだけ登拝できる富士塚（浅間社）である。

つまり白山神社には富士山の女神・木花之開耶姫《このはなのさくやひめ》も祀られているのだ。嫉

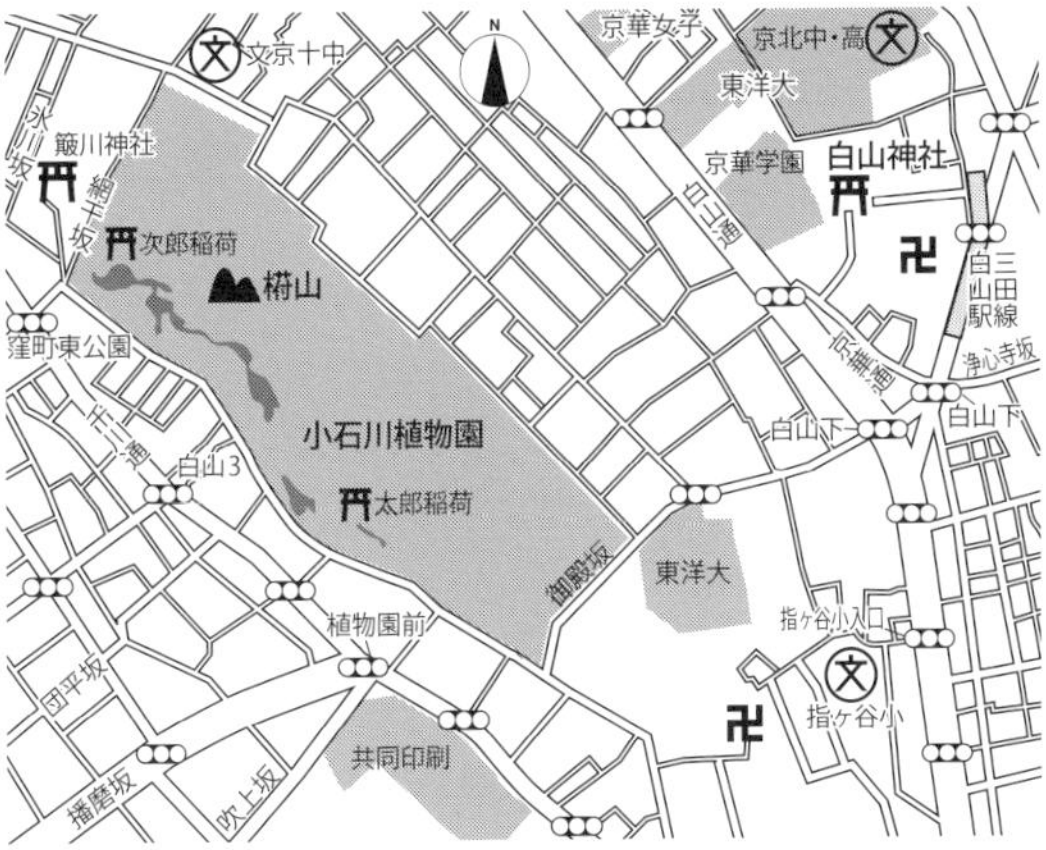

左右 1150m

妬深い二体の女神…しかも場合によっては怒りの烈火を吹き上げる山の神同士を、白山神社の神官はどのような手練でなだめ鎮めながら並祀しているのだろうか。余談になるが、かつて自分の妻を山の神とよんだ理由もこのような豊穣の女神の神格に由来している。

↑氷川坂

↑網干坂

↑御殿坂

↑都営三田線「白山駅」から参拝すると社殿の横に出る
←対して白山通りから京華通りに入ってすぐ左の階段は社殿の正面に続く。かつてはこちらが表参道だったと思われる

権現山と音羽《おとわ》富士

護国寺境内の案内図に描かれていない二つの山

文京区大塚五丁目

↑→規模はこぢんまりとした印象だが石橋や多くの塚、烏帽子岩まであって味わい深い

←胎内洞窟の小祠内には図と同じようなお姿をした木花之開耶姫像が線刻されている

↑一般墓地敷地の深部から、かろうじて伺える権現山の森（豊島ヶ岡御陵）。夕方になると家路につく前のセレモニーなのかカラスたちが異様に騒ぐ

←（手前）皇室専用門。当然、一般人は入場不可

←（奥）業者専用の通用門。扉は鉄製

不思議な一所両寺体制

護国寺も五代将軍綱吉と、その生母であり、京都の八百屋仁左衛門の娘・桂昌院《けいしょういん》によって建立された寺院だ。この母子は神田錦町あたりにも護持院を建立している。

そして将軍綱吉の誕生を予言した僧・亮賢《りょうけん》が護国寺を、悪法として名高い生類憐みの令を提案した僧・隆光《りゅうこう》が護持院を与えられている。

護持院は神田錦町にあったが、享保二年（一七一七）の火災で堂塔ことごとく焼失したため、その時の八代将軍吉宗が再建を許さず、護持院は護国寺境内に移された。

以降、この二寺は明治に護持院があっけなく廃寺にされるまで一所両寺という不思議な体制をとった。すなわち観音堂が護国寺、本坊が護持院となったのである。

胎内洞窟に佇む美しい女神

『江戸名所図会・巻之四・神齢山護国寺』の図では、境内西の山間に西国三十三番順礼札所《じゅんれいふだしょ》の小堂が点在しており、その中に富士山が聳えている。現在地と異なるが「音羽富士」だ。

今はメインの参拝ルート・不老門の石段下の右側に移ってしまい、注意しないと鳥居さえ見過ごす。格式の高い寺院だからだろうか、門前の大きな案内図にも富士塚は紹介されていない。

しかし多数の石碑群や登山道の敷石は手入れされ整然としている。特筆すべきは登山道手前の小さな胎内洞窟内に見られる木花之開耶姫《このはなのさくやひめ》の珍しい線刻像だ。昭和二年（一九二七）とある。

明治に名を変えた山

現在の音羽富士は残念ながら護国寺の境内より低い。一方、寺の奥には、かつて東照権現社があったため「権現《ごんげん》山《やま》」とよばれた裏山が控える。

両寺の境内だったが、明治六年（一八七三）、政府がここに天皇と皇后以外の皇族専用墓地を造成した。神地であるから神仏習合系の山名は廃され、「豊島ヶ岡」と改名された。この御陵は宮内庁の管轄で一般人の墓前参拝は許可されていない。ただ、おびただしい数のカラスが墓を見守っている。

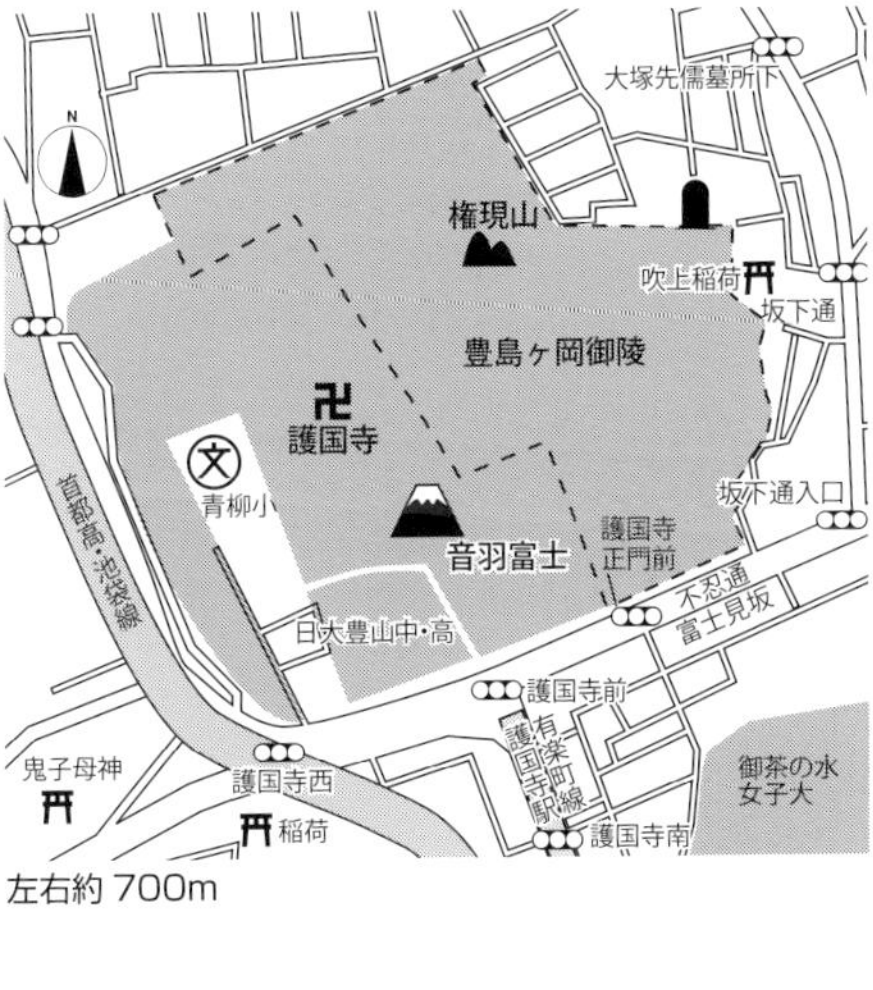

左右約700m

第三章　隅田川・新河岸川《しんがしがわ》山脈

第三章では隅田川を遡《さかのぼ》り、新河岸川に入り、さらに支流の白子川の渓谷まで分け入る。広範囲にわたるので一日ではとても巡りきれない。

グレーの部分は台地で、細かくは便宜的に湯島台地、目白台地などとよばれているが、総称は武蔵野台地である。西に向かって高くなり関東山地に続く。

❶❷❸は下町低地とよばれる地帯にある。弁天山などは山とよぶのも憚《はばか》るが、待乳《まつち》山は天然の山といわれている超低山である。ほかは人工の富士塚だ。

❹は台地の端に築かれた城址で、それぞれ山らしき地形や斜面にあり、今は寺院、神社、公園などになっている。❺は新河岸川の支流、白子川が削り残した凸地や斜面と富士塚である。

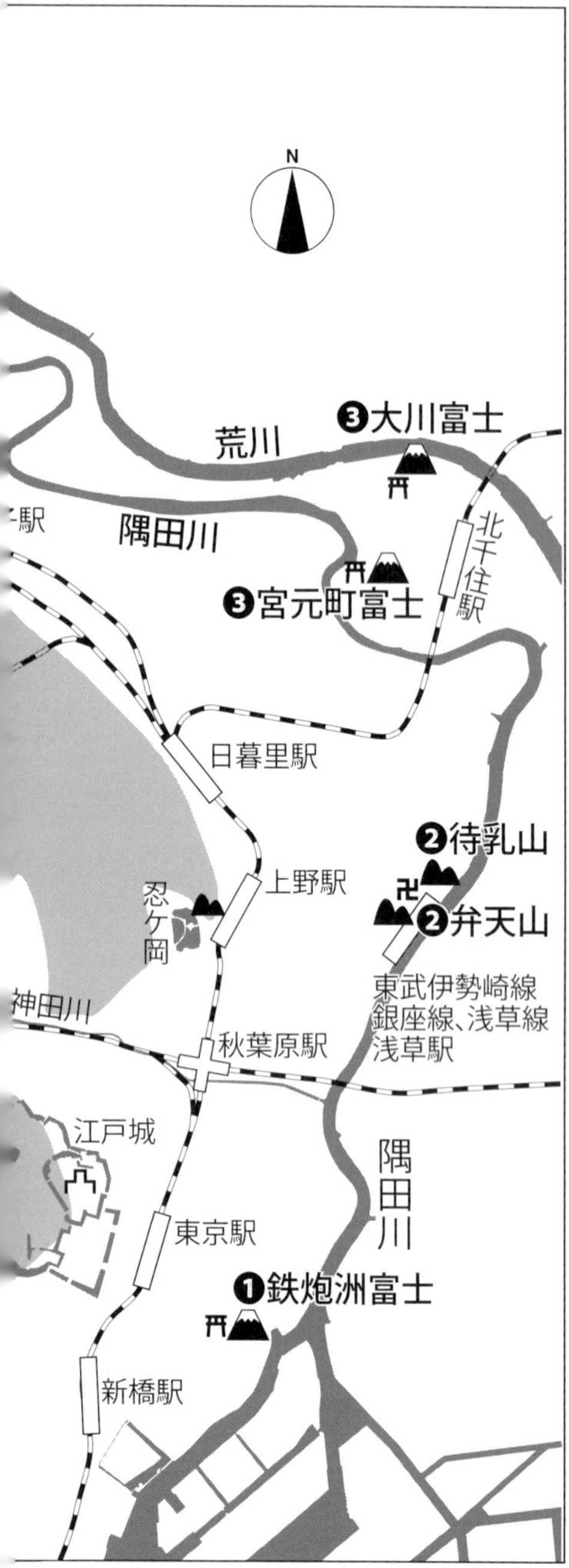

新河岸川
荒川
三田線
西高島平駅
白子川
④赤塚城址
乗蓮寺
三田線
志村三丁目駅
赤羽駅
静勝寺
④稲付城址
⑤大泉富士
東武東上線
成増駅
熊野神社
④志村城址
⑤土支田山塊
大江戸線
光が丘駅
石神井川
（滝野川）
池袋駅
❶ 鉄炮洲富士
❷ 弁天山・奥山・待乳《まつち》山
❸ 大川富士と宮元町富士
❹ 稲付城と千葉氏の城址
❺ 土支田《どしだ》山塊と大泉富士

鉄炮洲富士《てっぽうず》

規模は小さいが登ってみるとスリリングな峻峰

中央区湊一丁目

↑富士塚より本殿を見る　↓雨の日などは狭い足元が滑りやすいので要注意だ

古くは鉄砲ではなく鉄炮だった

落ち着いた佇まいの社殿の右手裏に鉄炮洲富士は聳《そび》えている。そのすぐ奥隣には、富士塚と比較するせいか、さらにぐんと高いビルがこちらを見下ろしているので多少興ざめするが、よく観察するとなかなか荒々しくて急峻な富士山なのである。

登山道には階段がついているが、足がはみ出してしまうほど幅も奥行きも狭い。足場が不安定なので上り下りは結構緊張するが、登頂後の爽快感はなかなかのものだ。

ここは埋め立て地（築地）で、地名の由来は洲の地形が南北八百メートルほどあって細長く、鉄砲の形に似ていたからだという説がある。一方、寛永年間（一六二四～四四）に大砲（大筒）数門を幕府に献じたオランダ人がいて、当時はまだ無人だったこの浜で旗本に試射をさせたからという説もある。

炮の字のイメージから連想すると、鉄砲より大砲の火焔が似合っているような気がする。

ちなみにこの大砲は島原の乱の鎮圧に用いられたという。その後も度々鉄炮洲で演習が行なわれたが、江戸城に近すぎるという理由から、最終的に演習場は下総（千葉県）船橋と相模（神奈川県）鎌倉の浜へ移された。

海上輸送の入船出船で賑わう

正保年間（一六四四～四八）に江戸～上方間の海上輸送が盛んになると鉄炮洲は錨地《びょうち》（碇泊地）として賑わう。特に西国南海廻りの船が江戸の地に入るには、まずここで上陸してから八丁堀に入ったり、小舟に乗り換えて新堀《にいほり》（江戸川区）、日本橋、霊巌島《れいがんじま》（現在の新川）などへ漕ぎ出たという。

鉄炮洲稲荷神社宮司の見識

当社の手水場《ちょうずば》に「反省　威張る時には神に捨てられ　欲張る時には金に背かれ　妬むときには友を持ち得ず　怒るときには己を失うのだ　正光」とある。また、神輿を担ぐときは「ワッショイ」という掛声が望ましく、「ソイヤ」「セイヤ」「オリャ」「サアコイ」などは勇ましいが喧嘩腰なため遠慮していただきたいと要望している。

左右約 800m

弁天山・奥山・待乳《まっち》山

江戸庶民が愛しんだ浅草の山々

台東区浅草二・七丁目

浅草寺境内に山がある？

　浅草寺の仲見世を通り抜け宝蔵門の右手前（東）に弁天山がある。ここは浅草寺弁天堂の老女弁天（尊像が白髪のためだが、お顔が特に老女に見えるわけではない）と、芭蕉の句「花の雲鐘は上野か浅草か」で有名な時の鐘で知られる。山とよぶには無理がある小さな丘だが、古墳だったという説もある。

　ところが、かつては大仏山とよばれていた時代がある。延宝年中（一六七三〜八一）に一時期空き地だったことがあり、ここに大仏を安置する計画があったようだ。しかし代わりに弁天社が移った。『江戸名所図会・巻之五・金竜山浅草寺《きんりゅうざんせんそうじ》』には銭瓶《ぜにがめ》弁財天社と紹介されている。

　もともとは浅草寺境内西端の淡島明神の地に銭塚弁天という小祠があったらしいが『江戸名所図会』ではこれと一体の神ではないかと推測してその由来を紹介している。

　それによると「大永二年（一五二二）九月十八日、北条氏綱の使い、富永三郎左衛門という者が古河公方《こがくぼう》の御所からの帰途、浅草寺の観音に参詣すると、いつもより多くの人々が群集していた。この時、弁天堂の辺りで銭が湧き出ていて参詣の人がこの銭を取っていた。寺僧が制していたけれども聞かず、三郎左衛門は奇異の思いをなして帰り、このことを主人の氏綱に報告した」そうだ。これは『小田原記』と『北条五代記』に書かれているという。

　これが後に弁天山に移った銭瓶弁財天であろう。

　ところが現在、淡島明神（淡島堂）の近くにあるのは銭塚地蔵だ。いつの間に弁財天が地蔵にすり替わったものか…。しかし話がややこしくなるので本書では銭塚地蔵の縁起は控えておく。

　ちなみに浅草寺にはもう一つ山がある。正確には山ではないのだが、庶民はその場所を奥山とよんでいた。

　現在の五区にあたる地域で、花屋敷遊園地周辺である。昔からここには見世物小屋やミニ動物園などがあって老若男女で賑わっていたらしい。後にこれらの歓楽施設は六区に移ったために、今では六区が奥山とよばれるようになっている。

区内最低山は標高九メートル

浅草寺の本尊である黄金の観音像は漁師だった檜前浜成《ひのくまのはまなり》・竹成《たけなり》兄弟の網にかかり、それを土師中知《はじのなかとも》が祀ったといわれるが、この観音出現の前に、一夜にして小山が出現し、そこに金龍が舞い降りたという伝えがある。これが待《まっ》乳山《ちやま》である。

最低山といえども待乳山からは足元に隅田川、東に筑波山、西に富士山を望めたという。一般に天然の山であるといわれている。横を走る山谷堀《さんやぼり》の山はこの待乳山を指すという。『新編武蔵風土記・巻之七・山川』『江戸名所図会・巻之六』ともに真土山とも記している（風土記は亦打山とも）。

↑『江戸名所図会・巻之六・金龍山浅草寺（部分）』では立派なお山に描かれている。浅草寺の観音出現前に一夜にして現れた山で、そこに金龍が舞い降りたという話は、「江ノ島、弁財天、悪龍」出現の故事とよく似ている

↑弁天山公園から見た弁天山は高い場所にあることがわかるが、山とよぶには少々苦しい。ちなみに弁天山公園には原則的に子供とその保護者しか入ることができないので要注意だ

これをもって天然の山の証《あかし》だという説もある。あるいは本郷台地が浸食されて取り残されたものだという。

確かに台東区も待乳山は自然地形であろうとしてはいるが、じつはここも古墳だったのではないかといわれていた。ただ、それを証明するものが出土していないだけなのである。

かつてはもっと大きな松山だったという。昭和六年（一九三一）隅田川の洪水対策のため日本堤を築くことになり、この山を削って土を運んだ。

さらに古くは房総半島を中心に栄えた豪族で、鎌倉幕府樹立に大きく貢献した千葉氏の城址だったともいわれる。

ところで江戸時代まで浅草周辺には塚が多くあり、石棺もいくつか出土していたことが知られている。そもそも浅草寺を建立した土師中知は土師眞中《はじのまつ》知《ち》ともいう。まつち山はこの土師氏の墳墓か館址で、穿った見方をすれば、じつは観音像と金龍像（現存しない）はここから出土したとも考えられる。そもそも檜前氏は土師氏の家臣だったという。浅草神社の祭神・三社権現とは両氏の末裔が彼らを祖霊として祀り始めたのであろう。

待乳山 聖天《しょうでん》さまの大根と巾着《きんちゃく》

待乳山といえば山頂にある本龍院の聖天さまだ。境内のあちらこちらで二股大根と巾着の絵柄が見られる。一般に大根は「健康、良縁成就、夫婦和合」巾着は「商売繁昌、金運、財運」のシンボルと理解されている。

聖天さまとは大聖歓喜天《だいしょうかんぎ》（ビナヤカ、ガネーシャ）のことで、じつは象頭人身の大変凶暴で好色な神である。密教においては男女神が抱き合う双身像を祀っている例も多い。エロ神さまとよぶ人もいるほどで、これが歓喜の由来である。その一方で、この神は非常に気難しく、供養には万全の注意を払わなければならない。しかしその分ご利益も大きく万能なのである。

聖天さまに大根を供え、健康や良縁を祈って心の安らぎを得ている方にとって、以下の話は余計なお節介かも知れないが、これも宗教の一面であり、神々の本来の姿を知ることも一つの信仰のカタチだと筆者は考えるので敢えて書かせていただく。確かに聖天さまは大根が好物とされるが、本来は二股大根を供える。つまり女体が大好物なのである。ちなみに多くの妻を持ち、子沢山ゆえ縁結びの神とされる大黒さま（大己貴命《おおなむちのみこと》）の好物も二股大根である。

一方の巾着は（突拍子もないと思われるかも知れないが）子宮である。やはり聖天さまの好物とされる揚げ菓子モーダカも本来は巾着形であった。

人間の子供を取って喰っていたという鬼子母神を思い出していただきたい。この神にはザクロを供える。筆者が子供の頃、人間の味がするからだといわれたが、どうにも納得できなかった。かなり強引な理屈である。じつはザクロは子宮そのもの、つまりその中に子供を腹んでいるからこそ、この鬼女に供えるのである。

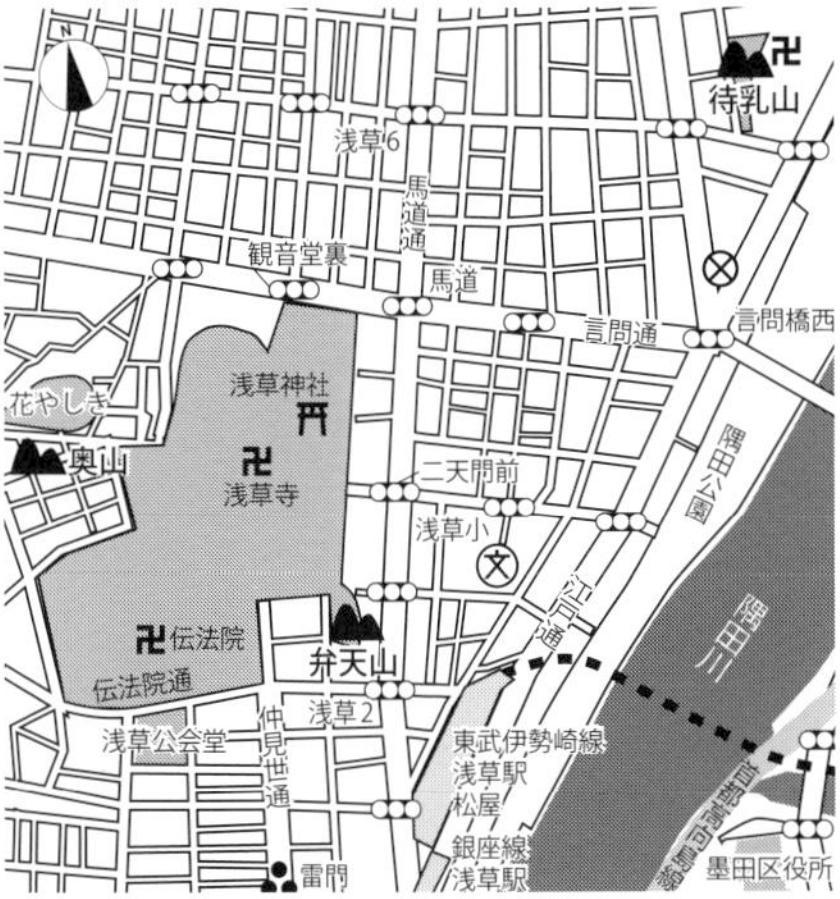

左右約 900m

↑文政３年（1820）、新吉原神楽講中が色街の繁栄を願って奉献した石碑。二股大根は一本では女性を二本の「違い大根」は男女の和合を表す

↑正面に掲げられた提灯。二股巾着は女性の子宮を表す

↑雑司ヶ谷鬼子母神の絵馬

↑『江戸名所図会・巻之六・真土山 聖天堂』向島上空からの鳥瞰図

↑隅田川側から見た待乳山の天狗坂

大川富士と宮元町富士

隅田川と荒川に挟まれ、水と山のパワーが凝縮した富士塚

足立区千住大川町、千住宮元町

千寿七福神巡りと富士登山

十六世紀・江戸開闢《かいびゃく》以前よりこの地を開拓し、度重なる浸水・洪水・飢饉の被害から人々はこの地を死守してきたが、大正元年の荒川改修工事で立退きを強いられる。それでも北千住には富士塚が二基残った。

大川富士（千住川田浅間神社富士塚）は千住大川町、布袋尊を祀る氷川神社境内にある。ここは荒川から百メートル程だ。文政七年（一八二四）の築造だが現在までに二回ほど移築されている。山頂の石祠は天保二年（一八三一）のもの。塚の高さは三メートルほどしかないが周囲には氷川神社の本殿以外に高い建築物はないので開放感がある。

宮元町《みやもとちょう》富士は千住宮元町、恵比寿天を祀る千住神社（西森神社）境内にあり、こちらは隅田川から三百メートル程の距離である。祭神は木花之開耶姫《このはなのさくやひめ》としている。こちらの富士塚は柵で囲まれており、登拝は富士の山開きと同じ七月一日のみ。今となっては周囲の建築物に見下ろされ縮こまった感があるが、当時は山頂から隅田川はもちろん、富士山が眺望できたことであろう。多くの石碑や祠、運搬手段の困難な時代に運ばれたボク石を見ると富士への信仰心の深さが伝わってくる。

富士信仰とは富士山の頂を現世で最も極楽浄土に近い場所とする信仰。富士塚とは富士山の溶岩（ボク石）を利用して築いたミニ富士のことで実際の富士山に登ったのと同じご利益があるといわれ、江戸時代には大流行した。都内に五十ほど残る。詳しくは「目黒の元富士と新富士（p146）」参照。

左右約 1650m

↑→小ぶりだが美しい大川富士は周囲に高い建物がないので開放感に溢れている。山頂の祠には珍しい格子が施されている

←↓宮元町富士は周囲の建物に見下ろされているが豊富なボク石と多くの石碑に囲まれており、信者の熱い情熱が感じられる

稲付城と千葉氏の城址

東西七キロメートルに並ぶ三つの城址

北区赤羽西一丁目／板橋区志村二丁目、赤塚五丁目

↑門前の石段は今も残っており、横には「稲付城跡」の石柱が立っている

←『新編武蔵風土記稿・巻之十七』に描かれた道灌像。その左は道灌公所持の竹杖

→自得山静勝寺の道灌公木像模写

↑志村城本丸跡には現在、志村小学校やマンションが建つ。写真は小学校の南側に聳える石垣

↑枯葉で埋め尽くされた志村城の空堀跡

太田氏の稲付《いねつけ》城

赤羽は昔から赤土が多い台地で、かつては赤埴《あかはに》とよばれていた地名が転じたものだという。

静勝寺は太田道灌の居城があった高台（赤羽山、道灌山とも）にあり、JR赤羽駅から西に二百メートルほどにある。東（赤羽駅から先、隅田川方面）以外の三方は台地に囲まれている。現在の地名でも周囲は赤羽台、西は桐ケ丘、南は西が丘、さらに稲荷台などと続くから城を築くのに適していたのだろう。さすが城築の天才といわれた道灌…といいたいところだ。

『新編武蔵風土記稿・巻之十七・豊島郡之九・静勝寺』には「今も境内地形高して門前に石階四十八級あり」とある。しかし静勝寺境内に稲付城の遺構が残っているわけではなく、昭和六十二年（一九八七）の発掘調査によって確認された空堀は永禄～天正年間（一五五八～一五八二）に普請されたものというから、これは道灌が亡くなった文明十八年（一四八六）以降に築かれたものだ。

道灌の死後は孫の資高《すけたか》、その子康資《やすすけ》などが、関東を制圧した後北条氏に仕えている。そこで稲付城は北方に備え、またさらに北方の岩槻城との中継のため守備を固めたものと思われる。

やがて後北条が破れ、江戸時代に入ると太田家の子孫はこの台地に道灌の木像を安置し、静勝寺を建立した。

『新編武蔵風土記稿』の挿絵を見ると、五十五歳で謀殺された人物としては「剃髪して老境に入っています」といった風情だ。しかも道灌所持の竹杖（先は銅包《くる》み）まで寺宝として描かれている。当時の年齢的な現実なのかもしれない。

一方、現在の木像は発掘調査と同時期に修復・彩色されたもので、ずいぶん凛々しく「まだ戦えるぞ」という気迫に満ちている。道灌ファンの気持ちの表れであろうか。

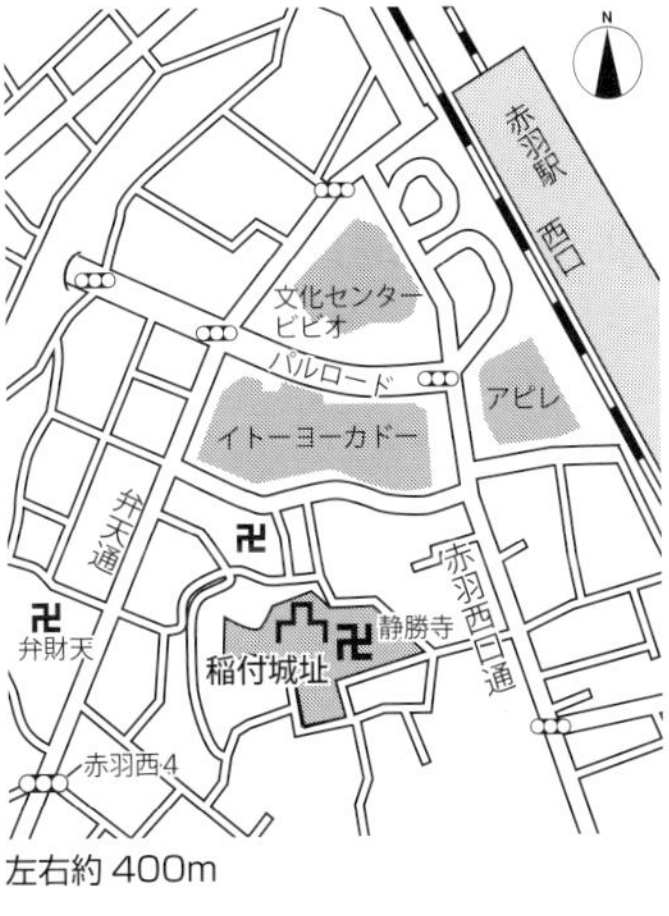

左右約400m

千葉氏の志村城

稲付城から西に三キロメートル、都営三田線・志村三丁目駅から南に百メートルほどに城山公園がある。

公園は崖の下にあり、その急坂を登ると展望が開ける。すぐ裏に、城内の鎮守として祀られたという熊野神社が

ある。一帯は志村城址の二の郭《くるわ》跡だ。一の郭（主郭《しゅかく》・本丸）跡には現在、志村小学校やマンションが建っている。

志村城は、もともとは豊島氏の一族、志村氏によって築かれたものだが後に千葉自胤《よりたね》の一族・千葉信胤《のぶたね》が入り、赤塚城（後述）の出城とした。

『江戸名所図会』によると、現在も地名の残る南の中台や西の西台などとよばれる地域はいずれも城営の旧跡だったというから、堅牢でスケールの大きな城だったのだ。社殿の裏や西側の鬱蒼とした林の中に土塁や空堀跡が残る。公園のように手入れはされていないが、それがかえって生々しい時の流れを感じさせる。

左右約 250m

千葉氏の赤塚城

康正二年（一四五六）、坂東八平氏の名門、千葉一族を二分する内部闘争で下総《しもうさ》（千葉県北部）の市川城から武蔵に逃れた千葉実胤《さねたね》・自胤《よりたね》兄弟は扇谷《おおぎがやつ》上杉家の太田道灌を頼る。このとき兄の実胤は石浜城（荒川区南千住三丁目の石浜神社周辺）に入り、弟の自胤は板橋区赤塚の赤塚城（現・赤塚公園および乗蓮寺）に入った。

『江戸名所図会・巻之四・千葉氏古城の趾《あと》』には「同所（松月院）西にあたれる岳《おか》をいふ。土人、城山とよべり。いま官林となり、頂《いただき》に畑あり。されども空濠《からぼり》の形などそのままに残れり。迂《で》城《まる》・内城《ほんまる》と覚しきところは、ことにい

赤塚城本丸跡

まも城濠《ほり》の形ありて水を湛《たた》へたり」とある。今の赤塚池（溜池）はここに記された城濠の名残だという。

　主郭跡は赤塚公園の台地上にあり、今はただ城址跡を示す石碑が立っているだけの広くて平坦な野原である。

　二の郭（三の郭という説もある）は赤塚公園に隣接した高台で、昭和四十六年（一九七一）に下板橋仲町から移転してきた乗蓮寺（東京大仏で名高い）の境内にあたる。しかしこちらには総門脇に立つ「赤塚城二の丸跡」と刻まれた石柱の他に遺構らしきものは全くない。

　乗蓮寺はもともと板橋氏との縁が深く、むしろ向かいの松月院に千葉一族のものと伝えられる墓がある。この寺は一族の千葉自秀《よりひで》が開基で自胤が寺領を寄進している。

　ちなみにその後の千葉氏は後北条氏に従属し、天正十八年（一五九〇）に後北条氏が滅びるまで運命を共にする。

左右約 600m

土支田山塊と大泉富士

白子川流域に並び立つ山々とミニ富士山

練馬区土支田四丁目、大泉町一丁目

都内とは思えない自然の豊かさ

白子川は練馬区大泉井頭《いがしら》公園を水源として埼玉県を抜け、笹目橋の近くで新河岸川《しんがしがわ》に合流する短い川だが、練馬区北部の大泉ICあたりから北東に向かって深い谷を削っている。

特に、かつて中里とよばれていた大泉町一〜二丁目、土支田《どしだ》四丁目あたりには小さなお山（憩いの森公園）が川沿いに点々と続く。その山並みを白子川に沿って上流から歩く。

白子川の遊歩道を北上しつつ流れを下ると、右岸に「あかまつ緑地」、川が大きく東に曲がった先に「中里泉公園」がある。注意深くポイントを探せば、木々や建築物の隙間からハッとするほどの展望が楽しめる。

そこから数百メートルほどで「清水山憩いの森」だ。早春になれば三十万株のカタクリの花が咲き、雑木林の中の涌水は「東京の名湧水57選」に選ばれている。すぐ先には「稲荷山憩いの森」が続く。練馬区内で最も面積の広い公園で、里山の面影を十二分に残している。ここにも涌水がある。

左岸には大泉町を一望できる「もみじやま憩いの森」がある。よく整備された公園で園内にはモミジが多い。

越後山の名を残す「越後山の森緑地」は斜面上にある小さくて平凡な公園だが、白子川右岸が展望できる場所としては珍しいポイントだ。

ところで大泉という地名からは水量豊かな土地が連想されるのは当然だ。

一方それに対して土支田という一風変わった地名だが『新編武蔵風土記稿』には土支田源七郎という者が知行の配当六貫五百文（六千五百文）を受けていることが記されているが、土地の名が先か人の名が先かは不明。白子川については「新座郡の堺を流る川幅二間許《ばかり》（約3.6メートル）」とある。

また一説には斎田《いつきだ》→斎田《ときた》→粢田《しとぎだ》（神に捧げる米を作る田の意）から転じたとか、土師器《はじき》を造る人々が住んでいて彼らの所有する田を土師田《どしだ》とよんだから、などといわれるが、どうにもこじ付けたようで納得できない。

↑中里泉公園の上、宅地へ登る階段上から見た眺望

↑あかまつ緑地。すぐ下が白子川の遊歩道で、この辺りから徐々に谷が深まる

↑稲荷山

↓稲荷山湧水池の石祠は水神か

↓稲荷山の山頂から見おろす大泉１丁目の町並み

↑もみじやまの斜面には展望のきくスペースがある

↑越後山の斜面を下る坂路

もみじやま（台地の上）

↑浅間神社の鳥居から仰ぐ大泉富士
→大泉富士の山頂から望む南斜面
↓富士山中の道祖神

土地の名が先とすると、字面《づら》を素直にとって「土が流れ込んでできた田」つまり「土砂が谷間や小さな川の支流に流れ込んで堆積した土地」と考えるのが自然ではなかろうか。

高さ十二メートルの大型富士塚

直径は三十メートルある。これは富士塚としては大型の部類だ。かつてこの地は中里とよばれていたため地元や区では中里富士と表記する場合が多いが富士塚ファンは清瀬市中里の富士塚との混同を避けるため、こちらを大泉富士とよんで区別しているようだ。

南斜面の鳥居から眺める富士塚はなかなか雄大である。麓から多くの石碑や石祠が並び、山頂まで四十基ほどある。秋葉神社、日之御子、烏帽子岩、亀磐、宝永山、雲切神、小御岳神社などを確認しながら登ると楽しい。中でも一合目近くにある道祖神の石碑は富士塚にある例としては珍しい。

登山道も歩きやすく、山頂はコンクリートで固めてあり安全だ。子供にとっても絶好の遊び場で、誰でもお山の大将になれるのが嬉しい。山頂には奥宮の石祠、駒ヶ嶽、馬脊山、剣ケ峰の石碑が並ぶ。ただ、すぐ裏が住宅なのでそちらは覗けないが、南斜面の眺めは爽快である。

隣は八坂神社で祭神は素盞嗚尊《すさのおのみこと》だ。かつては祇園の五頭天王《ごずてんのう》を祭神としていたため中里の天王様とよばれていた。ちなみに五頭天王を素盞嗚尊と同一神とする神社は多いが、ここでも明治政府の意向で祭神名と社名を変えざるを得なかったようだ。摂社には御嶽神社や稲荷神社がある。大泉富士は浅間神社でもあるから、この山自体も八坂神社の摂社といえる。

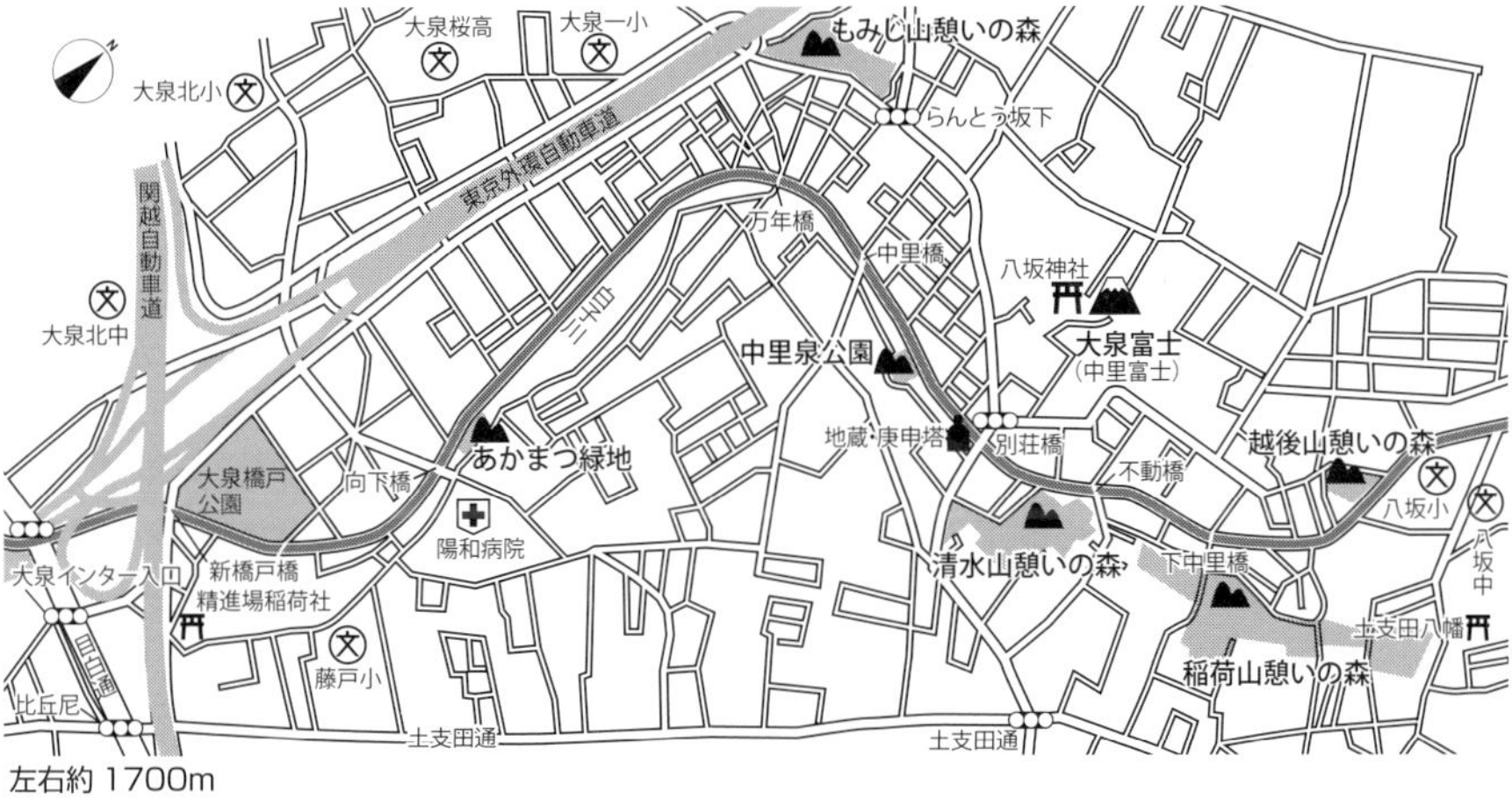

左右約 1700m

第四章　滝野川（石神井川）山脈

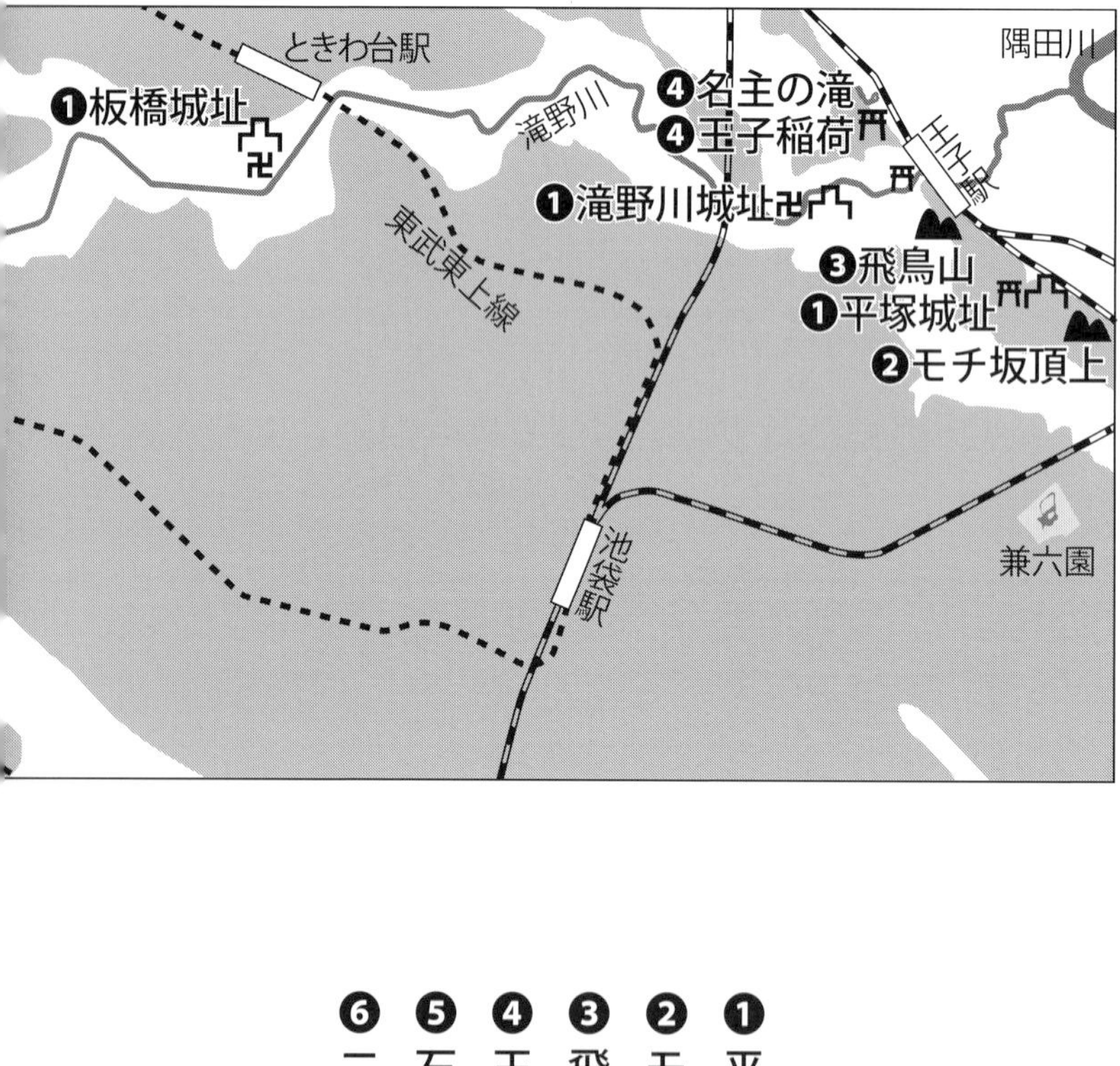

❶ 平塚城と豊島氏
❷ モチ坂頂上
❸ 飛鳥山と王子権現
❹ 王子稲荷と名主の滝
❺ 石神井城址と三宝寺池
❻ 二十三区内最高地点

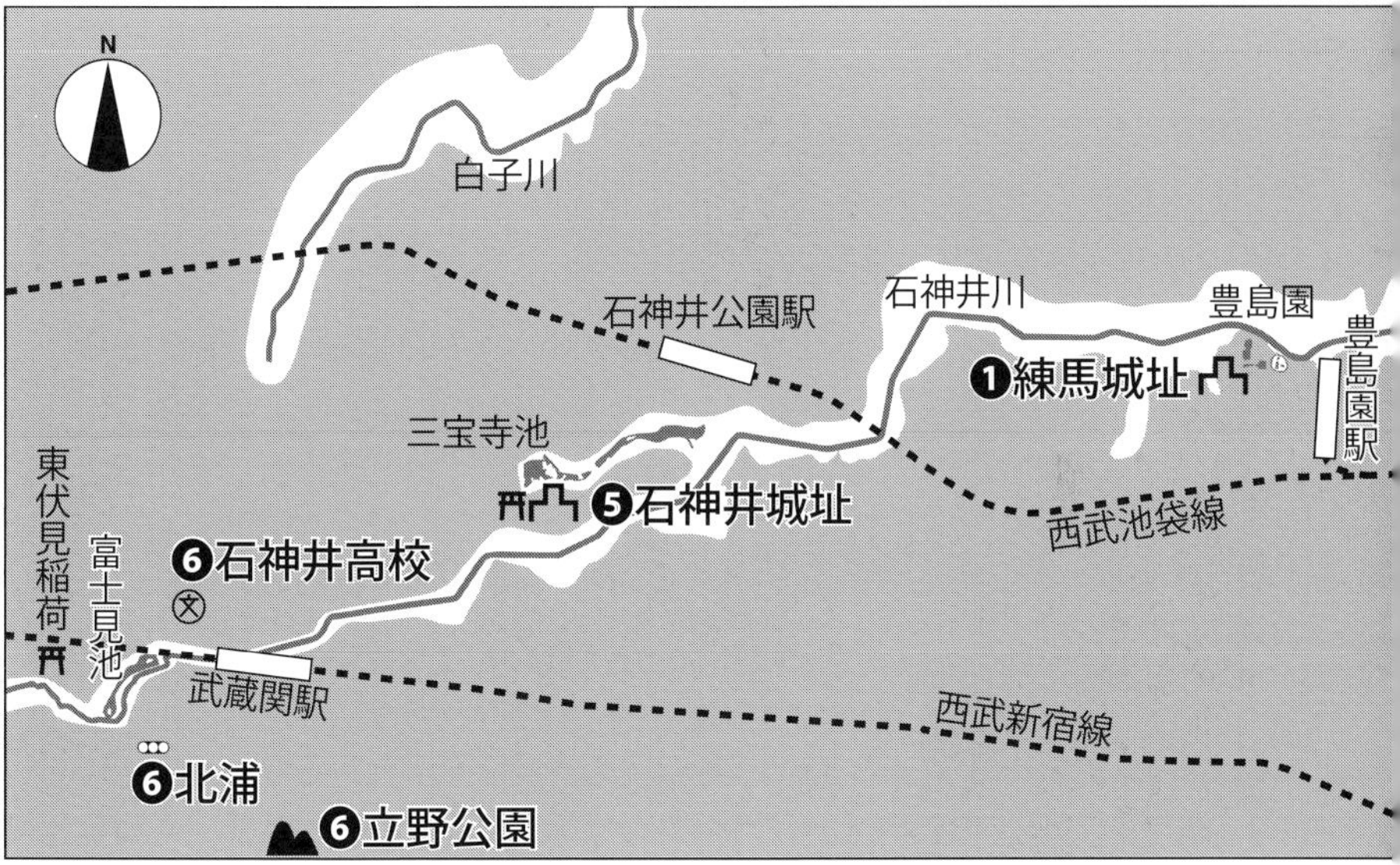

第四章は飛鳥山を代表とする細長い台地と石神井川沿いの城址を巡る。

❶の平塚城址、滝野川城址、板橋城址、練馬城址には残念ながら遺構は残っていない。❺の石神井城址には土塁跡が残っている。いずれも十一世紀後期から十五世紀後期まで、石神井川周辺を中心に武蔵国北部一帯に勢力を張った豊島氏の城であったが、一族は太田道灌の台頭で滅びる。

❶❷❸❹は武蔵野台地の東端、下町低地との境の斜面にあたる。

石神井川が流れる地域❺❹❶（平塚神社）にはそれぞれ異なる「石神」の伝承があるのが面白い。

武蔵野台地は西に向かうにしたがって高度を上げるので当然なのだが、都区内の最高地点（58m）は練馬区の南西端、西東京市との境近くになる。それが❻で、3つのポイントを挙げた。

平塚城と豊島氏

名門豊島氏の滅亡と太田道灌の台頭

北区滝野川三丁目、上中里一丁目

石神井《しゃくじい》川（滝野川）沿いの五城址

石神井川には豊島《としま》氏一族が築いた五つの城が並ぶ。上流から石神井城、練馬城、板橋城、滝野川城、平塚城である。

●首長・豊島泰経《としまやすつね》が城主だった石神井城については後述。

●「練馬城」は石神井城の支城で、現在、練馬区向山の遊園地「としまえん」となっている場所だ。残念ながら資料も史跡も残っていない。

●板橋区東山町にはこの周辺を本拠とする豊島一族・板橋氏（信濃守）の「板橋城（お東山《ひがしやま》）」があった。現在の環七通と川越通の交差点にある長命寺あたりだったのではないかと推定されているが、ここにも城の遺構はない。

●石神井川は北区に入ると滝野川、音無川などと、荒静相反するイメージの名でよばれるようになる。ここに架かる滝野川橋と紅葉橋の間の右岸（南側）に松橋弁天洞窟跡と金剛寺があり、ここが豊島一族・滝野川氏の「滝野川城」だったという。泰経の弟、豊島泰明《やすあき》が城主の平塚城とは二キロメートルも離れていないから、こちらは平塚城の出城だったと思われる（地図はp71）。

●その「平塚城」は現在の平塚神社にあたるが、当時の規模は飛鳥山辺りまで及んだという。しかし文明八年（一四七八）これら豊島一族の五つの城は太田道灌によって落城の憂き目に遭う。逆に道灌は豊島氏の滅亡を機に勢力を伸ばすのである。

豊島氏の興亡

豊島氏は秩父氏、千葉氏、葛西氏、上総氏、江戸氏などと同じく、平氏の祖・高望王（平将門の祖父）の流れを汲む名門だ。鎌倉・室町時代にかけて関東武家の棟梁と慕われた源義家《みなもとのよしいえ》や頼朝《よりとも》に協力し、後に太田道灌に敵対して滅ぶまで武蔵東部を治めていた。

泰経・泰明兄弟は「江古田・沼袋（共に中野区）の戦い」で道灌と戦い、泰明は討死する。そこで石神井城主だった泰経は弟に代わり平塚城に入って立直しを図るが、ここでも道灌に破れた。小机《こづくえ》城（現・横浜市港北区）まで逃れた。

↑松葉橋弁天洞窟跡周辺から見た滝野川城址（ヒマラヤ杉の奥、金剛寺境内）。右の建物は個人宅

↑『江戸名所図会・巻之五・平塚明神社』部分。境内の奥に鎧塚（平塚）が描かれている

↑板橋城址伝承地、長命寺境内から見た環七通と川越通の交差点

↑石室神社

↑上中里駅側から見た平塚神社の境内（右の台地）

しかしそこも攻め落とされる。泰経のその後の行方は不明となっている。

『江戸名所図会・巻之五・平塚明神』によると平塚城には源義家が永保三年（一〇八三）に始まった後三年の役で奥州に遠征した帰路に逗留し、初代城主・豊島近義《ちかよし》（『江戸名所図会』では義近）の饗応に対し鎧と十一面観音を下賜《かし》したと伝えられている。

近義は義家の死後この鎧を城の鎮護のため塚に埋めたというが、塚が低かったため平塚という地名の由来になったといわれる。その後、泰明の時代まで代々豊島氏の居城となった。

滝野川城にはその百年ほど後の治承四年（一一八〇）、安房国に逃れた源頼朝が再起を図り鎌倉を目指す途次に立ち寄り松橋弁天に祈願し、太刀一振りを奉納したとか、金剛寺に弁天堂を建立し、田地を寄進したと伝えられる。

いずれにせよ豊島氏は百年間にわたって源氏に尽くしていたのである。

平塚神社にも祀られている石神

石神井の由来は三宝寺池から出たともいわれる石剣を石神として祀ったことに始まるが、おもしろいことにこの川には他にも石神の話が二つある。

●豊島氏滅亡の後、蘇坂《すざか》（蘓坂）兵庫頭秀次という人物が平塚城に入ったというが、引き続き平塚明神を篤く祀った。秀次は死後、城外に葬られた。するとその墳墓辺りに毎年、米が降るようになった。そこで村の長老がその石墳を石神明神として崇めたという。しかも祈れば必ず応えてくれて水害、日照り疫病などの除災に神徳を顕したとは、平塚神社境内の末社・石室神社（石神明神）の解説板に記された文言である。社の格子を覗くと、なるほど石神宮と彫られた石祠が見える。

●石神さまは王子稲荷（後述）にもある。この石をよく拝んだ後に願い事をすると軽々と持ち上がり願い事が叶うという。この石は川に浮かんでいたが普通の人には持ち上げることができず、信心深い老夫婦が持ち上げて王子稲荷まで運んだという伝承が残る。

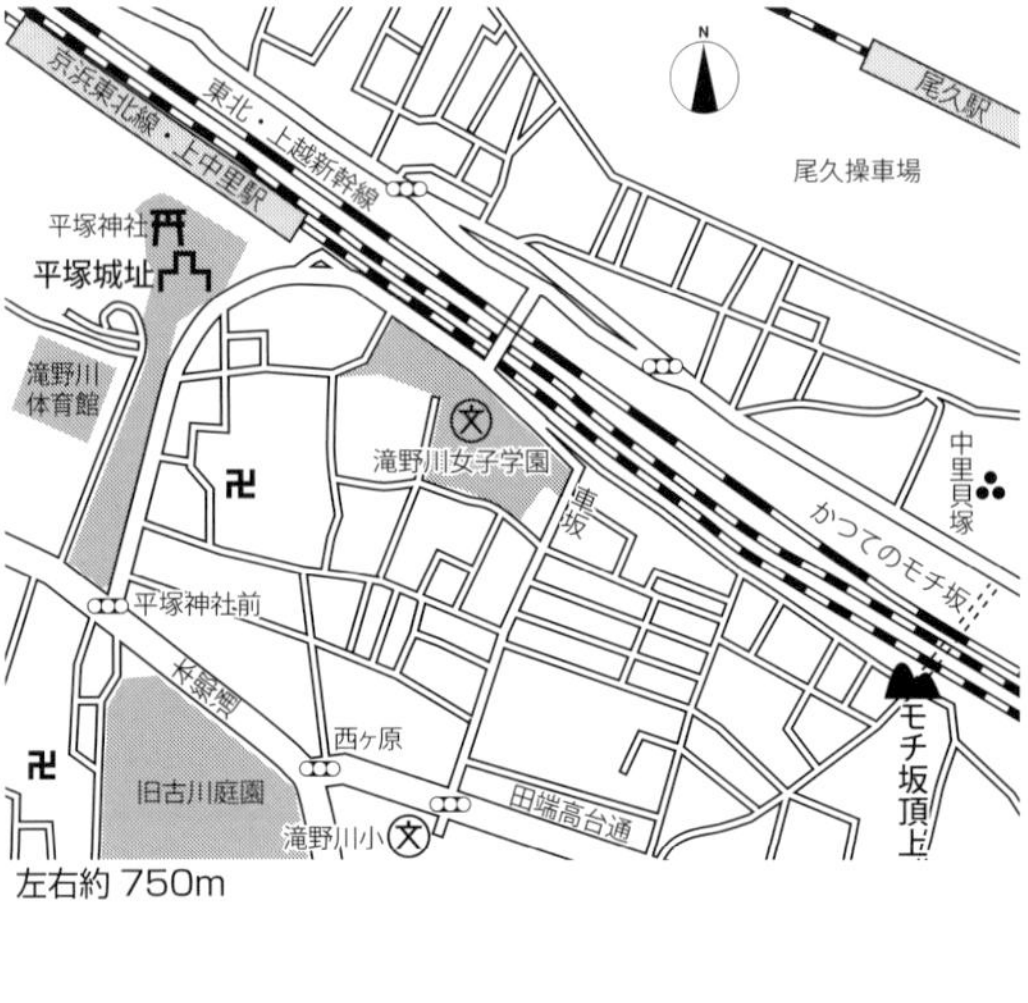

左右約 750m

モチ坂頂上

頂上だけ残った坂の展望は？

北区上中里一丁目（地図は右頁）

↑モチ坂頂上からの展望。新幹線開通前は絶景だったと想像される（荒川区方面）

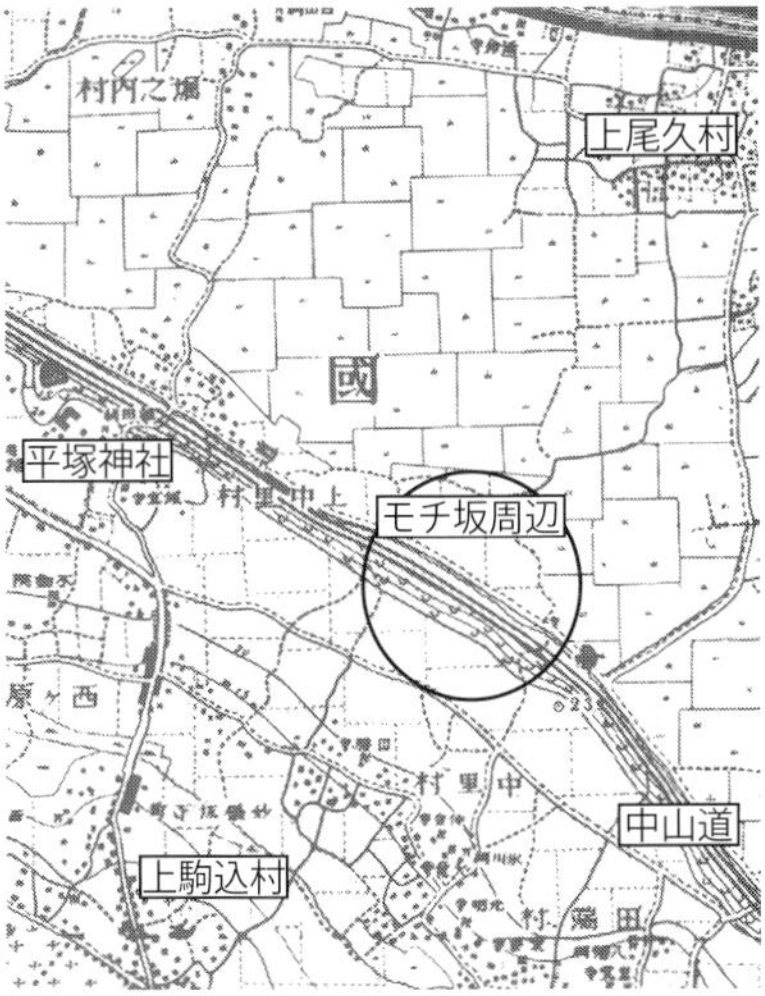

←明治 13 年測量／陸地測量部

↑右の斜面先がモチ坂頂上。滝野川女子学園前の架線橋よりモチ坂のあったあたりを望む

平塚神社から四～五百メートル東方にある。地形的には飛鳥山から続く細長い台地である。

かつては上駒込村から上尾久村方面へ向かう道の坂だった。北側の斜面は崕《がけ》雪頽《なだれ》とよばれるほどの蛇行する急坂を下ったというが、鉄道を通すため、ほとんどの斜面は削られてしまい、頂上のみが残された。

現在は目の前に東北・上越新幹線の高架、足元に京浜東北線、宇都宮線・高崎線などが見える。

頂上には黐《もち》の木があったというが、今は近くの目立たぬ場所に大正九年（一九二〇）再建という不動明王の石像がひっそりと祀られていた。

飛鳥山と王子権現

豊島氏＋八代将軍吉宗＝王子飛鳥山

北区王子一丁目

飛鳥山の花見の実態

かつての飛鳥山は芝生と欅《けやき》の丘で、牧童が秣《まぐさ》を刈り樵《きこり》が薪をとるだけの場所だったようだ。元亨年間（一三二一～四）に豊島氏が熊野信仰に関わりの深い飛鳥祠（一説では事代主命《ことしろぬしのみこと》）を山上に祀った。これが山名の由来である。

寛永年間（一六二四～四四）に音無川（滝野川）の対岸に熊野の神を祀る王子権現（熊野権現。現・王子神社）が造営される時に飛鳥祠も移ったが、山の名はそのまま残された。また、王子の地名もこれに由来する。

元文二年（一七三七）に将軍吉宗の民治政策によって江戸城吹上の庭で育てた桜の苗木二百七十株、楓百本、松百本が植えられたが、中でも桜がよく育ち、数年で美観を呈したため吉宗自らが花見に出向いたという。ちなみに墨田堤、広尾にも桜を植えている。

しかし飛鳥山は江戸市中からは少々遠かったため店や人出も比較的少なく、その分静かでよいが婦女子にとっては日の暮れる帰途が気がかりだった。

そこで、もっと近くで花見を済ませようとする人は桜が少ないのを我慢して道灌山へ、または山内の掟《おきて》（将軍家の墓所ゆえ）で堅苦しいのを我慢して上野の山へ出かけたようだ。その中でも一番のにぎわいを見せたのは墨田堤の花見だったらしい。

飛鳥山の頂上は古墳が並んだような景観だが、じつは本当に古墳もあるのだ。旧渋沢庭園内に「飛鳥山1号墳」という直径三十一メートルの円墳がある。幅約四メートルの周溝が確認されており、公園内には他にもいくつかの古墳があったと考えられている。

五百字の長い戒名？

飛鳥山の中程に吉宗が儒臣（儒学をもって使える臣下）に書かせた飛鳥山碑《あすかやまのひ》が残っている。

若者が碑を表から裏からいろいろ調べて奇特な様子なので感心して見ていたら最後に「だれの石塔だか知らねえが、べらぼうに長い戒名だなァ」といったという小咄がある。

また古川柳に「なんだ石碑かと一つも読めぬなり」「飛鳥山なんと読んだか拝むなり」「此《この》花を折るなだろうと石碑みる」などとあるから、当時から庶民に揶揄《やゆ》されるほど長くて難解な碑文だったのだ。

確かに五百字近い長文で、文体も中国風の上、異体字や古字を用い、石材の傷を避けて文字を斜めにしている。内容は熊野の神々のこと、それを祀る「花鎮めの祭り」の様子（『江戸名所図会・巻之五・王子権現社』に図あり）、王子・飛鳥山・音無川の地名の由来、王子権現社を造営したこと、吉宗が江戸庶民のためにこの地を整備し花木を植えたことなどが記されているらしい。

↑飛鳥山の山頂には小さな古墳状の丘が連なっている

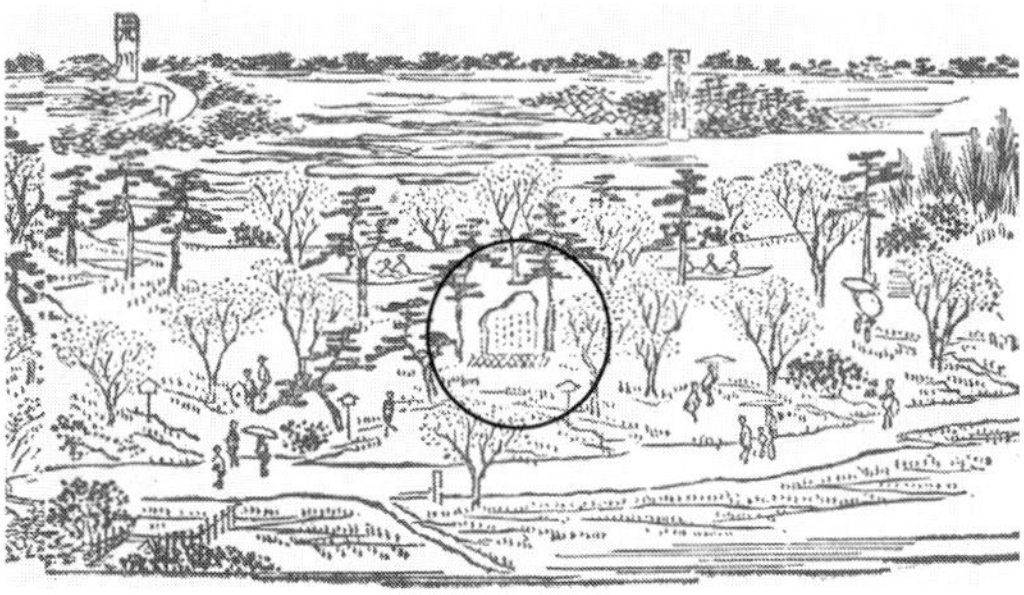
↑『新編武蔵風土記稿・巻之十八・豊島郡之十・王子村』飛鳥山全図に描かれた飛鳥山碑（円内）

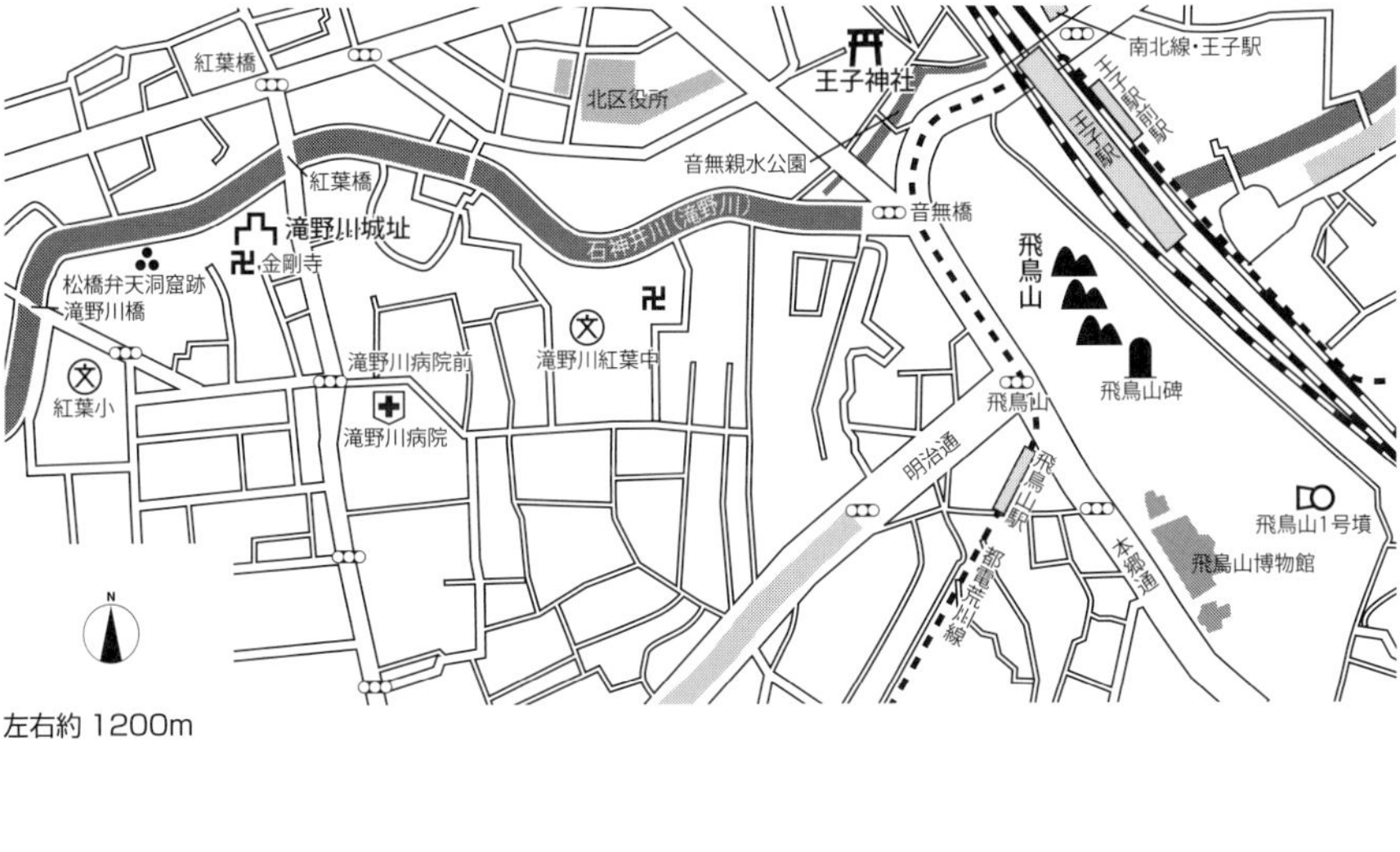

左右約 1200m

王子稲荷と名主の滝

神木榎の狐火と滝の公園

北区岸町一丁目

↑『江戸名所図会・巻之五・王子稲荷の社・装束橋畠衣裳榎』より部分

←王子稲荷の狐穴

↑装束稲荷の脇に立つ装束榎

←王子稲荷正面の石段

↑斜面も十分な高さがある

↑名主の滝公園で一番豪快な「男滝」

装束榎《しょうぞくえのき》から王子稲荷まで狐の行列

狐オタクの筆者ゆえ、お気に入りのテーマなので他書でも何度か引用しているが、お許しいただきたい。

『絵本江戸風俗往来・王子の狐火』に「王子稲荷の門前なる畑中に、いとも大きなる榎あり。これを装束榎と称したり。年々十二月大晦日の深夜、数千の狐この榎の下に集まりて榎を飛び越すとかや。とぶこと高きに随《したが》いて狐の官位の高下のつくとぞ。故にこの榎を装束榎といいける。年々大晦日の夜は必ずこの辺に数点の狐火むらがりて上下せり。己《おの》れ蘆《あし》の葉（著者・菊池貴一郎の筆名＝蘆《あし》廼《の》葉《は》散人）若年の頃、二とせばかり見に行きしことあり。実に聞く所に違わず数百とも思うばかりの狐火を見たり。この辺は総じて樹木森々として白昼すら薄暗く、春の花・夏の滝の外は人の通行もあらず。まして暗夜の大晦日、北風は寒く木々の梢吹き、遠近寂莫《じゃくばく》として物音なく、かの狐火は見ゆるかとすれば失《う》せ、失せるかとすればまた光り、身の毛もよだつばかりなり。勿論空高く東天紅《とうてんこう》の映ずるに従い、夜明けてその跡もとどめざるよしなり」この本が書かれたのは明治三十八年（一九〇五）である。

代は変わったがその榎は今でも装束稲荷の脇に立つ。鉄道が通るまでここから王子稲荷までは直線で四百メートルほどだった。そこを正装した狐たちが王子稲荷まで行列して参拝したそうだが、平成五年（一九九三）から地元の人たちの仮装で再現された狐の行列は約一キロメートルほど練り歩く。

王子稲荷の裏山の斜面には狐穴も残っており、しっかり祀られている。下には前出（p68）石神もある。

また、ここに書かれた夏の滝とは王子七滝のことで、今は「名主の滝公園」にしか残っていない。もとは王子の名主・畑野家の、台地の斜面に造られた庭園だった。園内には大小四つの滝があるが水量はポンプで補っている。

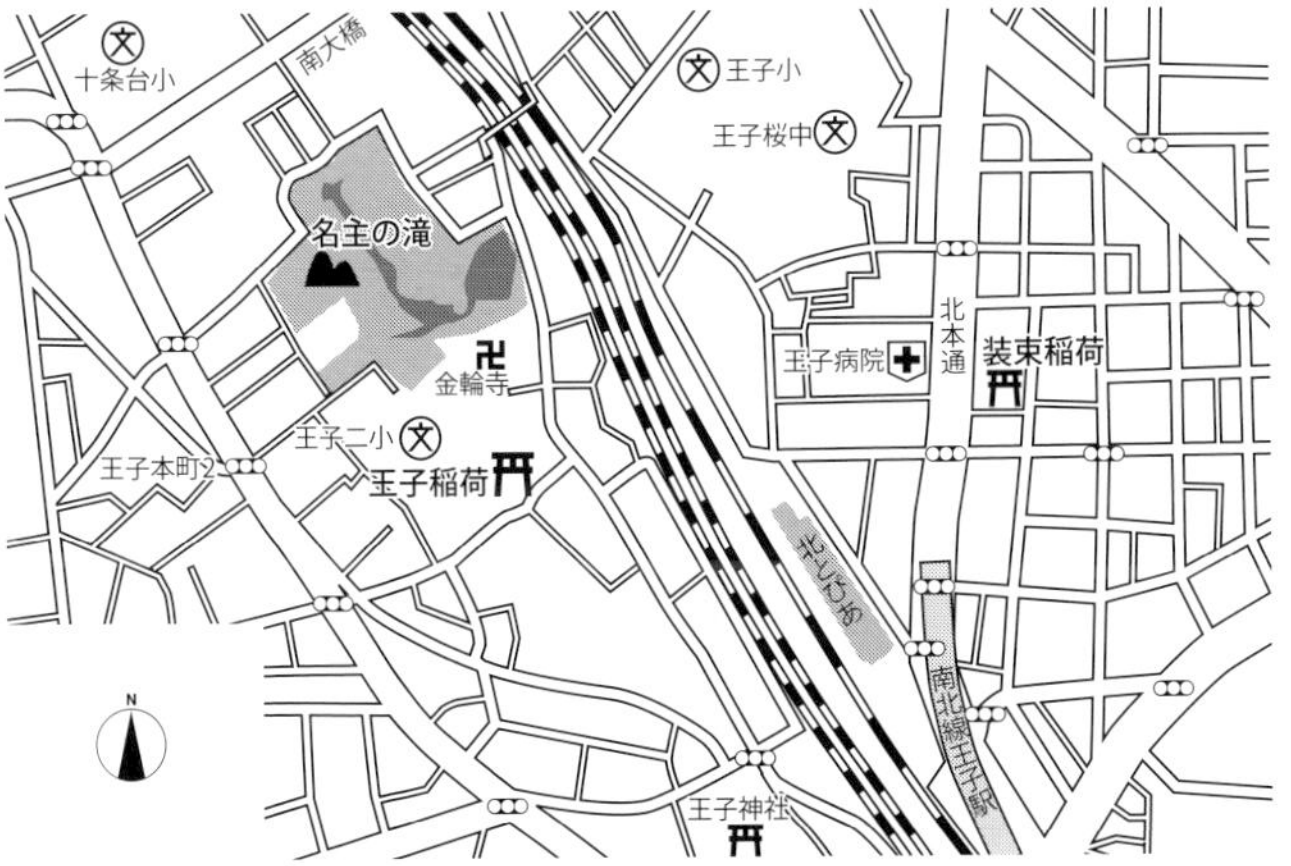

左右約 1000m

石神井城址と三宝寺池

石神井の由来、幻の石剣を求めて

練馬区石神井台一丁目

内郭跡。かつては、これより３メートルほど高かったらしい。上は平らだという

石剣の行方

石神井《しゃくじい》の由来として『新編武蔵風土記稿 巻之十三』には「上石神井村三宝寺池より出現せし石剣なり」とあるが、『江戸名所図会・巻之四・石神井明神祠』には「神体は一顆《か》の霊石にして、往古井を穿《うが》つとて、その土中にこれを得たり」とある。さらに形状についても「石質堅強にして銕《てつ》のごとく、微《すこ》しく青みを帯びたり。長さ二尺あまり、周囲太きところにて一尺ばかり。世にいふところの石剣にして、上代の古器雷槌《らいつい》などいへる類《たぐい》なり」ゆえにこの地を石神井とよぶようになったという。

出現場所が池か井戸かで異なるが、いずれも水と関わりがある。

「石神井公園ふるさと文化館」や石神井城址の隣にある「石神井氷川神社」で伺うと、いずれにしてもこれは石神井町四丁目の石神井神社に保存されているはず…ということで石神井神社を訪ねた。練馬区教育委員会の解説板には「本社の祭神は少彦名命《すくなびこなのみこと》でありますが、石剣もまた本殿の奥深く御神体として奉祀されております」と書いてあるのでさっそく…が、「さあ…」と首を傾げて神社の方は気まずそうな顔をされた。とうの昔にその石剣はなくなっているのだ。そういえば氷川神社の神官が「先代も実物を見たことはないといっていましたから」と呟いた言葉を思い出す。

↑三宝寺池は古来より禁漁区とされていたため、生態系が豊かだ

→井草通りから三宝寺池の南側は高台になっている

←三宝寺池の南に建つ「石神井城址」の石碑

石神井悲話

この石剣が出たといわれる場所のひとつ、三宝寺池には金の鞍が沈んでいるという話もある。池畔の松に登ると池の底で輝いているという。池の南にある豊島氏の石神井城が太田道灌に攻められて落城するとき、城主の豊島《とし》泰《まやす》経《つね》は家宝の金の鞍を置いた白馬に跨がり、愛娘の照姫共々この池に身を沈めたという。周辺には殿塚・姫塚が残るが歴史上では前述した通り、泰経はその後も平塚城などに転戦しているから、照姫は悲話のヒロインではあるが、少なくとも殿塚の主は泰経ではない。

空堀と土塁に囲まれた石神井城址は今も残る。「自分が子供の頃は空堀や土塁の上を走り回っていたのですけどね」とは氷川神社の若い神官の話で、現在は立ち入り不可。残念…筆者にとってはこちらも悲話であった。

左右約 1250m

二十三区内最高地点

標高五十八メートル。都区内最高地点は石神井川流域にあった

練馬区関町北三〜四丁目、立野町

練馬区の西南端に石神井川が流れる深い谷がある。この谷底を西武新宿線が走る。富士見池の周辺だ。

この谷を挟んで北に三百メートルの新青梅街道脇に石神井高校があり、南に五百メートル、青梅街道に北浦がある。ともに信号のある地名なのでご存知の方も多いだろう。しかしこの二カ所が都区内最高地点だと知っている人は少ない。もちろん西東京市に入って西に進むほど武蔵野台地は高度を増す。

残念ながら石神井高校や北浦周辺を歩いても山らしき雰囲気は皆無だが、高校の南、東京女子学院近くから西武新宿線の踏切を見おろすと、そこが谷であることがはっきりわかる。

しかしこのままでは面白みがない。じつは北浦の南東八百メートルほどの立野《たての》公園（中央大学野球場跡）には北側に小高い土手があるが他にも園内には大小の築山がある。公園の平均標高は五十七メートルほどだ。

『江戸名所図会・巻之四・立野の旧跡』には、練馬の地は「…地勢もっとも馬を牧するに便りよろしく…」とあり、周囲には放牧地が広がっていたことが伺える。ちなみにこの立野とは高台・高地にある原野という意味である。その立野町にある公園であるから、これは期待できる。原っぱ風だが、よく手入れされている。見渡したところ小さな屋根付きの築山が公園内で一番高いようだ。下で手を叩くと鳴き龍のように心地よく反響する。この小山こそ都区内で一番高い地面ではないだろうか。

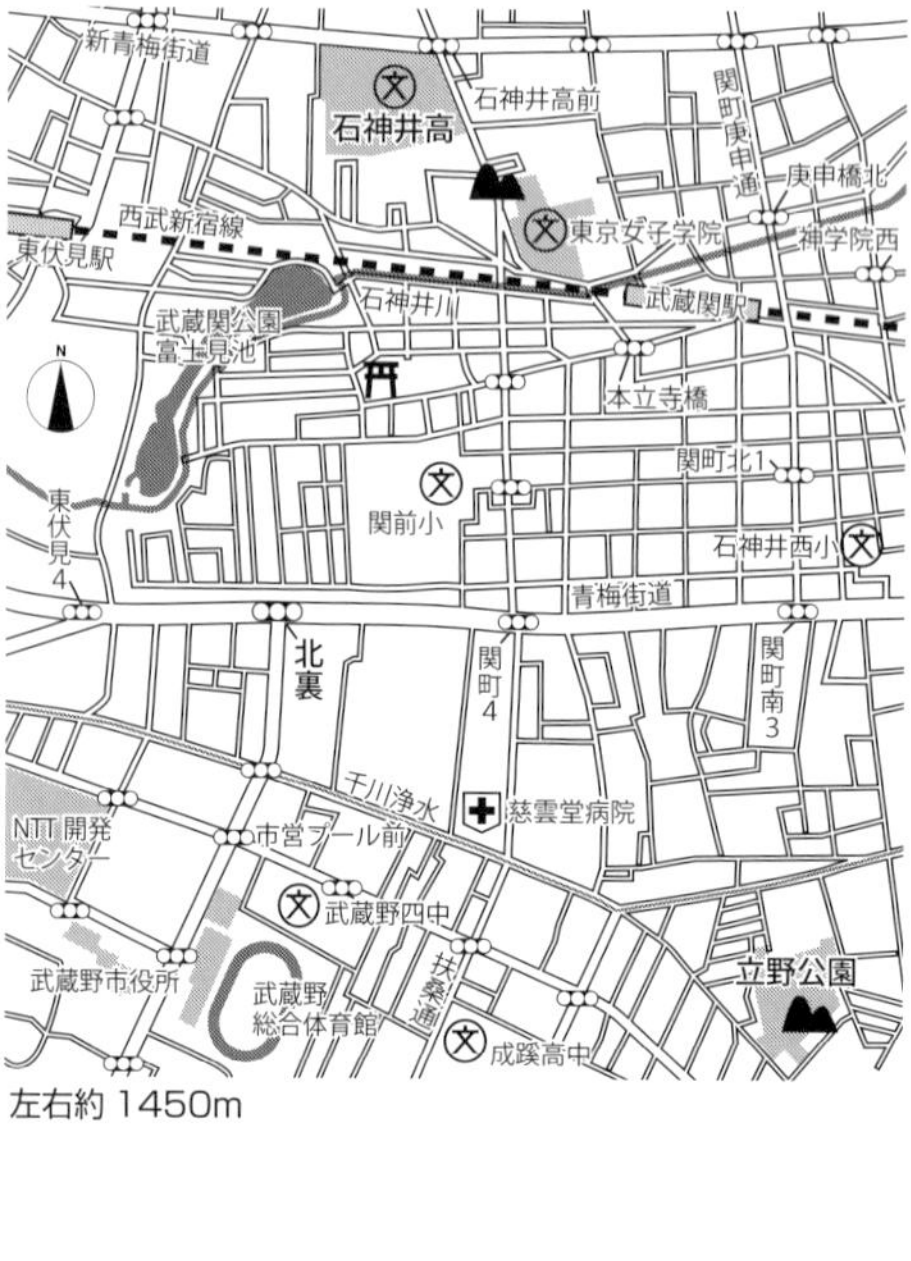

左右約1450m

↑同じく都区内最高地点といわれる北浦交差点

↑都区内最高地点にあるといわれる石神井高校

↓武蔵野市との境、練馬区立野町の立野公園には大小の築山がある。下の築山は、覆っていたコンクリートが崩れているが、古墳のような雰囲気があるので「埴輪山」と名付けた

↑こちらは屋根付きの築山で、ここが一番高そうだ。手を叩くと鳴龍のように反響するので「龍神山」と名付けた。不思議なことに反響音は屋根の真下にいなければ聞こえない。状況を知らない人からは怪しく見えるかも

↑東京女子学院近くから西武新宿線の踏切を見おろす

第五章　神田川山脈

❶御茶ノ水駅の茗渓
❷牛天神と暗闇天女
❸椿山と水神宮
❹富塚古墳と高田富士
❺月見岡の上落合富士
❻久我山・塚山・和泉の森
❼遅野井と善福寺池

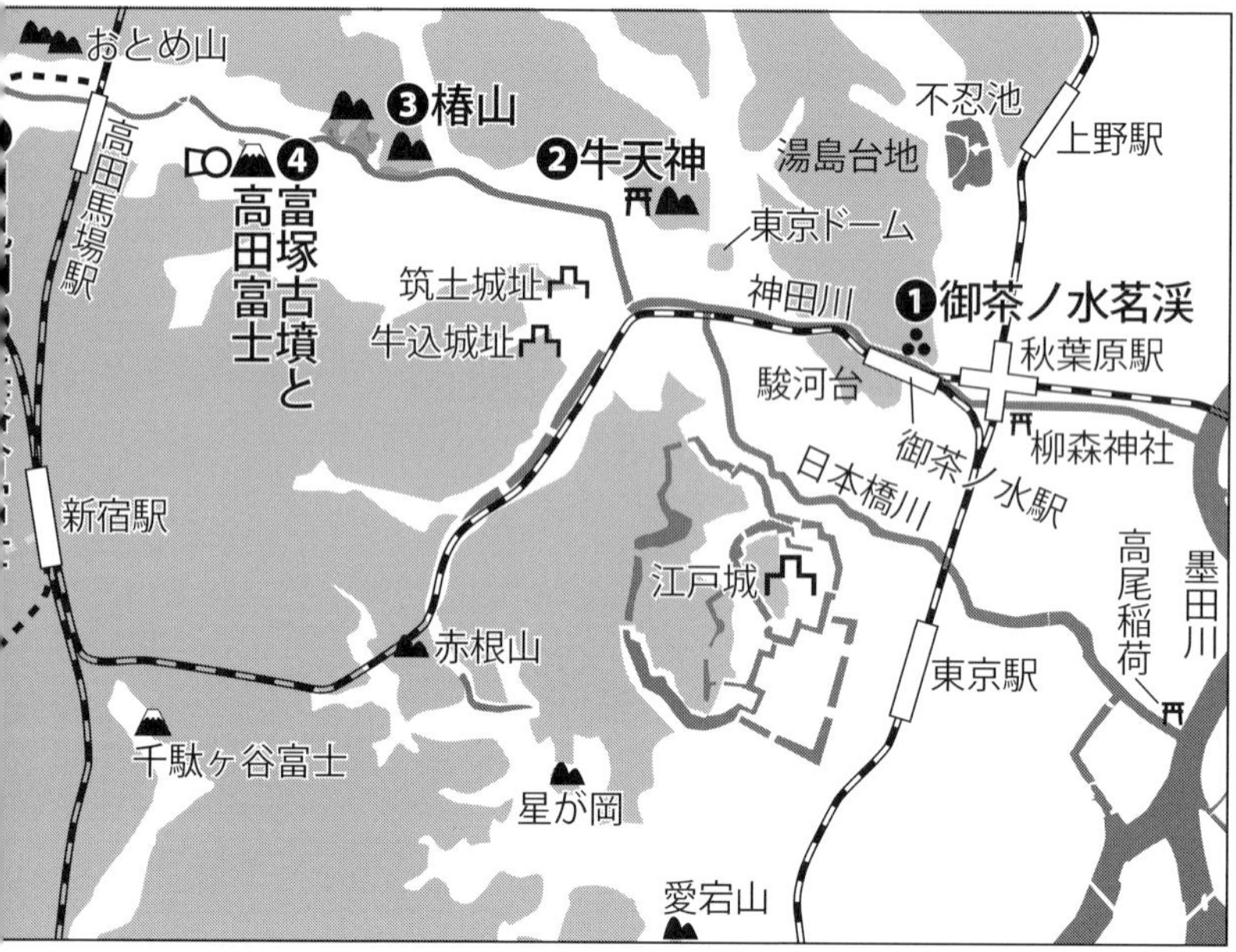

第五章は神田川流域と善福寺川水源を巡る。神田川は善福寺川や妙正寺川と合流して深い谷を刻んできたが、江戸に近づくにつれて流れをコントロールされるようになる。

その最大の工事が湯島大地を削って形成された❶だ。❷❸は台地の斜面に造られた神社と庭園や公園だが、❹も甘泉園という庭園だった。富士塚と古墳は戦後に移築されたものだ。❺も富士塚だが岡とは名ばかりの平地にある。❻は特に高度を感じる場所ではないが、神田川が刻んだ斜面にある。❼は湧水の残る池で西は斜面になっている。

概略図には、位置関係を把握しやすいよう他章で紹介するお山もいくつか書き入れた。この図から江戸城の規模がいかに大きいか、また、かつては牛天神や不忍池の周辺まで海が入り込んでいたということも想像できる。

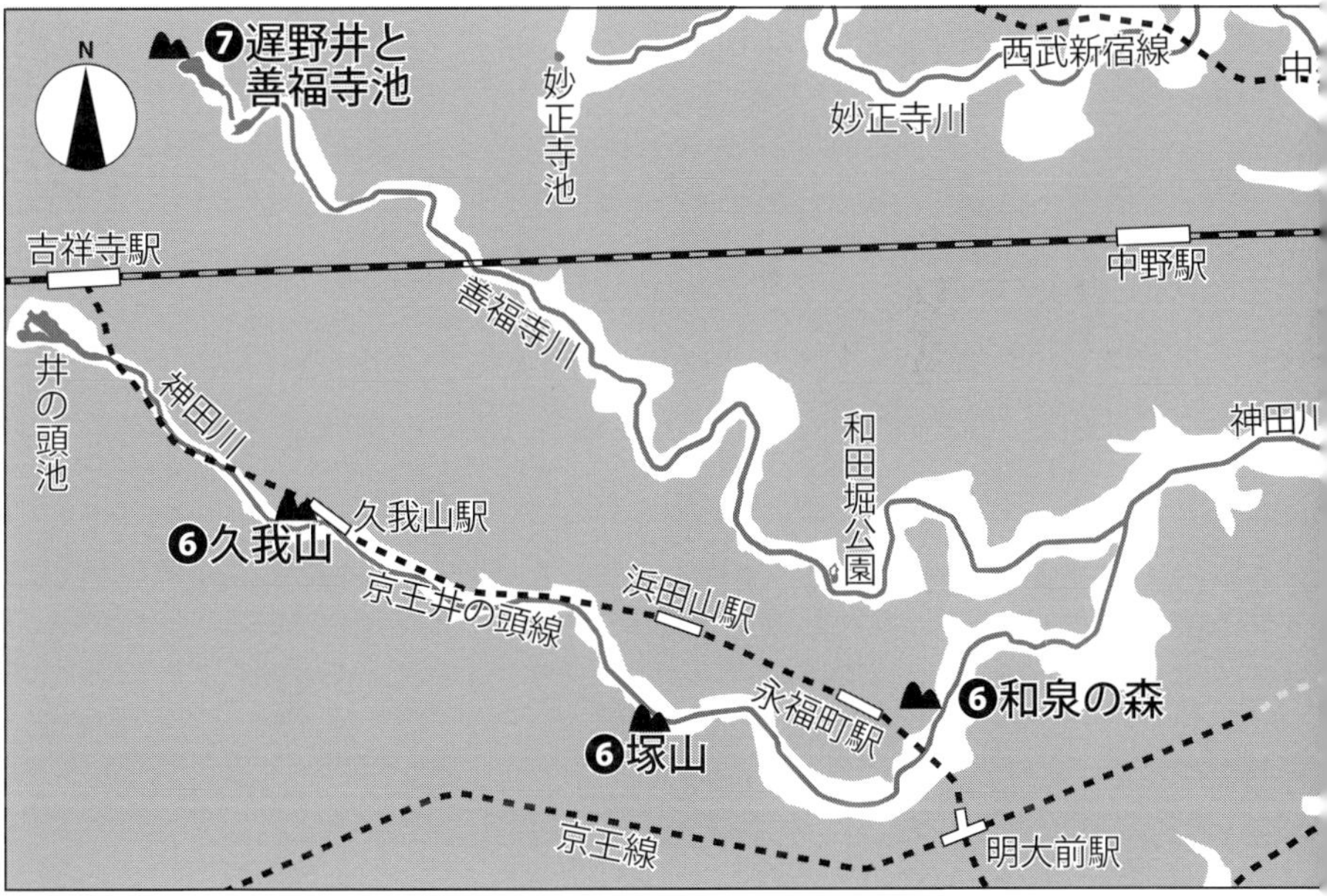

御茶ノ水の茗渓

神田川の仙台堀奇譚

千代田区神田駿河台四丁目／文京区湯島一丁目

↑お茶の水橋より聖橋を望む。右はJR御茶ノ水駅

→『江戸名所図会・巻之一・御茶の水　水道橋　神田上水懸樋』

茗渓《めいけい》とよばれた御茶ノ水駅周辺

仙台堀と名のつく川は深川にもあるが、こちらは神田川の飯田橋あたりから秋葉原あたりまでの範囲で、仙台の伊達藩が工事を請け負ったためそうよばれる。江戸城外堀の役割を持たせるためと洪水対策が目的であった。

最初の開削は元和六年（一六二〇）におこなわれたが、これは伊達《だて》政宗《まさむね》が担当したといわれる。この時、駿河台は湯島台地から切り離されたのである。続いて舟運のための拡幅工事が万治三年（一六六〇）におこなわれた。これは三代藩主伊達綱宗《つなむね》が担当した。

御茶ノ水駅の東西に架かる「聖橋《ひじりばし》」と「お茶の水橋」から神田川を見下ろ

せば、これがいかに大変な難工事だったかが想像できる。湯島の台地を二十メートル掘削し、その土で土手も築いている。しかしそのおかげで隅田川からの荷舟が行き交い、両岸には河岸《かし》が立ち並ぶようになった。

しかし鉄橋の「お茶の水橋」が架かったのは明治二十三年（一八九〇）、聖橋が架かったのは昭和二年（一九二七）である。それまでは渡し船が使われていて対岸に渡るには不便な場所だった。ちなみに甲武鉄道（今のJR中央線）の御茶ノ水駅が開設されたのは明治三十七年（一九〇四）である。

この人工の渓谷は茗渓《めいけい》と賞賛されるほどの景勝地でもあった。茗とは茶のことである。そもそも、御茶ノ水の由来は近くにあった高林寺に湧き出した清水を二代将軍徳川家忠が気に入り、茶の湯に使ったことからだといわれる。

しかしこの名水の井は、拡幅工事のときに川の端になってしまい、享保十四年（一七二九）の洪水で跡形もなくなってしまったという。

高尾太夫に入れ込んで殿様ご乱行？

仙台堀の拡幅工事を担当した伊達綱宗公が酒色に溺れたうえ、首を縦に振らない遊女・高尾太夫（二代目・万治高尾）を隅田川に浮かぶ屋形船に吊るして斬った。それから五十年後、太夫の首が湊橋のたもとに漂着、その骸骨を祀ったのが日本橋箱崎北新堀町の高尾稲荷ということになっている。

日本橋箱崎の高尾稲荷

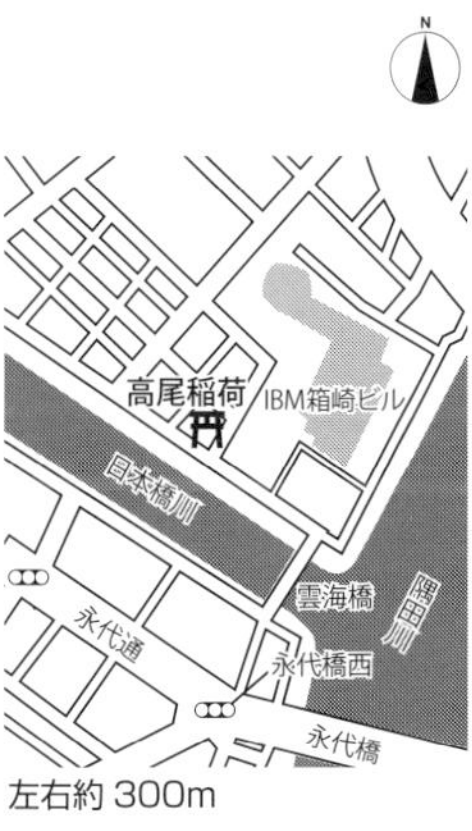

左右約 300m

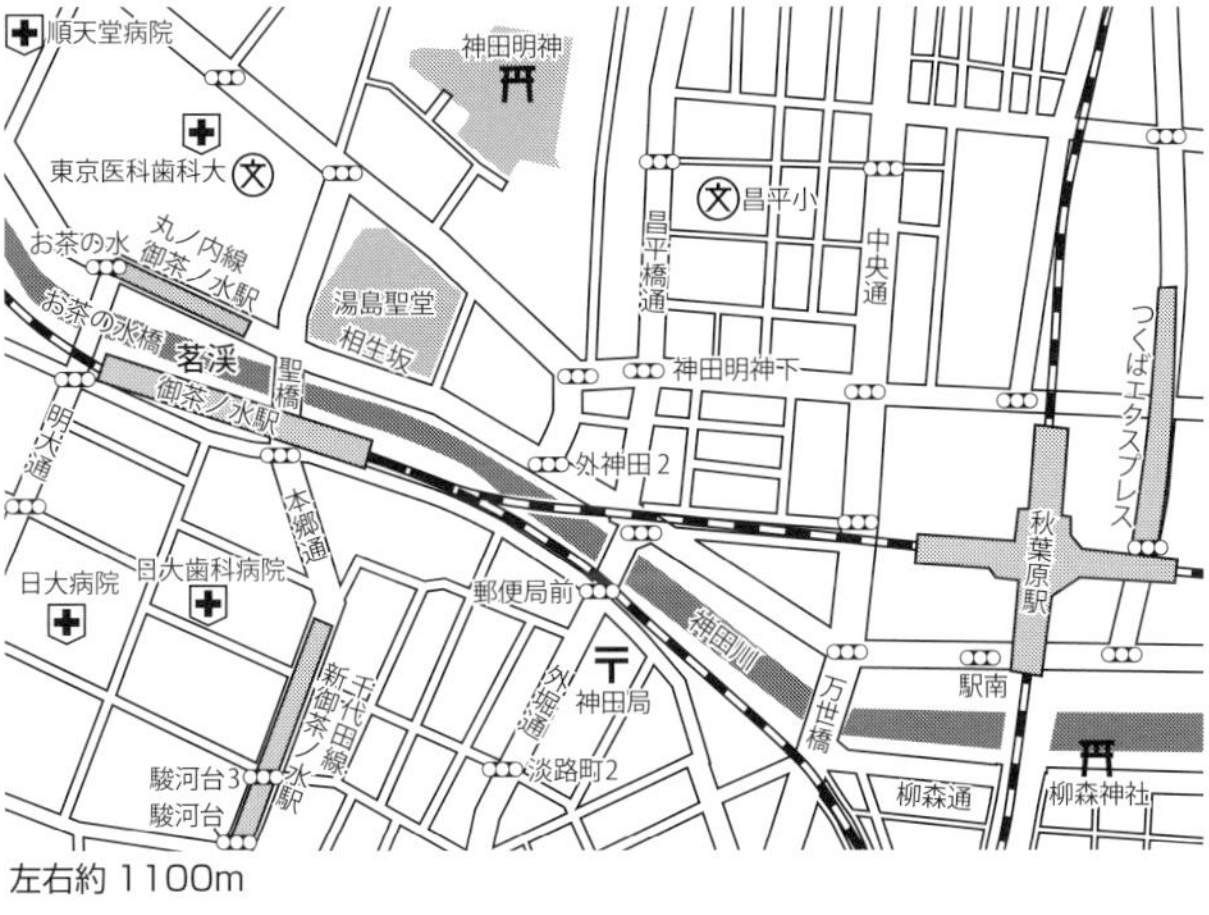

左右約 1100m

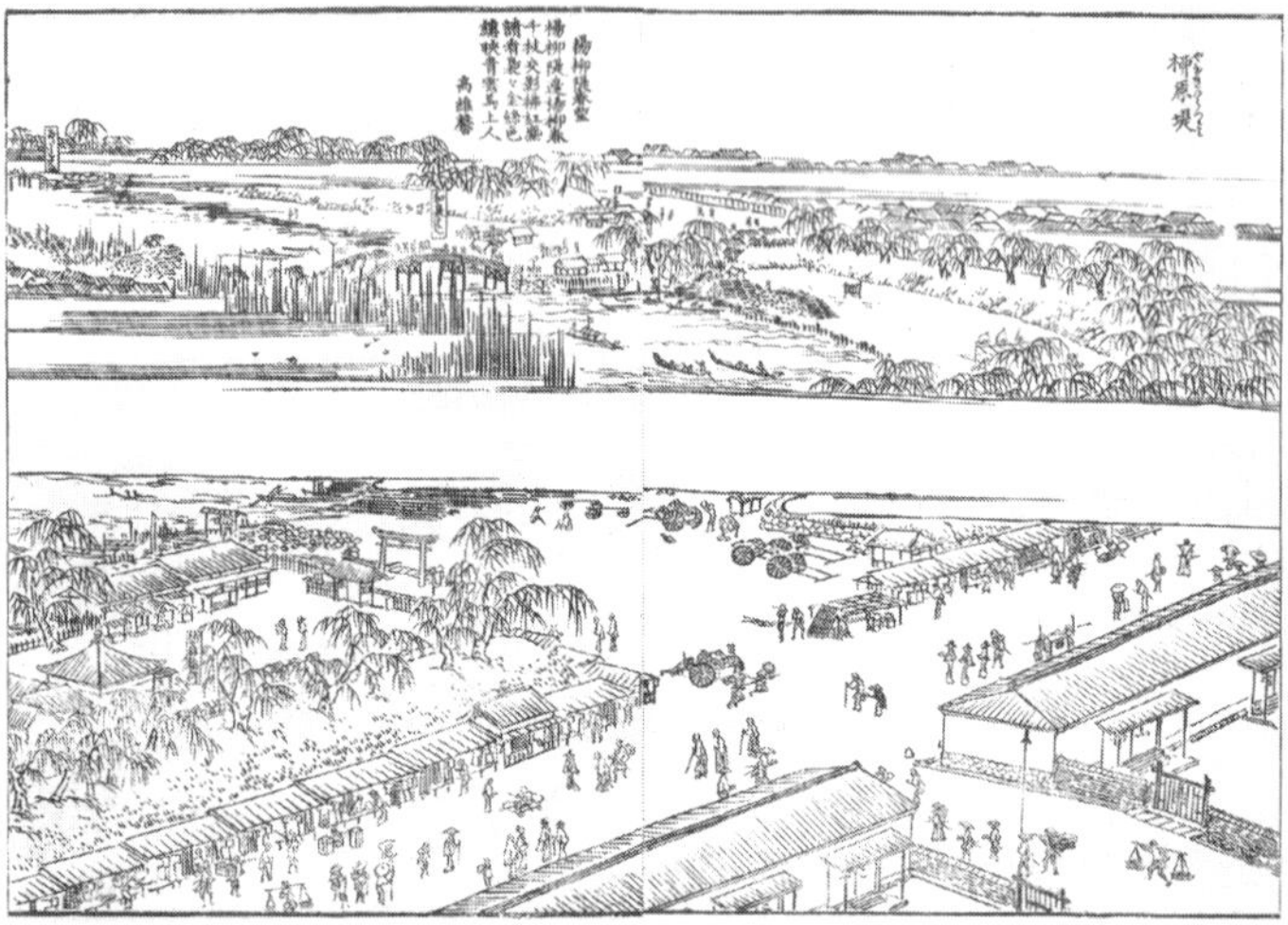

↑湯島聖堂の塀が美しい相生坂
↖ 塀の内側はゆるやかな階段なので坂になっていることがわかる

←『江戸名所図会・巻之一・柳原堤』。左下が柳森神社。上方が隅田川になり、橋が二本（和泉橋と浅草橋）架かっているが神田川は現在より湾曲しているように描かれている

↑柳森神社の富士塚址。右の階段を上がると道路（柳原通り）だ

↑柳森神社のおたぬきさんは桂昌院にあやかって妊娠中か

一方の綱宗公は拡幅工事中の乱行ぶりから二十一歳の若さで隠居させられた。これが後の伊達騒動の要因になった。…と、まあ江戸っ子がいかにも喜びそうな話に仕立てられたものである。

しかし豊島区・西方寺には万治高尾の墓がある。いや、一説によれば太夫は綱宗公の側室となって七十七歳まで生きた。いやいやじつは流れ着いた遺体は薄雲太夫のものであったとか…。

さらに綱宗公は朝廷との血縁が深かったため幕府から睨まれていて、そのために暗愚なふりをしていたという説もある。確かに身内の政治干渉や家臣団の分裂などの諸問題を抱えていたことは事実だったようだが、殿様に生まれてしまったことがお気の毒である。

御茶ノ水河岸と柳森土手

明治三十四年（一九〇一）四月、湯島側の高等師範学校前の河岸で女性の全裸惨殺死体が発見された。「御茶ノ水事件」である。胃中には酒と美食の痕跡があり、それが常であったらしい。死体は御世梅《ごせうめ》この、四十六歳。犯人は松平某。このは十八～九歳で上京。商家へ住み込むが長く続かず、湯女、金貸し、矢場女、妾奉公などをしていた。したたかで我がまま勝手な暮らしを続けた女性の最期は当時話題になった。高等師範学校とは現在の筑波大学のことで湯島聖堂の敷地にあった。

この遺体が捨てられた場所は現在の相生坂《あいおい》（昌平坂《しょうへい》）のあたりである。湯島聖堂の塀が美しく、御茶ノ水駅からもよく見える場所だ。湯島台地上にあるが、駿河台側（駅側）より低いのは、江戸城防備のためだという。

神田川を八百メートルほど下った右岸は柳原の土手（柳原堤《つつみ》）である。柳が一面に植えられていた。ここにはおたぬきさん（福寿神）を祀る柳森神社がある。

福寿神とは、八百屋の娘から三代将軍徳川家光の側室となり、五代将軍綱吉の生母となった桂昌院《けいしょういん》が崇拝していた狸神のことだ。上野栄誉権現同様、他を抜くという強運にあやかって玉の輿に乗ったといわれる。しかし母の勧めで「生類憐れみの令」を出した綱吉公は犬公方と陰口を叩かれた。狸がイヌ科であることと関係ありやなしや。

ところで、この柳森神社には前の道より低い富士塚がある。正確には富士塚の残骸ともいえる石碑群だ。講が廃れたりで数度の苦難を乗り越えてきた塚だったが、昭和三十五年（一九六〇）に破却されてしまった。現在残っているものは、その際に残った石碑やぼく石を境内の隅に積み上げたものだ。

牛天神と暗闇天女

牛坂を登ると貧乏神のお社《やしろ》が

文京区春日一丁目

牛石と黒闇天女を祀る不思議な高台

　東京で道真公を祀る神社といえばまず湯島天神、平川天満宮（千代田区平河町）、亀戸天神（江東区亀戸）が名高い。しかし、ここ北野神社にも捨て難い魅力がある。

　まず境内の牛石が目を惹く。この撫で岩の由来は、寿永三年（一一八四）源頼朝が東国討伐の折り、当時まだ入り江だったこの地に船を繋ぎ、海が凪《な》ぐのを待つ間に夢を見た。道真公が牛に乗って現れ、自分を祀ることと引き換えに武運を約束したという。頼朝が夢から覚めてあたりを見回すと傍らに道真公が乗っていた牛によく似たこの岩があった。その翌年、頼朝は国を平定することができた。夢のお告げ通りになったので報礼にこの地に道真公の霊を祀ったのだという。

　この頃まで小石川周辺は入り江だったらしい。牛石が発見された坂は今、牛坂とよばれている。

　しかし筆者がここで特に惹かれるのは高木神社と相殿になっている末社の太田神社である。現在は芸能の神・福の神として夫婦神の天鈿女命《あめのうずめのみこと》と猿田彦命《さるたひこのみこと》を祀っているが、これは明治以降のことであろう。じつは太田神社の主祭神は弁財天の姉（吉祥天の妹あるいは閻魔王の妃とも）といわれる黒《くろ》闇天女《やみてんにょ》だ。いや、もっと本源的には「貧乏神」を祀っていたのである。

　次第は『耳嚢・巻之二・貧乏神の事』に「近頃牛天神の境内に社祠出来ぬるを、何の神と聞けば貧乏神の社という。この宮に詣で貧乏をまぬがれん事を祈るにその霊験ありしという」とある。

　つまり代々貧乏に泣いた武士が、半ば開き直り、貧乏神の姿を画にして祀ったところ「少し心のごとき事も出来て福もありしかば」牛天神の別当に相談して境内に石祠を建てたということだ。

　この武士は小石川三百坂の住人だった。貧乏神転じて福の神となった話が広まり、江戸時代には貧しい庶民の信仰を集めた。ちなみに筆者もおふだをいただいている。

←貧乏神はもともと老人姿だったはずだが、現在は「黒闇天女」とされている

↑本殿前に鎮座する牛石（撫で岩）は源頼朝が腰掛けたとも伝えられている。もちろん境内には撫で牛もいる

牛坂。この坂で牛石は見つかった

↓太田神社は北野神社の境内に置かれた小さな石祠であった

↑文京区教育センター側には幅は狭いが見事な石段がある

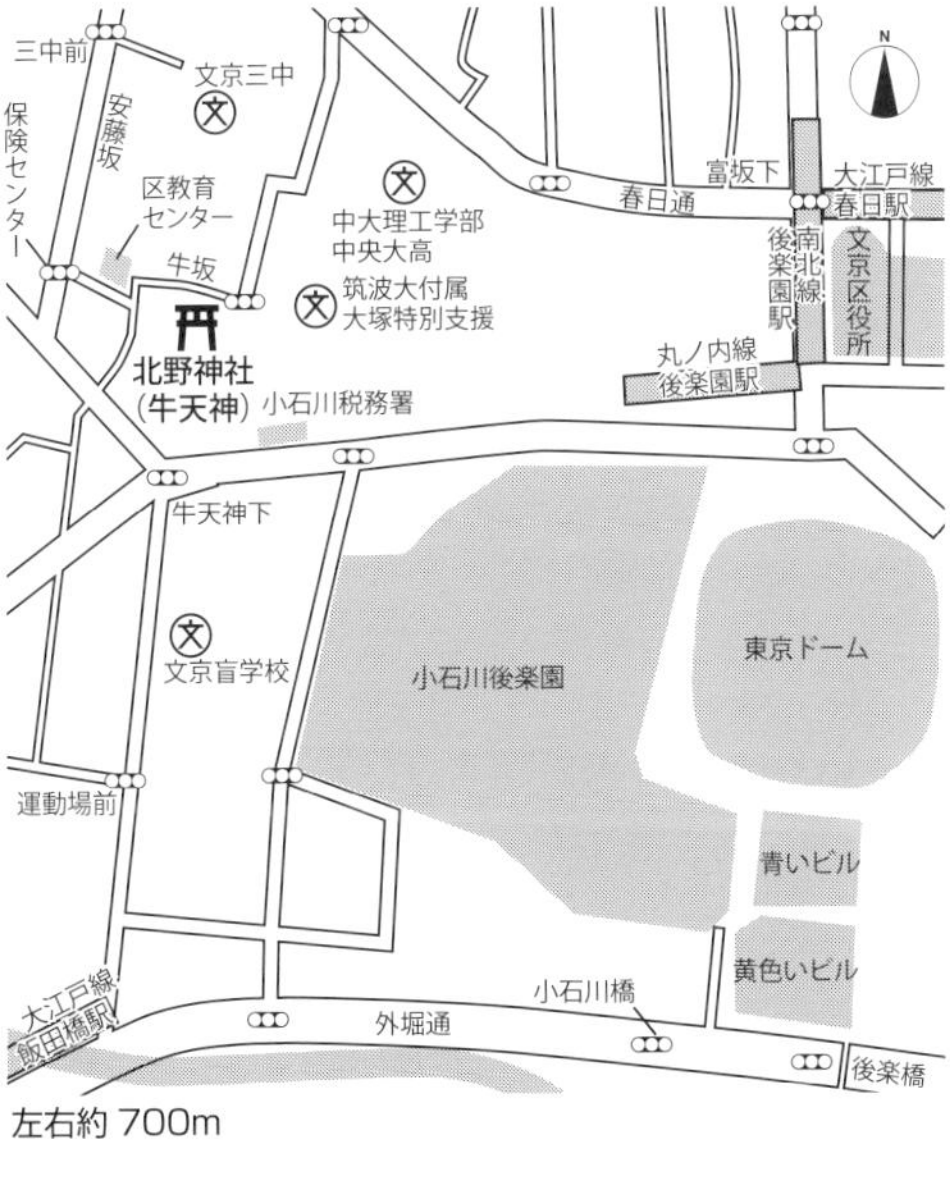

左右約 700m

椿山と水神宮

目白台地の断崖が「階段ランド」に大変身

文京区関口二丁目、目白台一丁目

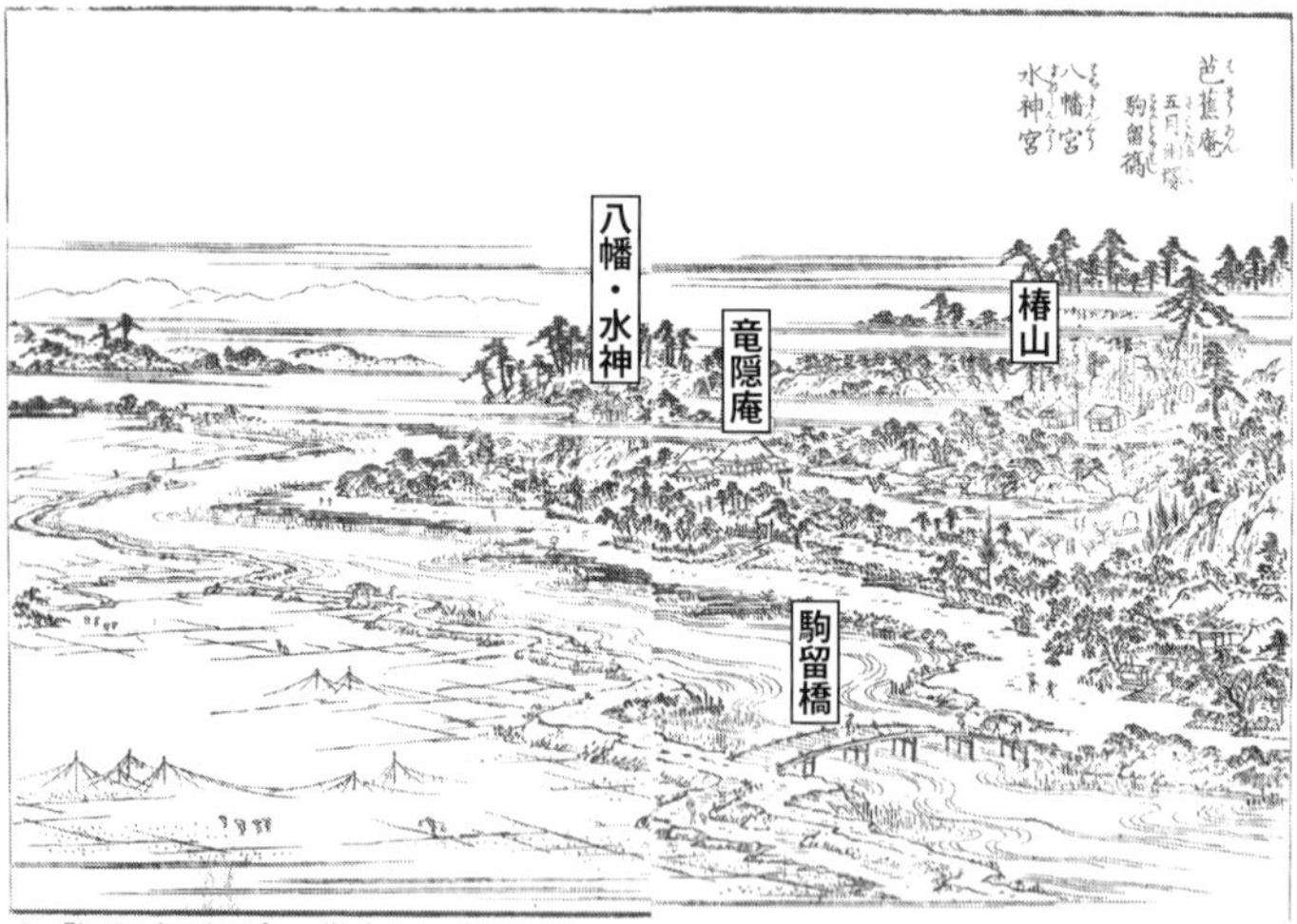

↑『江戸名所図会・巻之四・芭蕉庵』
→広重『名所江戸百景・関口上水』より。右に描かれた家が芭蕉庵
↓水神社境内から見た胸突坂

↑新江戸川公園。森のように見えるのが目白台の斜面
←同公園内の、胸突坂とほぼ平行している石段

神田上水の水神と竜隠庵《りゅうげあん》

神田川・駒塚橋の北側は目白台地（関口台）である。橋から胸突《むなつき》坂が上がっている。坂の下には西に水神社と新江戸川橋公園、東に芭蕉庵《ばしょうあん》と椿山荘《ちんざんそう》の庭園が広がる。坂の中段には細川家の文化財が展示されている永青文庫がある。

椿が多かったこの一帯は南北朝時代から椿山とよばれていたようで、江戸時代には庶民の遊山の地となった。

『江戸名所図会・巻之四』には周辺だけで大洗堰《おおあらいぜき》、竜隠庵、水神《すいじん》社、八幡宮（椿山八幡）、駒留橋、拾穂軒《しゅうすいけん》北村季吟翁《きぎんおう》別荘の旧地、幸神《こうしん》祠などの項が集中している。

●大洗堰は現在の大滝橋周辺にあった神田上水の堰《せき》で、造られたのは承応年間（一六五二〜五五）頃。当地が関口とよばれるようになった所以である。これより下流は江戸川とよばれた。

●竜隠庵は現在の芭蕉庵のことで、松尾芭蕉は藤堂家の下級武士だったため、藤堂家が請け負った神田川の改修工事に従事して延宝五年（一六七七）から三年間、この地に住んでいた。

●水神社は神田川の守護神として祀られた。同社地には古くから椿山八幡宮があったが、今はない。

ある時水神が宮司の夢枕に立ち「我水伯なり、我をこの地に祀らば堰の守護神とならん」と告げたという。水伯とは河童のことである。ここの八幡宮は五百メートルほど下流に現存する正八幡宮（上の宮）に対して下の宮とよばれていた。後に合祀されたのだろう。

●駒留橋は現在の駒塚橋のことか。雪の朝、源頼朝が川づたいに馬を走らせこの地で留まり眺望を楽しんだ後、引き返したことからこの名がついたというが、あくまでも伝説である。

●拾穂軒北村季吟翁とは芭蕉の古典の師で、別荘は疏儀《そぎ》荘とよばれたが、場所は特定されていない。ただ、翁の著述から、この辺りは時鳥《ほととぎす》の名所でもあったようだ。

●幸神祠は現在、幸神社として椿山荘の北東に鎮座する小社だ。道山の幸神、つまり道の神だから祭神は猿田彦神である。また駒塚の社《やしろ》ともよばれ、まだ近辺が入り江だった頃、水中より牡蠣《かき》殻《がら》の付いた金の駒が出現したので、土地の豪民がこれを塚に築《つ》き籠《こ》めて祀ったという。この伝説が駒留橋改め駒塚橋と名付けられた所以であろう。

●水神社の西には細川家の回遊式庭園が広がり新江戸川公園となっている。池と目白台地の斜面からなり、丘の頂には永青文庫が建つ。斜面を上手く利用していて、何通りもの登山道が楽しめ、人も少なく野趣に富む。

↑幸神社。金の駒はこの下で今も眠っているのだろうか
←椿山？の頂上には三重塔が聳える

↑竹製の手すりなど、細部にわたって趣向が凝らされている

↑伊藤若冲の下絵による20体の羅漢石。若冲のイメージからは想像できない程のおおらかさだ

←秩父水系の水を汲み出す古香井（ここうせい）

↑『江戸名所図会・目白下大洗堰』江戸への給水基地だった

→江戸川公園の斜面はフィールドアスレチックのようだ

新時代の椿山

一方、胸突坂を挟んで東の椿山荘はホテルの庭園だけあって、表現は悪いが非常に金（手間）をかけている。それにもかかわらず一般にも解放されていて自由に散策できるのはありがたい。

明治十一年（一八七八）、山県有朋公爵が椿山を入手し、築庭した自然味溢れる庭園には明治天皇や政財界の第一人者たちがしばしば訪れ重要会議を開いたそうだ。

その後この地を譲り受けたのが美術品に造詣が深い藤田平太郎男爵だ。彼がこの庭園に三重塔をはじめ歴史的にも価値のある文化財を多数配置し、近代的だが嫌味を感じさせない日本庭園に仕上げた。筆者が特に気に入っているのは江戸時代の画家・伊藤若冲《じゃくちゅう》の下絵による二十体の羅漢石像だ。

庭園の西側は山になっており「椿山は独立峰だったのか！」と嬉しい錯覚をさせてくれそうな造りだ。山頂には室町時代末期の作と推定される三重塔が建つ。小野篁《おののたかむら》が創建した広島県篁山竹林寺に壊れたまま放置されていたものを譲り受けて移築したという。

階段ランド江戸川公園

椿山荘から二百メートルほど下流に大滝橋が架かり大洗堰跡の解説板が建つ。その前の斜面が江戸川公園で、頂上は関口台町小学校だ。『江戸名所図会・目白下大洗堰』の図右半分（大きく霞がかかっていて全貌は見えない）がこの公園である。

斜面中には工夫を凝らした階段が張巡らされており、まるで階段のフィールドアスレチック施設「階段ランド」だ。しかも中央階段の最終地点は滑り台になっており、じつに楽しい。

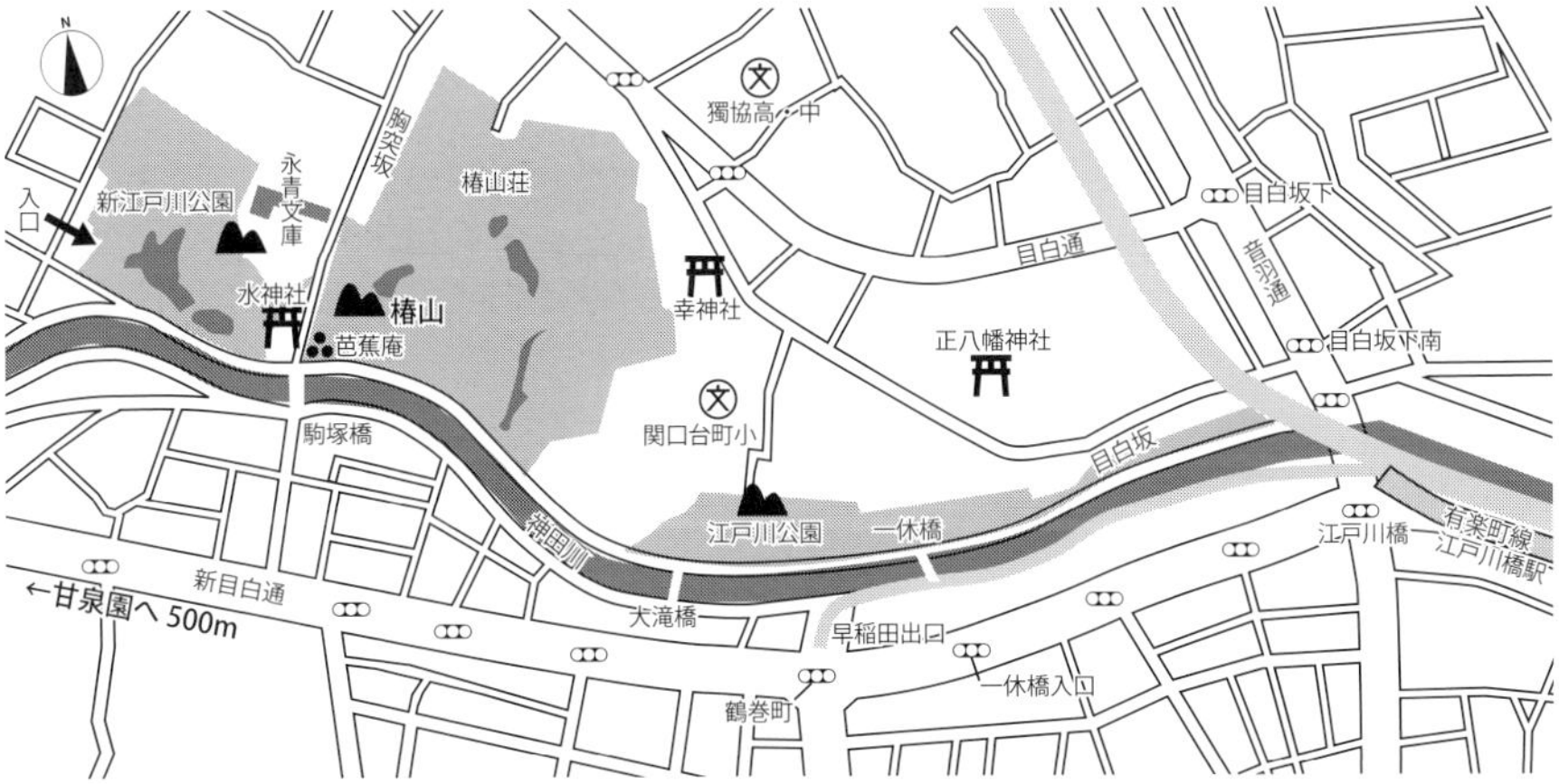

左右約 1000m

富塚古墳と高田富士

古墳と富士塚のお引っ越し

新宿区西早稲田三丁目

↑よく高田富士と間違えられる富塚だが、そもそもこちらの古墳のほうが古い

→古墳の下部には狐穴も造られていてムード満点である。そもそも古墳や塚には狐がよく住み着くため、そこに稲荷が祀られることは多い。逆に狐は神や死者の使いと考えられるようにもなる

↓『江戸名所図会・巻之四』よく高田富士として紹介されるが、ここは現在の場所ではなく寶泉寺の境内である

富塚《とみつか》古墳と俵藤太秀郷《たわらのとうたひでさと》

じつは水稲荷神社の富塚古墳と高田富士は共に昭和三十八年（一九六三）七月、五百メートルほど西北にある甘泉園（清水徳川家庭園の旧址）の一画に引っ越している。

もともとは現在の早稲田大学9号館あたりにあったもので、穴八幡（高田八幡宮）の向かい、寶泉寺の敷地内にあった。早稲田大学と土地を交換したのである。だから富塚や高田富士に関しての情報は、一回頭の時間をリセットしてから理解しなくてはならない。つまりよくいわれる「高田富士は江戸市中最大最古の富士塚である」などのことだ。昭和に造り直されているのだ。

新宿の戸塚町の由来はその富塚古墳からといわれる。かつて近辺は富塚町とよばれていた。戸塚町は不思議なことに一丁目だけしかない。しかし以上の事情がわかれば、現在の富塚古墳と戸塚町一丁目が早稲田大学の広いキャンパスを挟んで東に五百メートルも離れている理由がわかるのである。ちなみに戸塚警察署は富塚古墳から西に五百メートル離れている。戸塚町は一丁目を除いて西早稲田という町名に占拠されてしまったのだ。

ただし、富塚古墳そのものに関しては『江戸名所図会・巻之四・百八塚』には「往古昌蓮《しょうれん》といへる富民、仏に供養のため、この高田の辺より大久保までの間、すべて百八員の塚を築くと。いまは、ことごとくその所在をしらず」とあるが、ここから富民の塚→富塚→戸塚となったのではないかとしている。

また、水稲荷神社の由緒書には天慶四年（九四一）俵藤太秀郷が富塚の上に稲荷を勧請したとあるから話はだんだん大きくなる。

富塚ではないが『新編武蔵風土記稿・巻之十一・豊島郡之三』には、前出・寶泉寺は俵藤太の開基だという説を紹介している。しかも寶泉寺毘沙門堂の本尊は俵藤太の持仏で、彼はここで戦勝を祈念したために平将門を討つことができたとある。『江戸名所図会』にはほかにも別な話が紹介されていて「秀郷、将門を退治するのとき、深く毘沙門天を念じ奉りしに、毘沙門天兜《かぶと》の上に現じたまふをみづから模《うつ》し彫《きざ》む」とまであるから、寶泉寺と俵藤太秀郷の関係をどうしても強調したいようだ。

さて、富塚古墳である。富士塚を紹介する本には「高田富士と富塚を間違えないように」などと書いてあるが「オイオイ富塚をおろそかにしないでくれよ」といいたくなる。共に引っ越した仲とはいえ、歴史が違うのだ。

ただ、一般に塚に狐穴があることは

↗ 高田富士の登山道は木の柵と提灯で夜も安全
↖ 見事な烏帽子岩

→急だが下山道もしっかりしている

←登山道を少し外れたところに立つ烏天狗像は味わい深い表情をしている

↑甘泉園の滝と池

↑甘泉園から見た高田富士の裏斜面

珍しくはないから、富塚にも稲荷が祀られるのは当然の成り行きである。

高田富士は裏から見る？

『新編武蔵風土記稿』では寶泉寺の浅間社について「高さ三丈余りの假山上にあり、安永八年の勧請にて山は奇石を畳みて築立巧を極めたり、毎歳六月十五日より十八日まで登山を許し参詣の人にきはへり、里人高田富士と云へり」とある。引っ越したとはいえ歴史も大きさも申し分ない富士塚だが、現在も講と神社で管理している。したがって今は七月三週目の土日、高田富士祭の日に限り一般開放される。

お祭りだから特に夜は大変な賑わいだが、安全を考慮してか登山道・下山道ともに木の柵で囲まれ、見た目には窮屈だ。ましてや自由に散策することなど不可能である。富士塚マニアなら一度登るべきだが、普通の日に訪れても全貌を見ることはできない。

むしろ隣接している甘泉園公園からのほうが（柵越しのうえ、裏側からではあるが）富士塚をよく見ることができる。甘泉園には滝や池もあるので、白糸の滝や富士五湖を見た気分になる（少々無理はあるが…）ことをお勧めする。いずれにせよ、ここも間違いなく神田川の南斜面なのだ。

ところで『江戸名所図会』には高田富士山と紹介されていて「稲荷の宮の後ろにあり。巌石《がんせき》を畳《たた》んでその容《かたち》を模擬す。安永九年庚子《かのえね》（一七八〇）に至り成就せしとなり。この地に住める富士山の大先達《だいせんだつ》藤《とう》四郎《しろう》といへる者、これを企てたりといふ」とあり、『新編武蔵風土記稿』ともども、その築造技術を褒めている。それもそのはずで、じつは身禄の弟子・高田藤四郎こと日行青山《にちぎょうせいざん》は植木職人であった。

ついでながら甘泉園公園の北西方面、新目白通と面影橋を渡り、十数メートル行ったところにオリジン電気の社屋があるが、その門の脇に太田道灌の故事にちなんだ「山吹の里」の碑がある。菩薩像と文字が彫ってあるだけの小さな碑だが、もとは面影橋のたもとにあったそうだ。里人たちの道灌贔屓《びいき》ぶりが偲ばれる。

左右約 350m

月見岡の上落合富士

小ぶりながらも威厳のある佇まい

↑小ぶりだが手入れが行き届いており気高い

→猿の母子。小猿は二匹おり、うち一匹は母の乳を飲んでいて珍しい

↓なめくじ巴の社紋は神田明神と同じ

新宿区上落合一丁目

月見岡《つきみがおか》八幡神社

上落合一丁目は妙正寺川（井草川）と神田川（神田上水堀）に挟まれた地域だ。現在は月見岡八幡神社というが『新編武蔵風土記稿・巻之十二・豊島郡之四・上落合村』ではただの八幡社となっている。これでは個性がないということで月見岡を足したのだろうか。ただ、末社の富士浅間社については「高さ二丈余りの丘上にあり小名大塚と云」と紹介されている。

境内左奥には正保四年（一六四七）造立で新宿区内最古の庚申塔（宝篋印塔形）がある。富士塚はその奥にある。

二丈（六メートル）あまりといわれるが移築や改修を経ているので実際はもっと低いような印象がある。しかし手入れは行き届いており、ボク石（富士山の溶岩）も程よく使われていて気高い迫力を感じる。

小規模なので登山道も登り降り用各一本しかない。入口では猿の母子が登山者を迎えてくれる。

登りの途中には、比較的新しい二体の天狗像が小御岳石尊大権現を守護するように立っている。頂上の浅間神社に参拝して下山すると洞窟の中に烏天狗が立っている。

天狗はもともとは仏敵とされていて、出自は猛禽類の変化《へんげ》であるから鼻高天狗より烏天狗の方が古い形態である。時には人を攫《さら》い喧噪や争乱を好む妖怪的な存在だが、山岳修験道においては山の守護神とされるようになった。猿は山の神の使いだから、富士塚は神様が大集合している聖地なのである。

ところで月見岡八幡神社の社紋は一風変わった巴《ともえ》形だ。正式には水流れ三つ巴というが別名なめくじ巴ともよばれ神田明神と同じ紋だ。明神では将門公の心を表しているという。すなわち「過去の怨念を水に流す」または「将門公の呪いを表した渦であるから、おろそかにすると祟りますよ！」という意らしい。当八幡神社に将門公を祀る摂社はないが、どのような意味を持つのだろう。

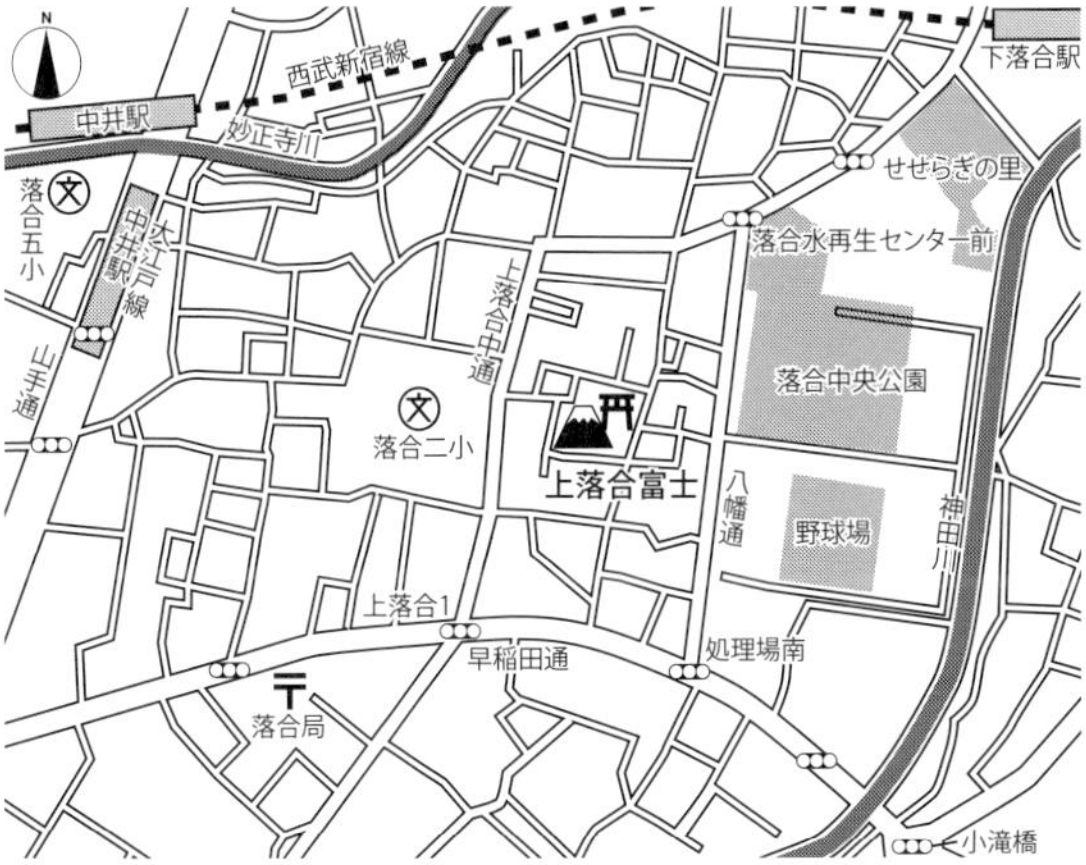

左右約 900m

久我山・塚山・和泉の森

久我山、浜田山は山だった？

杉並区久我山三丁目、下高井戸五丁目、和泉三丁目

↑久我山稲荷神社は井の頭から続く高台の上にある

↑塚山の頂上付近

↑遺跡復元住居に展示されているパネル。塚山の全貌と環状集落の様子がわかる。下が神田川（平川）

神田川から望む塚山。両岸は遊歩道になっている

神田川上流の山を探す

久我山《くがやま》という名の由来は不明。『新編武蔵風土記・巻之百二十二・久ケ山村・山川』には玉川上水と神田上水しか紹介されていない。今は高級住宅地だが、かつては氾濫や旱魃に悩まされ続けた上、田は少なく畑地ばかりなので農民は苦労したという。神田上水とは椿山の項（p87）で述べた大洗堰より上流の神田川の呼び名である。

南は烏山、東は高井戸、八幡山と続くが地名に反して特に山はない。この場合の山は雑木林や小規模な森林を指すと思われる。

しかし、神田川北斜面にある久我山稲荷はちょっとした高台にある。ここ

は武蔵野台地の一部で、この高台は神田川の水源となる井の頭池から三鷹台の立教女子学院を経由して続いている。

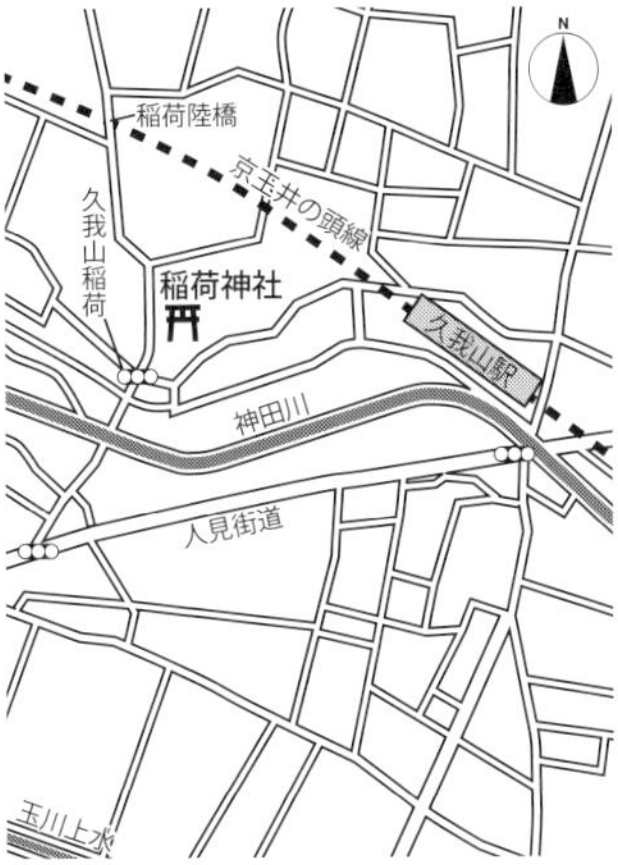

左右約 500m

浜田山は浜田屋の山だった

浜田山には江戸時代初期、内藤新宿の米商人で浜田屋弥兵衛と名乗る人物の所有する松や椚《くぬぎ》の林があった。その林を土地の人は浜田屋の山とよんだという。ただし正式に地名となったのは昭和からである。凸地という意味での山ではなかったようだ。

しかし神田川の川沿いに塚山公園という高台がある。ここには旧石器時代（約三万年前）から縄文時代中期（約三千五百年前）にかけての環状集落跡が埋蔵遺跡として残っている。環境の良い土地だったのだろう。ここから出土した石斧とナイフ形石器は武蔵野台地最古のものと推定されているが、塚山公園で見られるのは復元された竪穴住居址や土器、石器、展示パネルに限られる。実物は杉並区立郷土博物館に保管・展示されている。

左右約 550m

龍神の池を探す

この神田川が大きく北に迂回して井の頭通りを横切るあたりは深い谷になっている。その先は川を挟んで和泉二～三丁目で、江戸時代には焔硝蔵、明治・大正には火薬庫があった物騒な地域だったが現在は驚くほど静寂だ。特に左岸には熊野神社の森をはじめ、雨乞いの神（龍神）を祀る貴船神社がある。この境内には地名・和泉の由来となったという池らしきものが残るがコンクリートで補修された上、筆者が訪れたときは干上がっていた。

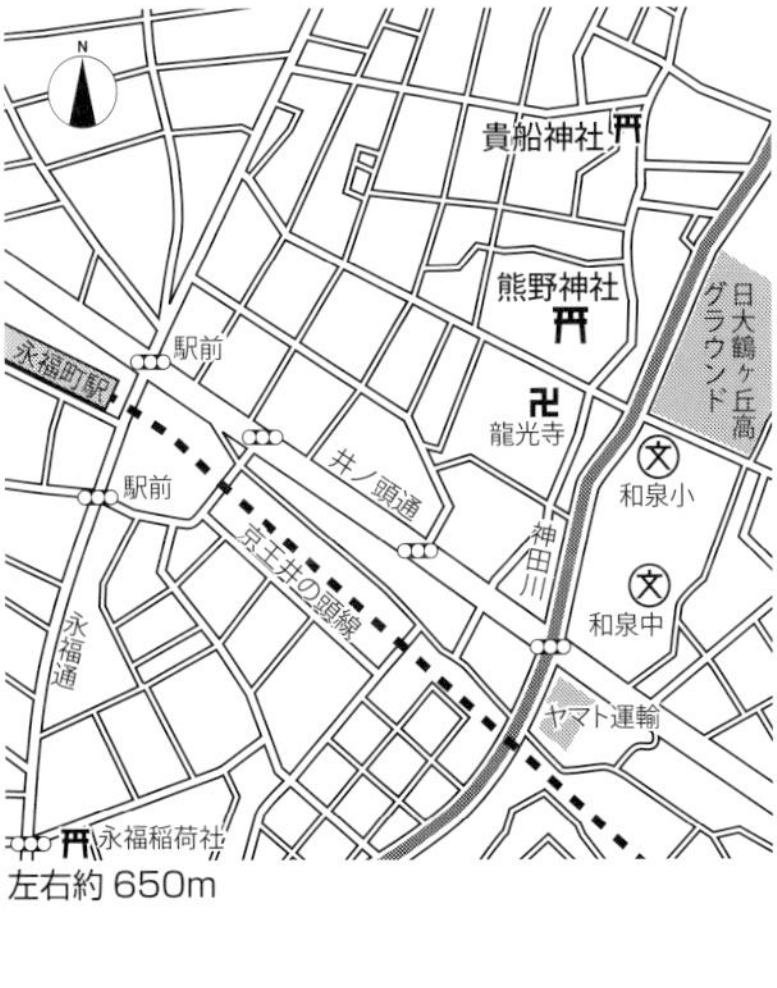

左右約 650m

遅野井と善福寺池

善福寺川水源の伝説を求めて

杉並区善福寺三丁目

↑善福寺池畔より見る展望台

↑遅野井の滝。水は汲み上げで、滝も人工である
→井草八幡の絵馬「源頼朝公井の滝伝説の図」

↑井草富士。常時登拝はできないが麓に浅間神社の小祠がある

善福寺池と井草八幡宮

善福寺川は杉並区の北西、善福寺池を水源とする全長十キロメートルあまりの川で、杉並区の和田廣橋で神田川に合流する。水源は武蔵野台地からの涌き水で遅野井とよばれる。

『新編武蔵風土記稿・巻之百二十三・多磨郡之三十五　野方領』によれば、この地域は公の書面には上井草村とされているが、村方は遅野井村として書面を上げている。地名によほどの自負と愛着があるのだろう。その意思を継いで周辺住民は近代も住環境整備に力を注いできた。

遅野井の由来については源頼朝にまつわる伝説が残っている。井草八幡の絵馬解説文には「その昔、源頼朝公は奥州に向う途次この地に立ち寄られたが、折悪しく旱ばつのため将兵の飲水に困り、雨乞いをするなどして各所を探らせた。自らも弓の本筈《もとはず》で地を掘り、七度にしてようやく水を得たといい伝えられ、今や遅しと待ちあぐねたところから、これを遅の井と呼ぶようになった。この井水が善福寺池の源泉と伝えられ、このあたりが遅野井とも言われている所以である」とある。

また、昭和五十年（一九七五）に境内から外れた場所に移築されたが杉並区内唯一とされる富士塚もある。

善福寺池の水源近くには「市杵嶋《いちきしま》神社」があるが『新編武蔵風土記稿』には「…池の南の方に辯天の祠あり」とあるので祭神を市杵嶋姫に変えたのは明治以降であろう。いずれにせよ水神の祠だと考えれば間違いない。

水源の上にあたる池の東側は高台になっており、最高地点を求めて周辺を探すと西の山公園と中山公園という何の変哲もない二つの小公園を発見した。練馬区との境界近くであり、公園から西に直線距離で八百メートルほどの地点には、二十三区内最高地点で前述した立野公園（p76）がある。ただし少々迂回しなければならない。

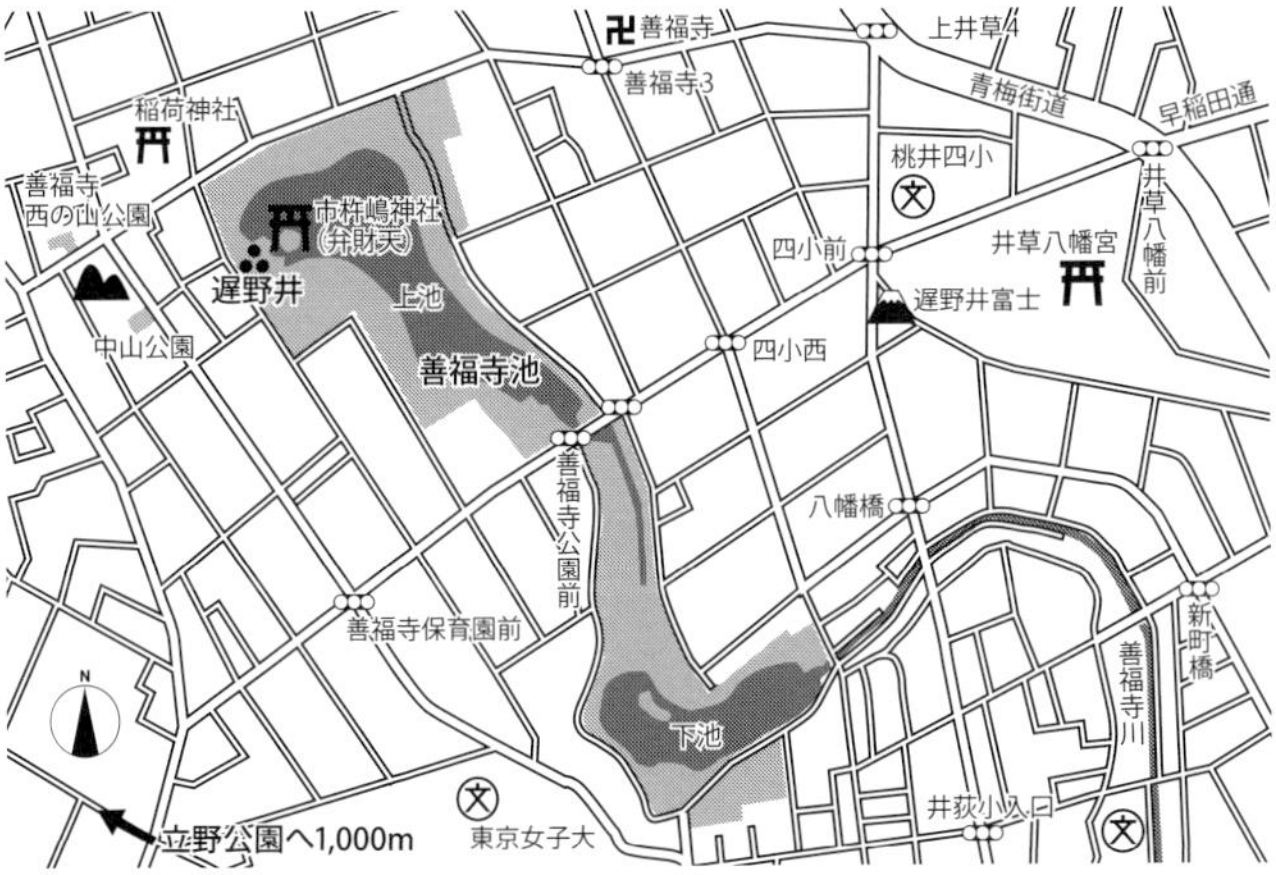

左右約 1050m

第六章　江戸城外輪山

❶江戸城天守閣址
❷田安の台
❸牛込城址と神楽坂
❹赤根山と赤坂
❺星が岡（山王台地）
❻八幡山（亀が岡）

第六章は、現在でも日本を動かす政治経済の中心地となっている江戸城周辺である。東は海だったから、ポイントは江戸城の西側に半円状に点在する。

❶江戸城はこうして見ると城の半分を台地が占めており、城内には坂が多いわけである。❷は招魂社という社名だった。死者の霊を祀るにふさわしい丘の上の平地といえるかもしれない。

❸は台地の突端で、地形的にも戦国時代まで江戸城の出城だったという説もうなずける。❹はもともと山とよばれていた場所だが、赤坂御用地は丘に囲まれて静寂な雰囲気が漂う。

❺も台地の突端であるが、ロマンチックな名を持つ独立した丘でもある。山の神を祀るにふさわしい。❻も台地の斜面を利用した神社だ。今はビルに遮られているが外堀から見上げると立派な山に見えたことだろう。

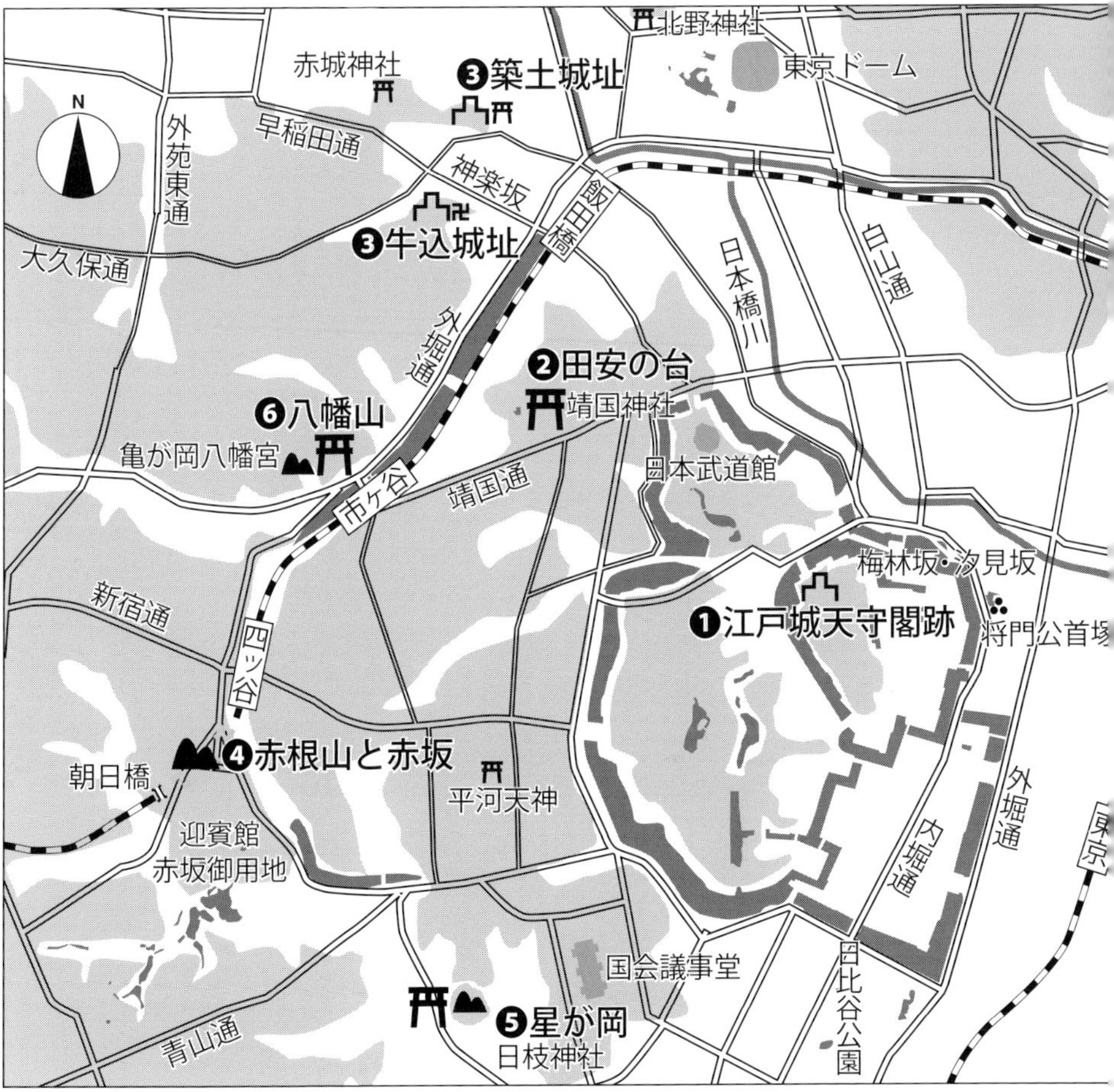

北野神社
東京ドーム
赤城神社
❸築土城址
早稲田通
外苑東通
神楽坂
飯田橋
❸牛込城址
大久保通
日本橋川
白山通
外堀通
❷田安の台
靖国神社
❻八幡山
亀が岡八幡宮
日本武道館
市ヶ谷
靖国通
梅林坂・汐見坂
新宿通
❶江戸城天守閣跡
将門公首塚
四ツ谷
❹赤根山と赤坂
朝日橋
平河天神
迎賓館
赤坂御用地
外堀通
内堀通
東京
国会議事堂
日比谷公園
❺星が岡
日枝神社
青山通

江戸城天守閣址

初代城主は太田道灌でも徳川家康でもない武将だった

千代田区千代田皇居東御苑

江戸時代前の城主とその後

皇居＝江戸城は千代田城、東京城、宮城《きゅうじょう》などともよばれた。地図を見れば一目瞭然、この城を中心にして大都市東京は形成されている。

江戸城を最初に築いたのは扇谷《おうぎがや》上杉定政（定正）の重臣・太田道灌といわれるが、それ以前からこの地に居を構えていたのは江戸氏である。江戸氏は桓武天皇の末裔・坂東八平氏の秩父氏から分かれ、川越から移ってきた一族で首長は江戸太郎と名乗った。江戸の名はここに由来するといわれる。

一方、荏原《えばら》郡品川の館にいた道灌は主君の扇谷上杉氏に敵対する古河《こが》公方《ぼう》（足利成氏《あしかがしげうじ》）と山内《やまのうち》上杉氏の勢力に

↑天守台から見た大手町方面

対する防御拠点として江戸の地を選ぶ。経過は不明だが江戸氏は扇谷上杉氏と城を交換し、世田谷の喜多見に移った。道灌が江戸城に入ったのは室町中期の長禄元年（一四五七）という。

　また、道灌は築城の天才として知られるが、当時の江戸城は三区域に仕切られた郭《くるわ》式平城《ひらじろ》でそれぞれが深い濠《ほり》に囲まれ独立していた。まだ城下町はなく、東御苑に残る汐見坂の名が示すように前方には日比谷の入り江が広がり、城のすぐ近くまで波が打ち寄せていた。

　道灌が主君に謀殺された後は定政の子・朝良《ともよし》や朝興《ともおき》が入り、扇谷上杉氏が江戸城を六十六年間支配するが、道灌の死によって徐々に勢力を衰退させた上杉氏は、新興勢力の北条氏綱に攻落される。これによって朝興が川越に敗走するのもひとつの因縁である。

　北条氏の本拠は小田原であるため、北条氏照《うじてる》の入った八王子に比べ、江戸はさほど重視されなかったらしい。江戸城城代は北条四代にわたって家臣の富永、遠山両家が務めている。しかし北条氏は天下統一を目指す豊臣秀吉に服さなかったため、小田原城で滅亡する。その時の江戸城城代は遠山直景《なおかげ》であった。

　その後、天正十八年（一五九〇）八月、豊臣方として戦功を上げた徳川家康がこの地を与えられたが、当時の江戸にはまだ一漁村しかなく、ほとんどが未開の地であり、決して喜ばしい恩賞ではなかったようだ。

　江戸が中央都市に発展するのは徳川幕府成立後のことで、諸大名が幕府への忠誠を示すため競って江戸城の大造築工事を請け負った結果である。

　明治元年（一八六八）十月、無血開城された江戸城に明治天皇が入ると、

↑太田道灌が天神社を祀ったという梅林坂
→江戸城天守閣『江戸図屏風』（国立歴史民俗博物館蔵）より

城は東京城とよばれるようになる。しかしそれはごく短期間で翌年には皇居となる。明治二十一年（一八八八）、宮殿が新築完成し、それから第二次大戦の敗戦までは宮城《きゅうじょう》とよばれた。

現在は再び皇居に戻されたが、その一部、東御苑が開放されて私たちが天守台に登れるようになったのは昭和四十三年（一九六八）からである。

天守閣まで焼いた振袖火事

江戸城の初代天守閣が二代将軍・秀忠によって築かれたのは慶長十二年（一六〇七）、その後、都合三回の改修を経て寛永十五年（一六三八）、三代将軍・家光によって完成。国内最大の天守閣は外観五層、内部は六階の造りで、地上五十八メートルあったという。

しかしそのわずか十九年後、明暦三年（一六五七）、正月十八～二十日にかけて燃え続けた明暦の大火《たいか》・江戸の大焼け（振袖火事）で全焼し、以後再建されることはなく、残った天守台の石垣が当時をしのばせるのみである。

震災や戦災は別として、振袖火事は江戸の三大大火どころかロンドン大火（一六六六）、ローマ帝国時代のローマ大火（六四）と並ぶ世界三大大火のひとつといわれるほどの大災害だった。

出火原因はもはや怪談と化しているが、袖を通した年若い娘が三年の間に三人亡くなったという振袖を、本郷本丸・妙正寺の僧が供養のため焼こうとしたところ、舞い上がって本堂に燃え移ったというものだ。

それまで江戸市内には八十日間雨が降らず、当日は朝から土埃が舞うほどの強風が吹き荒れていたというが、江戸城の巨大な濠や石垣を見る限り、筆者の想像を絶する大火である。

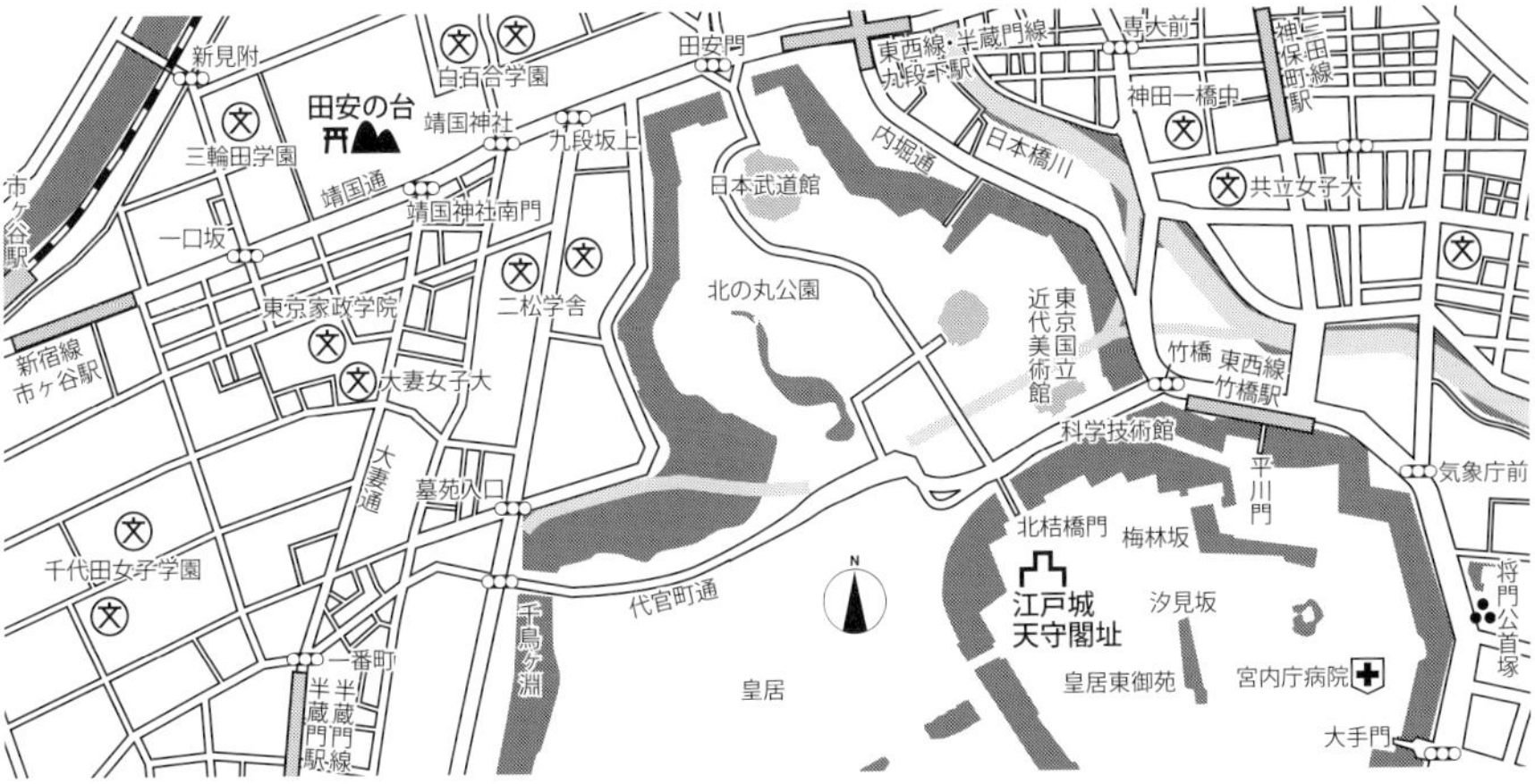

左右約 2300m

梅林坂の神々

東御苑には有名な坂が二つある。一つは前述の汐見坂、もう一つは梅林坂である。

紅皿が差し出した山吹の意味が理解できなかったという逸話から、無骨者のイメージが強い道灌だが、じつは父譲りの大変な文化人でもあり、一流の連歌師との交流もよく知られている。

そのような背景からか、道灌がこの坂に書や学問の神である菅原道真《すがわらのみちざね》への思いを込めて天神社を祀ったと伝えられている。

『江戸名所図会・巻之五・湯島天満宮』には文明十年（一四七八）六月五日、太田道灌の夢にその道真公が現れる。さらにその翌日、道灌のもとに道真公自筆の画像を携えてきた者がいた。まさしく夢の中で拝した姿にそっくりだったので、ただちに城外の北に祀堂《しどう》を建て画像を安置し、梅を数百株植え、美田などを付けたとある。

この話は他書からの引用だが「おそらくは誤りならん」とあっさり結論づけており、いささか拍子抜けではある。

それにしてもこの意外な組み合わせの二人が、江戸時代にいかに人気者だったかを表す話としてはおもしろい。後にこの天神社は移されて、それが現在、半蔵門の西に鎮座する平河天満宮なのだという。

しかし、貞治元年（一三六二）の古文書（紀州熊野米良《めら》文書）に武蔵国豊嶋郡江戸郷山王宮と明記された文字があり、道灌が梅を植えた時、そこにはすでに江戸氏の氏神とされた山王神社があった。その神社が現在の日枝神社なのであるが、一般にはこれも人気者の道灌が勧請したことになっている。

後述「星が岡」（p114）参照。

田安の台

九段坂と田安門と招魂社

千代田区九段北三丁目（案内図は105頁）

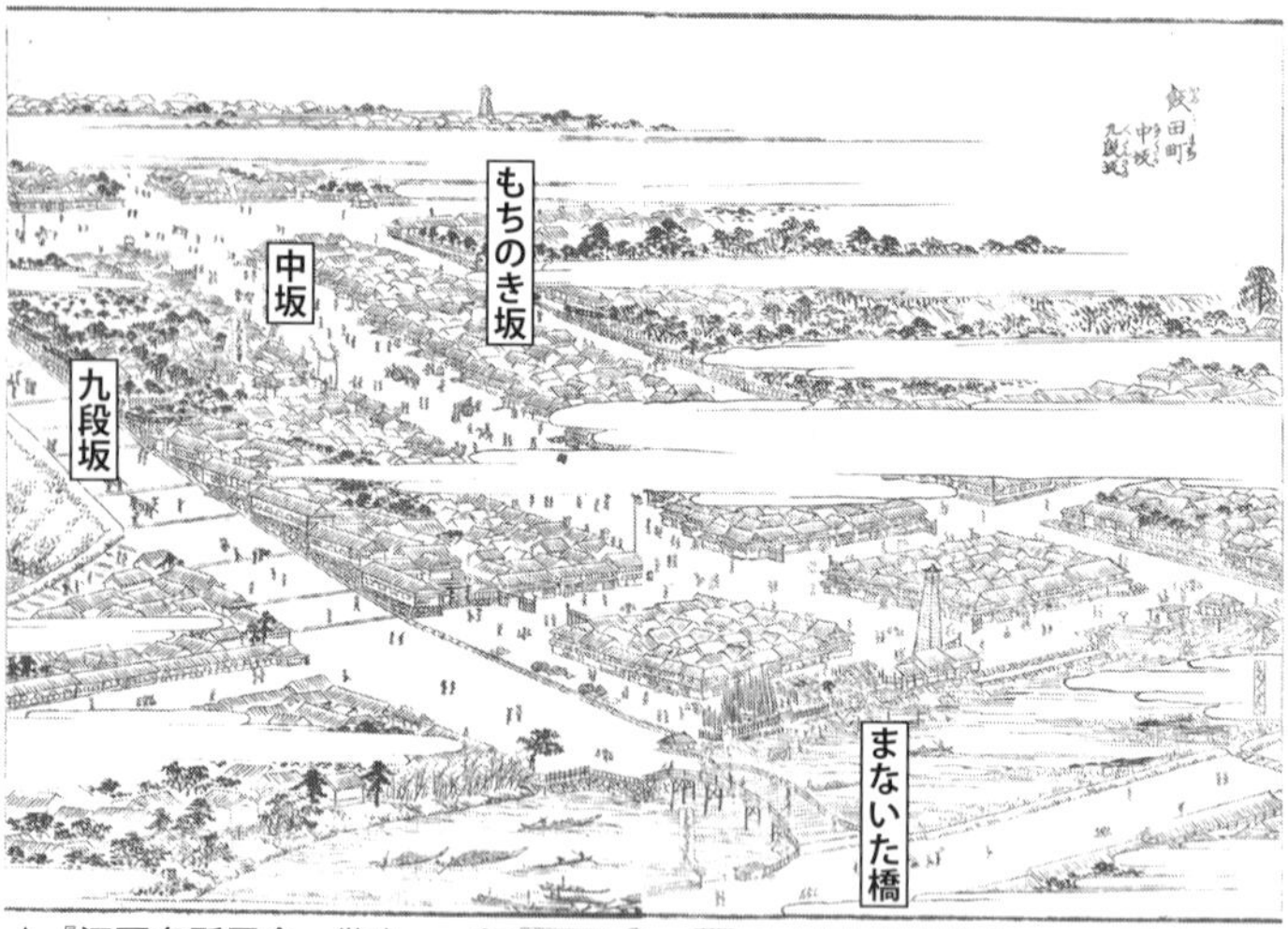

↑『江戸名所図会・巻之一・飯田町・中坂・九段坂』

→現在の九段坂。田安門から九段下を望む

↓早稲田通りを登りきったあたり。写真左側が靖国神社

高さ25メートル、幅34メートルの鳥居。昭和49年（1974）に再建され、1200年の耐久性があるという。つまり2470年代まで建っているはずだが、今生きている誰一人として確認できないのが誠に残念だ

九段坂の九段の階段

早稲田通りが北の丸公園の田安門に突き当たる周辺の台地は、かつて飯田町または田安郷、田安の台などとよばれたようだ。九段下から西に九段坂を登りきった場所で、頂上には靖国神社の境内が広がる。

『江戸名所図会・巻之一・飯田町・中坂・九段坂』を見ると九段坂はその名の通り、奥行きの広い九段の階段状になっている。その左側には傾斜に沿って五段ほどの長屋（御用屋敷部屋）が並ぶが、かつてはこれが九段あったという説もある。

落語の話だが、車夫に「五十銭で自分を乗せてこの坂を駆け下りてみないか」と交渉する場面があるほどだから、よほどの坂だったのだろう。

中坂と九段坂の間にはよつきいなりが見えるが、これは現在、築土《つくど》神社（田安明神）の末社となっている世継《よつぎ》稲荷のことである。

招魂社が靖国神社と改称した理由

坂上の靖国神社は、歴史記述問題や政治問題、宗教問題など、多くの未解決問題を抱えている神社である。つい数年前も中国人監督が制作したドキュメンタリー映画の上映問題が起きた。

靖国神社の前身は九段招魂社《しょうこんしゃ》とよばれ、明治二年（一八六九）の創建である。もともとは倒幕の志士や戊辰戦争の戦没者など国内での殉死者（明治政府樹立のための）の霊を祀った場所であった。以降、国内外の殉死者を招魂し続けている。

じつは招魂社は山口県（二十二社）や鹿児島県（十七社）を筆頭に全国に百社以上あったが、国は昭和十四年（一九三九）これらを全て護国神社と改称し、その頂点に九段招魂社を靖国神社と改称して据えた。

靖国問題の要因は第二次世界大戦のA級戦犯を含む二四六万六〇〇〇もの人間の霊が神として祀られていることだ。もちろん先の戦争で犠牲になった一般人（招集された軍人、従軍看護婦、動員学徒など）の数が圧倒的で、中には遺族の意向を無視して祀っているケースもある。つまり国は大量の戦死者を出すことを承知の上で戦争を強行し、その犠牲となった彼らの霊を祀《まつ》り込める場を準備していたのだ。

それゆえというかそれなのに、一般庶民は拝殿の奥にある奉安殿や本殿を直接見ることも拝することもできない。日本一巨大な鳥居や神門の異常な威圧感とも相まって、いまいち庶民感覚の欠ける神社と感じてしまうのは筆者だけであろうか。

牛込城址と神楽坂

幻の砦の痕跡を捜す

新宿区袋町、神楽坂、赤城元町、築土八幡町

江戸時代以前の江戸

『江戸名所図会・巻之四・牛込の城址《うしごみ》』の項に「同所（神楽坂）藁店《わらだな》の上の方、その旧地なりといひ伝ふ。天文の頃（一五三二～五五）、牛込宮内少輔《くないのしょうゆう》勝行《かつゆき》（一四九九～一五八七。北条家の臣）この地に住みたりし城塁の跡なりといへり」とある。城といっても館を兼ねた砦に近いものだと思われるが、これだけの説明では城フリークにとって少々物足りない。

ところで文中の藁店とは藁製品を扱う店のことだと思われる。藁苞《わらづと》、草履、縄や筵《むしろ》は生活必需品だし、しめ縄や工芸品などにも藁は欠かせない。後出の地蔵坂の別名を藁坂ともよんだ所以はこの近辺（袋町）の藁店が有名だったからだろうか。しかし『江戸商売図絵』などを見ても藁店という商売は見当たらないので藁製品専門店は当時でも珍しかったのかもしれない。

北条家とは関東管領上杉氏（太田道灌を擁していた）に代わって関東を支配した北条氏康のことである。主君を上杉から北条に変えた上野国の大胡《おおご》勝行が当地・牛込に領地を与えられ、牛込勝行と名乗り、その後三代に渉《わた》って居館城郭とした。北条氏滅亡後は徳川家康の家臣となるが一国一城令が出され牛込城は廃城となる。

しかし外堀が完成するまではこの城の江戸城防御としての戦略的役割は、後述する築土城とともに重要だったと思われる。

牛込城の場所は飯田橋から神楽坂を登り、毘沙門天で有名な善国寺の先を左に入ったところだ。そこは地蔵坂とよばれる坂で、主郭があったといわれる頂には道を挟んで光照寺と出版会館（日本出版クラブ）がある。

寺の前には新宿区登録史跡の解説板が立っており、牛込城について「光照寺一帯は、戦国時代にこの地域の領主であった牛込氏の居城があったところである。堀や城門、城館など城内の構造については記録がなく、詳細は不明であるが、住居を主体とした館であったと推定される」とある。

↑地蔵坂の向かいの文具店。この左隣の地下に石垣？

↑光照寺の境内に城郭の面影はない

神楽坂から見た地蔵坂

←日本出版クラブ。地下 10 メートルで発見された横穴は埋められてしまったのか

↑裏から見た築土八幡神社。なぜか城のように見える

↓要塞のような筑土八幡神社のある丘（この写真では神社は見えない）。手前は御受難修道会の施設

しかし昭和三十年（一九五五）の会館工事の際、地下三十尺（十メートル）で大きな横穴が発見され、城の遺構（後述の抜け路跡）ではないかと話題になっている。工事も一時中断されたらしいが、発掘には費用も時間もかかるわけで、それ以上の進展はなかったようだ。

さて、その先の交差点を右に下る（この坂も地蔵坂とよばれているようだ）と大久保通りに出るが、そこには南蔵院という寺がある。神楽坂からここまでわずか四百メートル足らずだ。

平成三年（一九九一）にテレビ放映されたTBS制作の番組『そこが知りたい・神楽坂特集』によると光照寺の井戸から南蔵院の井戸に通じる秘密の抜け道があったという。もちろん昭和三十年に発見された遺構から生じた話である。

また、神楽坂から地蔵坂に折れる向かいの酒屋の地下倉庫に牛込城の石垣が残っていたという。つまりそこにはかつて城門があり、地蔵坂は登城通路だったという可能性があるわけだ。しかし、その酒屋も今はなく、おそらく石垣はそのまま地中に眠っているものと思われるが、これも今や伝説となってしまった。

築土《つくど》城址は今、信仰の丘に

前ページ下の写真は築土八幡神社の丘だ。たまたま手前の土地が更地になっていたため、無残に削られた丘の斜面を補強したコンクリート壁が剥き出しになって露出していた。工事現場を囲む壁の隙間から覗いたのだが、まるでおどろおどろしい要塞である。これを見れば納得いただけるだろう、この神楽坂を挟んだ筑土《つくど》八幡神社も城址ではなかったかということだ。

余談になるが、この丘の上に見える建物はローマに本部を置くカトリック系「御受難修道会・みことばの家」である。築土八幡神社はその奥である。ここは和洋の宗教施設が並立する信仰の丘だったのである。

『江戸名所図会・巻之四・津久戸明神社および築土八幡宮』には、江戸城の鎮護として乾《いぬい》（北西）の方角に太田道灌が津久戸《つくど》明神を勧請し、後に上杉朝興《ともおき》が社壇を修飾したとあるが「ある書にいふ」として「当社の地は往古《そのかみ》管領上杉時氏《ときうじ》の塁《とりで》の旧跡にして、時氏の弓箭《ゆみや》をもつて八幡宮に勧請なし奉る」とある。

関東管領に上杉時氏という人物は見当たらないが、以上のことから築土の丘は上杉氏と係わりが深かったようで、その後、敵対することとなる北条氏側

神楽坂赤城神社からの景色

の牛込城と、何らかの摩擦がなかったのか興味深い。

　築土の名は神社の由来によると、美しい雲の中から白鳩が現れ、松の梢にとまったので、これを神霊としてその松を祀ったことに始まり、伝教大師が神像を彫刻して祠に祀り、その時、筑紫（大分県）宇佐八幡の土をこの地に盛ったからだという。

　しかしこの神社はかつて江戸明神とよばれたという説もあり、江戸→次戸→筑戸→築土と、文字が誤って写し伝えられたのではないかという。宇佐の土盛り説に比べると醍醐味には欠けるが、こちらのほうが現実的か。くずし文字の誤写はありがちである。

　いずれにせよ、この周囲を見下ろす丘は御殿山ともよばれ、太田道灌別館の地だったという説もあるほどだから堅固な館だった可能性は充分ある。

　しかし現在、築土八幡神社境内からの見通しはほとんどきかない。桃を持つ猿の彫られた珍しい庚申塔の裏から、わずかに住宅の屋根が見える程度だ。

　むしろ、ここから四百メートルほど西の赤城神社（不気味なほど近代的な建造物に改装されてしまったが）の境内からは北西の早稲田方面が見通せる。特に夜景が美しい。

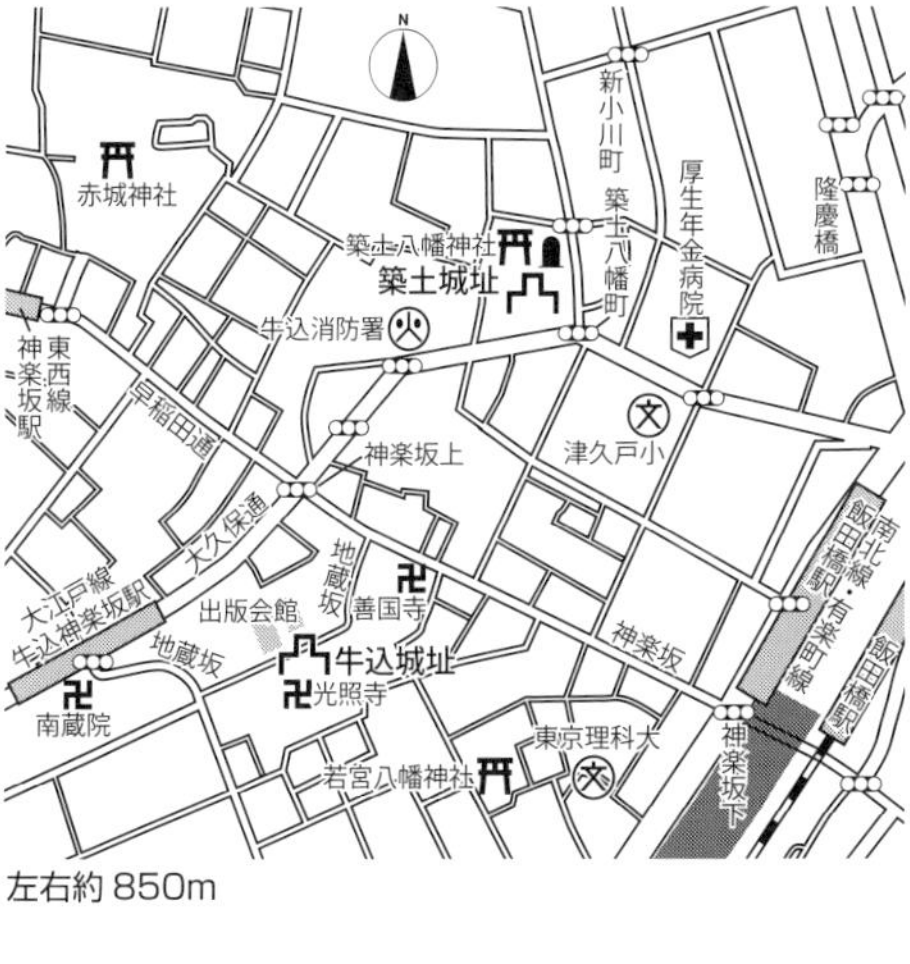

左右約850m

赤根山と赤坂

中央線の上を地下鉄が走る不思議な立体空間

港区元赤坂二丁目／新宿区若葉一丁目

↑上智大側からグラウンドを挟んで眺める赤根山

←紀伊国坂。「あかね山の坂」あるいは「赤土の坂」の意が赤坂という地名の由来になったという

↑地下鉄丸ノ内線の下を JR が走る不思議な光景

↓朝日橋から見た JR のトンネルの出入り口。あかね山の下を走る

茜の山か赤土の坂か

現在の迎賓館や若葉東公園一帯は赤根山とよばれていた。山の南は赤坂御用地だから一般人は入山不可だ。

『江戸名所図会・巻之三・赤根山』には「紀州公御中屋敷の地をいふとぞ。昔はこの地に多く茜《あかね》を産す。ゆゑに茜山とよびけるとなり。いま紀伊国《きのくに》坂と呼ぶ地、昔は赤坂と称へしとなり。赤根山の坂なればかく赤坂とは号《なづ》けたりという」。つまり多年草の茜が多く自生していたのでこの名がついたというが、茜は陽当たりさえ良ければどこにでも普通に見られる。

いずれにせよ短い文中で茜山とも赤根山とも表記されているが、茜は根が赤い（橙色）のでどちらも同じ意味だ。しかし、あかね山の坂が赤坂になったという説より、坂の周辺が赤土だからという説の方が自然に感じられる。美濃や三河の赤坂という地名も赤土の坂が由来になっているからだ。

一帯で一番高い場所は学習院初等科前の信号周辺と思われるが、皇室の通う小学校の前をウロつくわけにもいかず、ましてや写真も撮りにくい。また、山を感じるためには赤坂御用地の東西を走る紀伊国坂や鮫河橋《さめがばし》坂を歩くしかないが、いずれにしても写真を撮っていると警察官や警備員からの鋭い視線を浴びてしまう。

紀伊国坂の信号を上智大学の方に入ると上智大グラウンドや弁慶堀を眼下にしてダイナミックな眺めを楽しめる。

赤根山を展望するにはグラウンドを挟んだ対岸の土手を歩くのが一番だ。この土手を四ツ谷駅に向かって歩くと地下鉄丸ノ内線四ツ谷駅が見えてくる。地下鉄はやがて紀伊国坂の下に潜《もぐ》るが、なんと、さらにその下をJRが身を屈めるようにして横切っている。その先が四ツ谷のトンネルで朝日橋の下に続いているわけだ。そこに行くには鮫河橋坂を下り、みなもと町公園手前の路地を右に折れる。そこからはトンネルを出入りする電車が観察でき、鉄道マニアには絶好のポイントだ。

赤根山の地下には首都高速新宿線の赤坂トンネルまで走っており、山の下は結構騒がしそうだ。

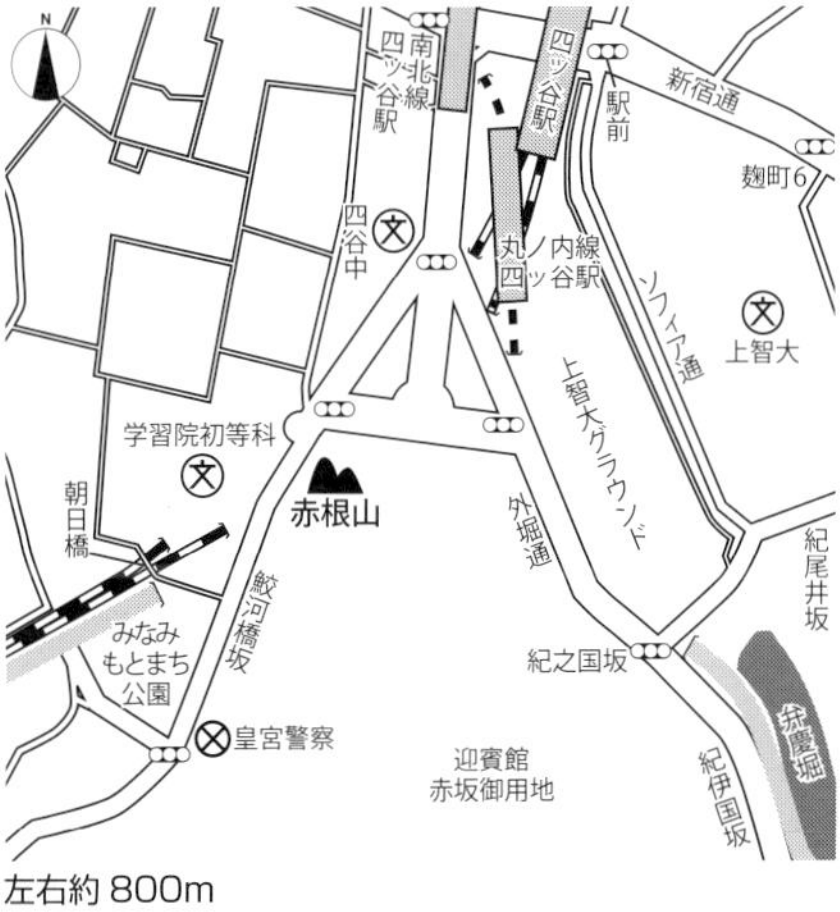

左右約800m

星が岡（山王台地）

日枝神社——お猿の山は「星が岡」とよばれる景勝地だった

千代田区永田町二丁目

永田町の守護神としての役目とは

　江戸城の南西を守護するのは標高二十八メートル、「星が岡」という美しい名を持つ台地上に鎮座する日枝神社である。江戸時代には日吉山王《さんのう》神社といった。神社の東、山王坂を下れば国会議事堂裏で、周囲には首相官邸や議員会館が立ち並ぶ。

　山王権現（明治以降は山頂の神・大山咋神《おおやまくいのかみ》を主祭神としている）は永田町に巣食う魑魅魍魎《ちみもうりょう》をどう思《おぼ》し召しているのだろう。まさか山王の神使・猿神たちに「我等より猿芝居が上手い」などと感心されているわけでは…。

　もともと山王社＝日枝神社は滋賀県比叡山の地主神である。それを秩父党の河越氏が川越仙波に勧請したという。次に太田道灌がこの山王社を江戸城内に勧請したことになっている。

　しかし実際は、河越一族の江戸太郎（重長）が江戸郷に移った折りに一族の氏神として山王宮を祀ったらしい。

　やがて道灌が江戸城に入ると城内の梅林坂（p105参照）に遷宮、その後に徳川家康が江戸城の産土神《うぶすながみ》としてやはり城内の紅葉山に移遷した。

　つまり城主が替わっても山王社は江戸城の守護を務めてきたわけだが、その後も麹町隼町などに移っており、現在地に落ち着くまで幾度もの遷座を繰り返している。

　祭礼は江戸三大祭の一つで、山車《だし》や練物の行列は江戸城内にも入ることを許されていたため天下祭といわれた。

　山王祭が大がかりとなるのは寛永十一年（一六三四）からだが、寛政四年（一七九二）以降は改革令などで豪奢を制限され、天保十三年（一八四二）になると弾圧下で寂《さび》れてしまう。

　ずいぶんと時代の波に翻弄《ほんろう》された神さまであるが、今こそ国会議事堂の守護神となり、不埒な輩《やから》には毅然《きぜん》と罰を下していただきたい。

山王権現の先輩神・山王稲荷

　万治二年（一六五九）星が岡に日吉山王神社が移る前、当地は福知山藩主松平忠房の屋敷であった。ここの邸内

←山王下の大鳥居。山王、日枝、日吉系神社独特の形だ

↑見上げるような神門は威圧感溢れる

↓伏見稲荷を彷彿させる山王稲荷への鳥居階段は都心とは思えぬ幽玄な雰囲気を漂わせる

↑境内は猿神だらけ。特に母子猿は人気者だ

左右約 700m

鎮守が現在の山王稲荷だ。当然社名は違っていたと思われるが山王社が造営されるとき、同時に新たに造営されたらしい。こちらは戦災を免れているので建築物としても古いものになる。

外堀通側から境内に入り左手に山王稲荷への鳥居の続く階段になっており、幽玄なムードがたっぷりで、規模は小さいものの伏見稲荷を思わせる。

八幡山（亀が岡）

「鶴が岡」から勧請したから「亀が岡」とはめでたいシャレだ

新宿区市谷八幡町

鶴亀以前には狐がいた

JR市ヶ谷駅ホームの新宿寄りから、ビルの谷間にチラリと見える緑青《ろくしょう》色の屋根。じつに落ち着いた緑である。筆者は電車でここを通過するたびにこの屋根を見たくて目を凝らしてしまう。

これは亀が岡八幡宮の境内に鎮座する茶ノ木稲荷である。八幡宮の本殿はもっと奥にあるのでホームや車窓からは見えない。

亀が岡八幡宮は太田道灌が文明十一年（一四七九）に江戸城西方の守護神として鶴岡八幡宮の分霊を勧請したもので、当社には道灌が使用した軍配団扇が残っているという。初めは市谷御門（市ヶ谷駅近く）内に鎮座していたが、外堀の完成に伴って現在地の茶ノ木稲荷境内に遷座した。つまり八幡宮の方が新参神だ。書物には、この丘を八幡山とか亀が岡と書いているが、もともとは稲荷山とよばれていた。

社務所には数種類の絵馬がある。亀が岡らしく亀の絵馬もあるが、太田道灌と紅皿《べにざら》が描かれた「道灌公山吹開眼の図」がなかなか楽しい。この図では八重山吹はバックにさりげなく描かれているだけだ。

余談になるが、この話が歌舞伎では紅皿には欠皿《かけざら》という醜い姉妹がいて、さらに継母のいじめ話まで絡んでくる。そこまでドロドロにされてしまうとせっかくのシャレた話も台無しだ。

茶断ちで眼病に霊験あらたか

『江戸名所図会・巻之四・市谷八幡宮・稲荷の祠』の項には「当社の地《じ》主《しゅ》の神《しん》なり。石階《せきかい》の中段左の方《かた》にあり。世俗、茶ノ木稲荷と称す。その来由信ずるにたらず、ゆゑにここに略せり」とある。つまり茶ノ木の由来はバカらしくて書く必要もないというわけか。

そこで改めて当社の縁起を紹介すると「昔この山に稲荷大神の神使の白狐がいた。ある時あやまって茶の木で目を突き、それ以来崇敬者（氏子）は茶を忌《い》み、正月の三ヶ日は茶を飲まない俗信があった。眼病の人はさらに長く茶を断てば霊験があらたかであった」というわけである。

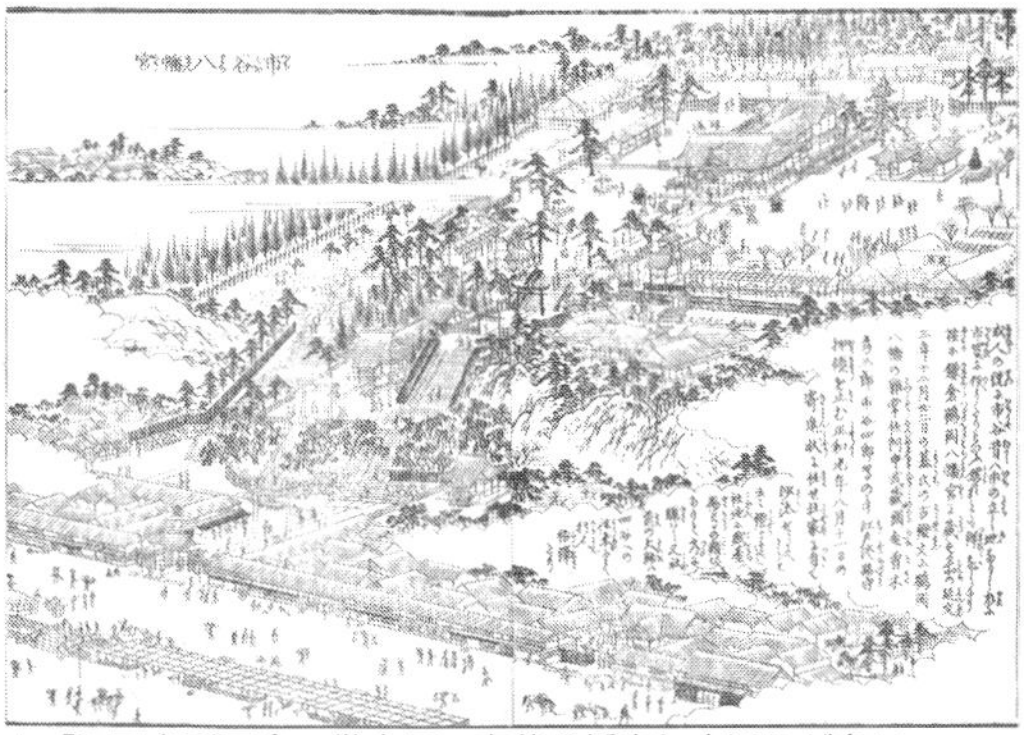

↑『江戸名所図会・巻之四・市谷八幡宮』人通りが多い
→市ヶ谷駅のホームから見える茶ノ木稲荷の屋根（円内）

↑「道灌と紅皿」の絵馬と亀が描かれた「長寿健勝・福徳円満」の絵馬

↑この社は茶ノ木稲荷。八幡宮は鳥居のさらに奥だ

ところで茶の木に限らず、麻、胡麻、綿など、神が植物の茎で目を突く話は各地にある。民俗学でいうところの目・一・つ・の神の誕生談のひとつであり、そのような事故から神が嫌うようになった栽培物、嗜好品や食料を禁断して願をかける「絶ちもの」や「物忌み」が生じる代表的なパターンなのである。

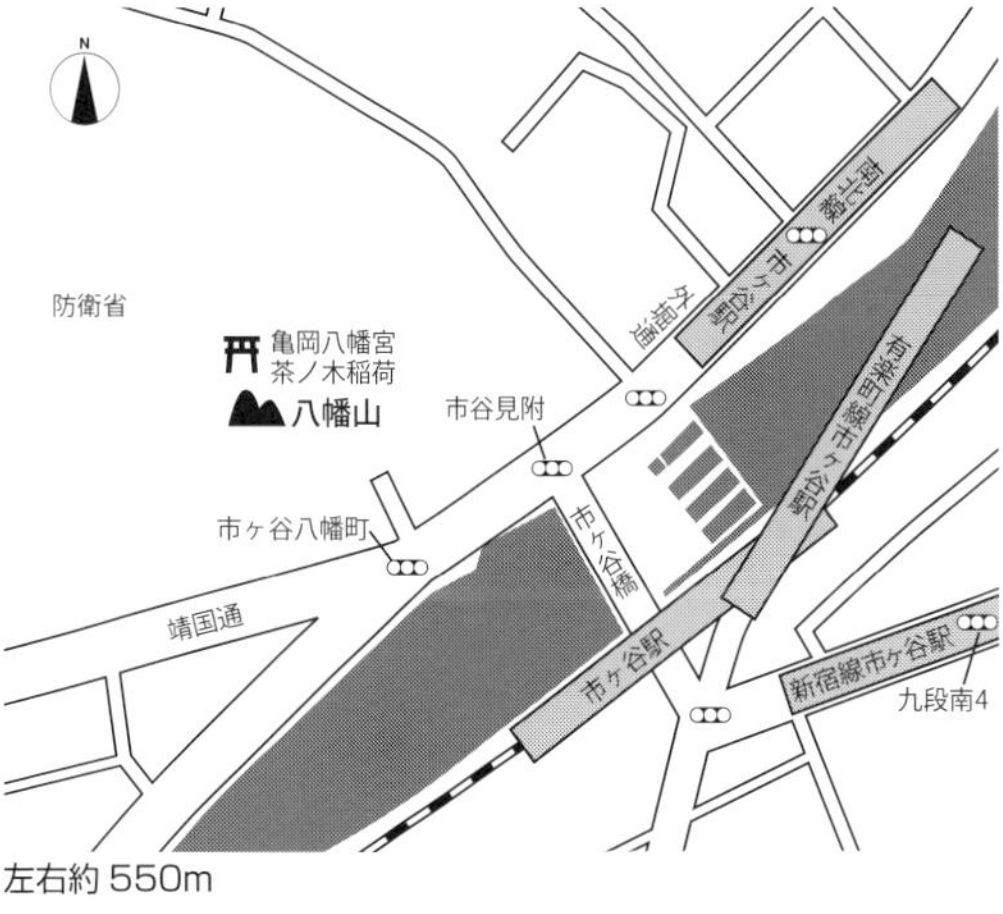

左右約550m

第七章　湾岸山系

❶大森山王の木原山
❷御殿山と品川牛頭天王社
❸円山とオセンチ山
❹愛宕山
❺お台場の海上郭

第七章は、江戸の湾岸に聳えるお山を探訪する。かつては台地の奥まで海が入り込んでいて、まさにリアス式の海岸線だった様子がうけとれる。

❶は大森駅前から南に続く山王台地。

❷は江戸時代まで庶民に親しまれた遊行地だったが埋立や鉄道開通のために削られ、その面影は三菱開東閣（私有地）や、線路をはさんだ権現山公園・品川富士周辺にわずかに残るばかりだ。

❸の円山は芝公園内に残る大型古墳。高校敷地内のオセンチ山は大名庭園の築山といわれるが、それ以前は古墳だったという説もある。

❹の愛宕山は独立峰。やはり庶民に人気があったが、むしろ階段が名高い。

❺は江戸末期に都市や庶民を護るために築かれた人工の島である。敬意を込め、無理を承知で山系に入れた。

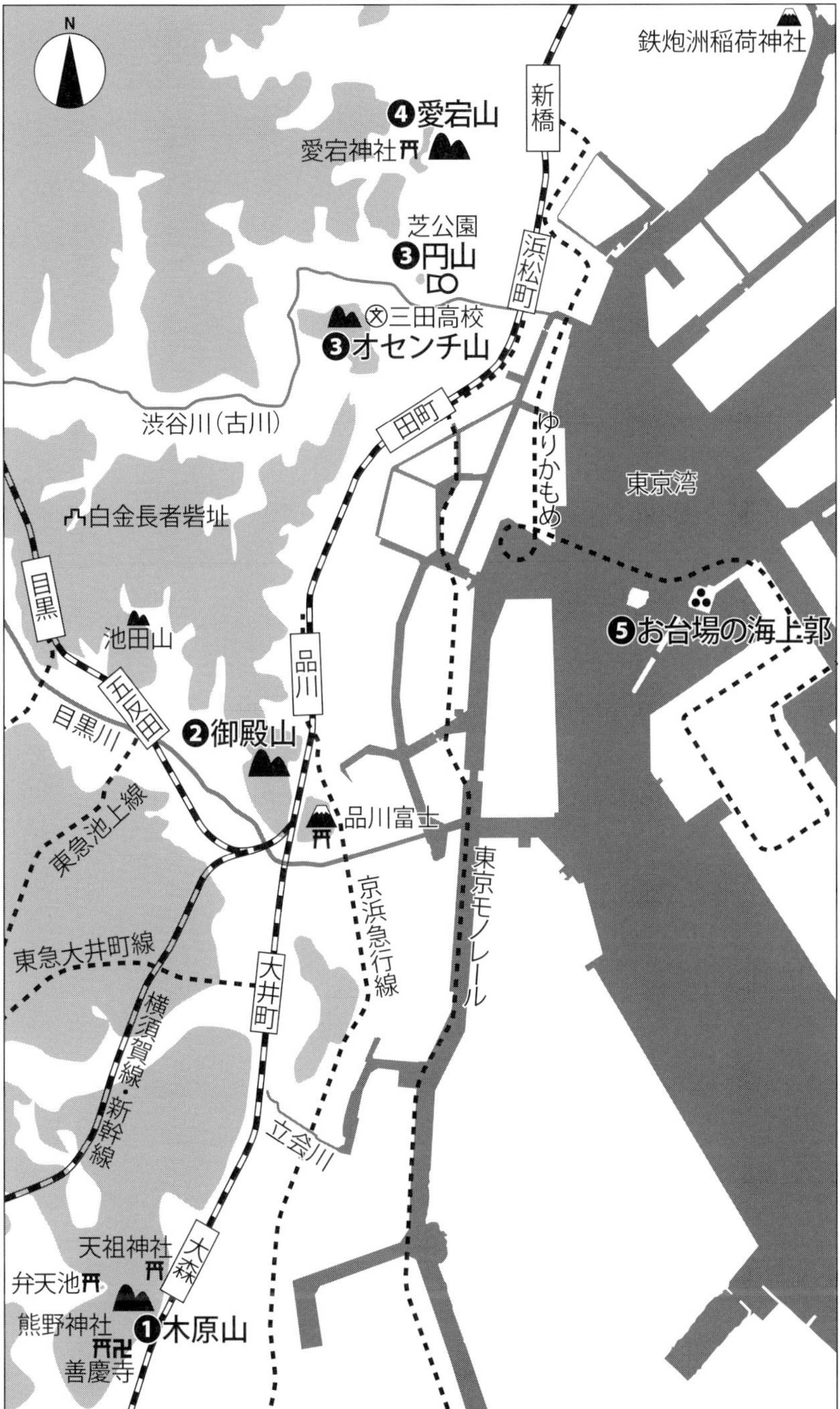

N
鉄炮洲稲荷神社
新橋
❹愛宕山
愛宕神社
芝公園
❸円山
浜松町
三田高校
❸オセンチ山
田町
渋谷川(古川)
ゆりかもめ
東京湾
白金長者砦址
目黒
池田山
品川
❺お台場の海上郭
五反田
目黒川
❷御殿山
東急池上線
品川富士
東京モノレール
京浜急行線
東急大井町線
大井町
横須賀線・新幹線
立会川
天祖神社
大森
弁天池
熊野神社
❶木原山
善慶寺

大森山王の木原山

木原山山稜は名もない名坂の宝庫

大田区山王二〜四丁目

↑大森駅前・天祖神社の杜

↓『江戸名所図会・巻之二・鎧掛け松』より

↑闇（くらやみ）坂

↑天祖神社脇の坂

大森駅前にあった「鎧掛《よろいか》け松」

JR大森駅西口を出て目の前の池上通の坂が八景《やけい》坂（薬研《やげん》坂）だ。

大森には近江八景になぞらえた八景が、すでに文化十三年（一八一六）にはあった。すなわち笹島夜景、鮫州晴嵐、大森暮雪、羽田帰帆、六郷夕照、大井落雁、袖浦秋月、池上晩鐘である。

それゆえ名付けられた坂というが、坂の浅深カーブがまるで薬研のようだから名付けられたとか（港区赤坂にも同名の坂がある）、八景が転じて薬研になったなどの説がある。

いずれにせよ現在はずいぶんとなだらかで実感が湧かない。しかし池上通を挟んだ大森駅西口の向かいの杜《もり》、天祖神社の四十八段の石段や、その脇の坂道こそが八景坂の名残だという。なるほど見事な坂である。

誰の鎧を掛けたのか

この急坂を登った天祖神社の境内こそ鎧掛け松が生えていた場所だという説がある。そうだとすれば右絵の崖下が大森駅になる。

『江戸名所図会・巻之二・鎧掛け松』には「往古、八幡太郎義家朝臣（源義家）奥州征伐のとき、この松に鎧を懸けられたりといひ伝ふ…この地より望めば、海上眼下にありて美景の地なり」とある。この孫松の切り株が現在も天祖神社に保存されているという。

天祖神社（神明社）の由来では享保年間（一七一六～三四）に土地の有力者が伊勢講を結成し、伊勢出身の徳川家臣が便宜を図り、伊勢皇大神宮（天照大神）を勧請したとある。しかし鎧掛け松の図を見る限りでは茶屋があり、人馬もそこそこ通ってはいるが祠らしきものは見当たらない。

闇坂《くらやみざか》の坂上一帯が木原山

この天祖神社の脇を登る坂の南を平行に登っているが闇坂だ。山王二丁目と三丁目の境を走る。山王公園や大森テニスクラブ一帯が頂上だと思われる。

ここからさらに一本南に平行している路地を下ると厳島《いつくしま》神社の弁天池へ出る。西方向以外は斜面に囲まれている場所だ。この小社は土地の人に小野小町《おののこまち》の宮といわれていたらしいが、湧水で小町が化粧をしたという伝説は各地に残る。今でも少量だが水が出ている。

ここから再び台地に上がって南下すると熊野神社に出る。山稜は熊野神社あたりまで続き、住宅の隙間から時折覗く展望にはハッとさせられる。台地を実感させてくれる十分な高さがある。

この天祖神社境内から熊野神社境内まで直線距離にしてほぼ東西に五百

↗ 闇坂から弁天池へ下りる階段（南方向）
↖ 弁天池の南側にある山王花清水公園内の階段は再び南方向に上がる（ただしこの階段から公園外には出られない）

→木原山山稜からの展望（西方向）
←熊野神社脇の階段からの展望（東南方向）

→熊野神社から善慶寺へ下りる石段
↑善慶寺にある義民六人衆の墓石と慰霊碑群。右端の鳥居は熊野神社のもの

メートルの細長い高台が、かつて木原山とよばれた場所だ。

木原山の由来は江戸城の修築に貢献した大工棟梁で旗本・木原氏の領地だったからで、この辺りは荏原郡《えばらごおり》新井《あらい》(荒藺《あらい》)宿《じゅく》村とよばれウサギが多く捕れたらしく、将軍の狩り場だった。

木原氏の菩提寺である桃雲寺は明治に廃寺となったが、現在はかろうじて薬師堂が再建されている。

熊野神社と善慶寺と義民六人衆

熊野神社のすぐ下に善慶寺があり、新井宿村義民六人衆の墓がある。

延宝五年（一六七七）、四代将軍家綱の頃、領主・四代木原兵三郎重弘の苛政に耐えかねた農民は訴状を提出したが黙殺されたため、村の重役六人が将軍に直訴を決意した。しかし決行直前に密告により捕えられ処刑された。二年後に義民の縁故者が両親の墓を建てると偽り、裏に六人の法号を刻んだ墓石を造立した。村人たちと共に密かに供養を続けたが、明治三十四年（一九〇一）はじめて公の知るところとなる。その墓石は今でも残っており、訴状は都指定有形文化財となった。

一方の桃雲寺跡地の薬師堂は、民家をそのまま使用した地域住民の集会所的な場となっており、筆者が訪れたときはバングラデシュの方々との親睦会が催されていた。

境内入口に立つ「仙元大菩薩」の石碑は浅間を仙元と表記しており、上部に富士山、下部にそれを拝む猿が彫られ、全体は亀の背に乗った仏教風のデザインで、神仏習合の珍しい例である。

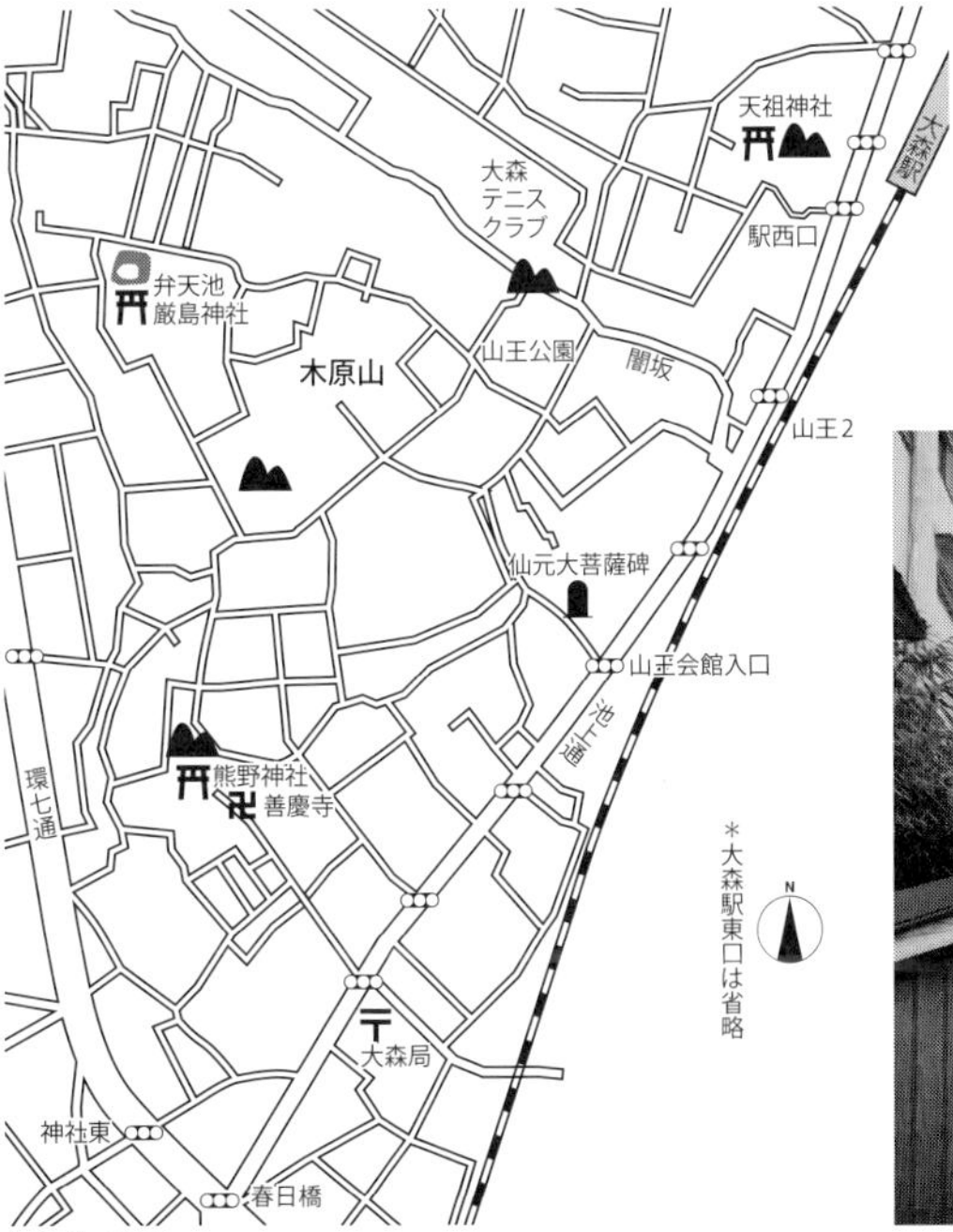

左右約 850m

御殿山と品川牛頭天王社

埋め立てや鉄道工事のため削られ、大富豪に買い占められた江戸っ子の名所

港区高輪四丁目／品川区北品川三〜四丁目

↑八ツ山橋周辺から見た三菱地所の「開東閣」。ここも御殿山の一部だったといわれるが、今は許可なく立ち入ることはできない

←品川駅から望む八ツ山橋。御殿山の面影は全くない

ゴジラ上陸の地

現在の八ツ山橋は箱根駅伝のコースとして有名だが、映画の中でゴジラが上陸した地でもある。八ツ山の由来は、●付近の海岸に八ツの突き出した州（岬）があった。●八ツの立派な屋敷があった。●谷山《やつやま》村が転化した。などの説がある。特に山があったわけではなさそうだ。

しかしここには太田道灌の父・道真居住の旧址といわれた御殿山という立派な山があった。その後、三代将軍家光が一般に開放し、四代家綱が桜を植えたという。ところが幕末から明治、昭和にかけての大規模な土木工事で山は削られ、消滅してしまった。

↑森トラストが管理する御殿山庭園。人工的だが現代風の御殿山がうまく再現されている

↑『江戸名所図会・巻之二・御殿山看花』部分

それまでは花見の名所として江戸庶民の娯楽の地であった。しかし、花見だけが人気の理由ではない。品川には飯盛女《めしもりおんな》と称する宿場女郎が天保期（一八三〇〜四三）でおよそ千五百人もいたという。つまり黙認された大歓楽街でもあったのだ。

『江戸名所図会・巻之二・御殿山』には「このところは海に臨める丘山にして、数千歩の芝生《おい》たり。ことさら、寛文（一六六一〜七三）の頃、和州吉野山の桜の苗を植ゑさせたまひ、春時爛漫《らんまん》として、もっとも壮観たり。弥生の花盛りには、雲とまがひ雪と乱れて、花の香は遠く浦風に吹き送りて、磯菜摘む海女の袂《たもと》を襲ふ。樽の前に、酔ひを進むる春風は、枝を鳴らさず、鶯《うぐいす》の囀《さえず》りも、太平を奏するに似たり」とベタ褒めだ。ところが実態は「さくら数千株ところところに繁茂し…或は立

↑『江戸名所図会・巻之二・品川牛頭天王社神輿洗ひの図』部分

ち枯れし又は風折れして、山の掃除も隅々までは行き届かず…惣体《そうたい》不掃除にして汚穢《おわい》といふべし」とは『遊暦雑記』の描写である。まあ、見方によってどちらも正しい情景だったのだろう。

　この江戸の玄関口であり、江戸庶民娯楽の地は幕末のペリー艦隊来航によって運命を変える。嘉永六年（一八五三）品川沖に台場を造るため御殿山の南側が削られた。

　開国されると、この地は各国の公使館建設地となる。しかしその決定には武士階級や庶民はもちろん、一部の役人も猛反対した。その結果、文久二年（一八六二）、高杉晋作らの長州過激派によって、まだ大使が入館する前の英国大使館が焼打ちされた。火薬で爆破された現場には武器などと共に遊女の恋文が落ちていたという、いかにも幕末というか品川らしい逸話が残る。

　さらに明治五年（一八七二）新橋・横浜間の鉄道が開設されるにあたって山の東部を南北に削られ、山はほぼ壊滅した。同時にこの地は政治家、大富豪によって買い占められ、私的な超高級住宅地に変貌してしまった。

　そして現在見られるような姿になったのは新幹線が開通してからだ。

御殿山最後の砦・芳葉岡《よしばがおか》の品川神社

　この山の南に連なって権現山があったというが、鉄道開通のため御殿山と分断され、今は小さな公園がその名を残すのみだ。

　しかし最後の砦となったのは権現山から百数十メートル東に聳える芳葉岡の品川神社である。ただし『江戸名所図会・巻之二・御殿山』には牛頭《ごず》天王社として出ている。牛頭天王《てんのう》とは須佐之男命《すさのおのみこと》のことで除疫神だから祇園

品川富士からの展望は、数ある富士塚の中でも屈指の迫力だ。かつては雄大な海を眼下にしていたのだろう。現在は箱根駅伝の応援スポットとしても人気が高い。正面は京急本線の高架

祭のように盛大な祭りを行なった。かつては神輿が海中まで繰り出していたようだ。由緒によると徳川家康がこの神社に先勝を祈願したというが、実際は明治まで徳川家の尊崇を受けた江戸屈指の大寺・東海寺の鎮守格だった。

　しかし何といってもこの神社の最大の魅力は品川富士だ。明治初期の築造だが、第一京浜国道建設のため現在地に移されたのは大正十一年（一九二二）である。品川神社境内への階段の中程に登山口があり、一合目から上の斜度はキツイが非常にがっしりした造りなので安心して登れる。山頂は平坦で広い。東側（海側）への展望が開けており、富士塚としては京急本線の高架を下に見るほど高い。

　一帯は江戸時代から浅間台ともよばれていたようで、富士講ができる前から富士山信仰が盛んな地であったという。つまりここからは最近見なくなった銭湯の壁画のような景色が楽しめたのだろう。御殿山での少々鬱積気味な気分が吹き飛ぶ爽快さである。

左右約450m

円山《まるやま》とオセンチ山

都区内最大の前方後円墳と学園内の小塚

港区芝公園四丁目／三田一丁目

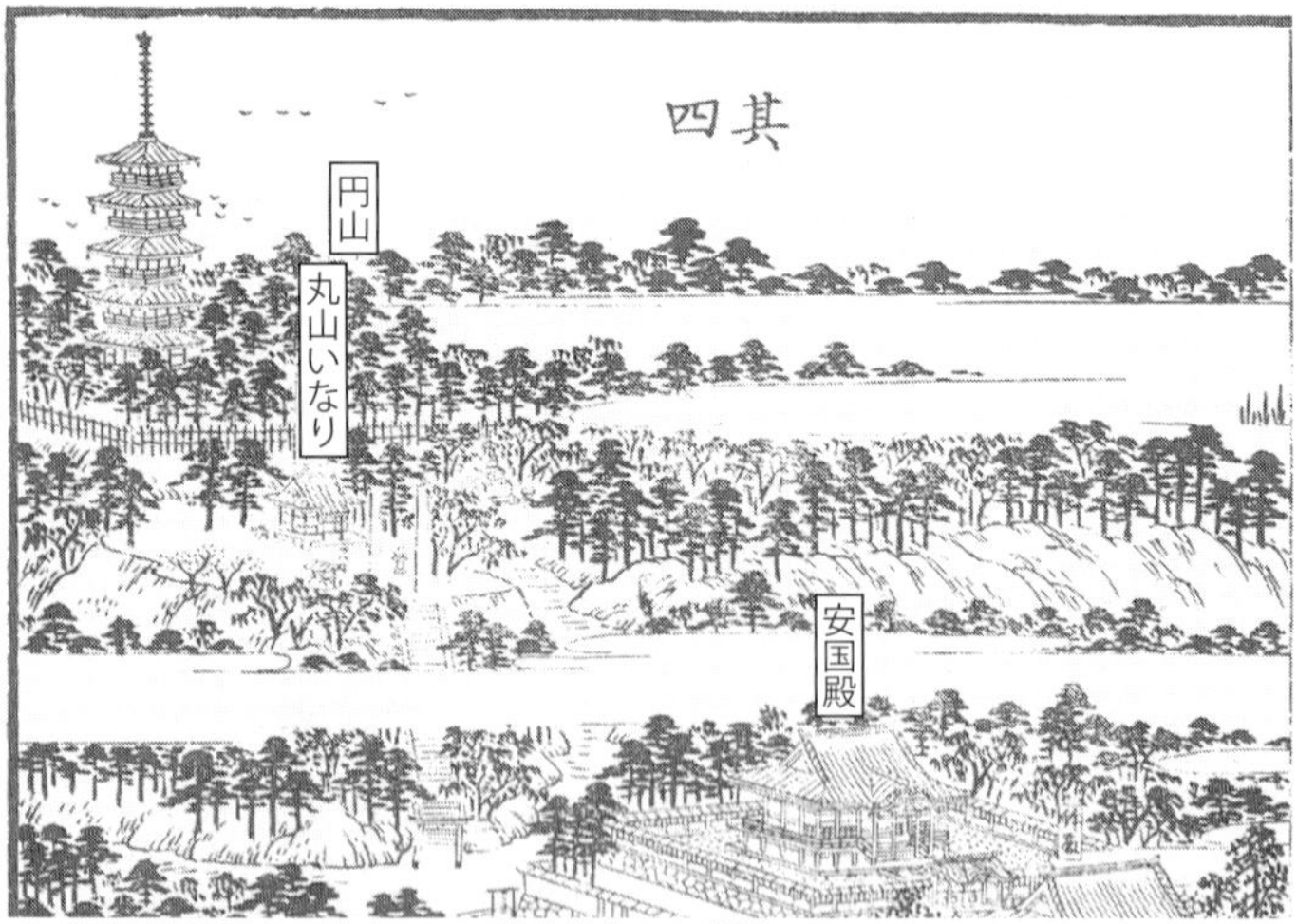

↑『江戸名所図会・巻之一・三縁山増上寺』部分

←円山頂上から北方面へ降りる長くくねった階段。見下ろすとかなり迫力がある

増上寺の円山《まるやま》

現在、芝丸山古墳といわれる小山は『江戸名所図会・巻之一・三縁山増上寺』では円山となっており、驚くべきことに山内の蒼林の中に五層の塔が立ち（現在はパークタワーが立つ）、頂上とおぼしき円形の平地には丸山いなりがある。また、明治十九年製版の『陸地測量部・二万分の一地図』では子丸山となっている。火災や震災、戦災で周囲の様子は大きく変化してもお山は不動である。

　坪井正五郎博士によってこの丘が全長百六～百二十五メートル、後円部径六十四メートルの前方後円墳であると判明したのは明治二十六年（一八九三）で、当時、周囲には十基以上の円墳があったという。

　すでに江戸時代から後円部の頂上は削られて広場となっており、その時の調査で遺体や副葬品などは出てこなかった。土器類の欠片などは出たようだが、周囲の円墳のものの可能性もあり、したがって丸山古墳の築造年代ははっきりしない。推測では四世紀後半～五世紀のものとされ、規模から後述する多摩川台古墳群の主と同族の南武蔵有数の首長の墓だと考えられている。

　東南斜面には貝塚の層があり、東のくびれ部には丸山随身稲荷がある。前方部に立つ虎の像と頂上にある伊能忠敬の碑には少々違和感を感じてしまうが、筆者の興味が古墳・お山に突出しているせいかもしれない。

　後円部斜面下には今でも蛇が棲息するという蛇塚があるが、特に碑などが建っている訳ではない。公園の管理をされている方に伺ったところ、つい最近も一メートルは優に越す青大将が出たということである。

　一般に古墳といえば稲荷祠と神霊（古墳の場合は死霊）の御使《み》いとされるお狐さまの巣穴がつきものだが、このような都会のド真ん中で蛇が古墳の守護神となっているとは、じつに古典的でスバラしい。

都立三田高校のオセンチ山

校庭の片隅にこのような山があったら学園生活もさぞ楽しかろう。小さいけれど植物観察もできそうだ。だいいち「オセンチ」という名が目一杯青春している。卒業生は社会に出た後もこの山を懐かしく想い出すという。

　木陰の石段を登るとあっという間に頂上だが、そこには向かい合わせにベンチが並んでいる。

　もともと径十数メートルの円墳だったという説もあるが、江戸時代、この場所は久留米藩有馬家の大名屋敷の一

オセンチ山頂上から校庭を望む

オセンチ山全貌

若者たちのお喋りが聞こえてきそうな頂上のベンチ

画だった。だから、仮に古墳だったとしても当時はそれを再利用した築山だった。

ちなみに、かつての広い庭園内には有馬公が領地久留米筑後川の水神（河童）だった水天宮を勧請して分社を建てていた。赤羽橋の架かる古川（渋谷川）を故郷の川に見立てたのかもしれない。それが現在、安産の神として信仰を集める、日本橋蛎殻《かきがら》町に移った水天宮である。

明治にこの地は海軍の兵器製造所となり、大正十二年（一九二三）に高等女学校となり、男女共学の都立三田高校となったのは昭和二十五年（一九五〇）である。

そのような変遷の中で築山の一部が奇跡的に残されたのだ。そこで若者たちがお喋りをしたり物思いに耽る姿を想像するだけでも楽しい。この山で祈ると、どんな願い事でも叶うという生徒たちの噂も、古代の古墳だというロマンめいた言い伝えや、オセンチ山という名のなせるところだろう。

当然だが校内には無断で立ち入れないので、見学を希望の場合は「東京都立三田高等学校」までお問い合わせいただきたい。

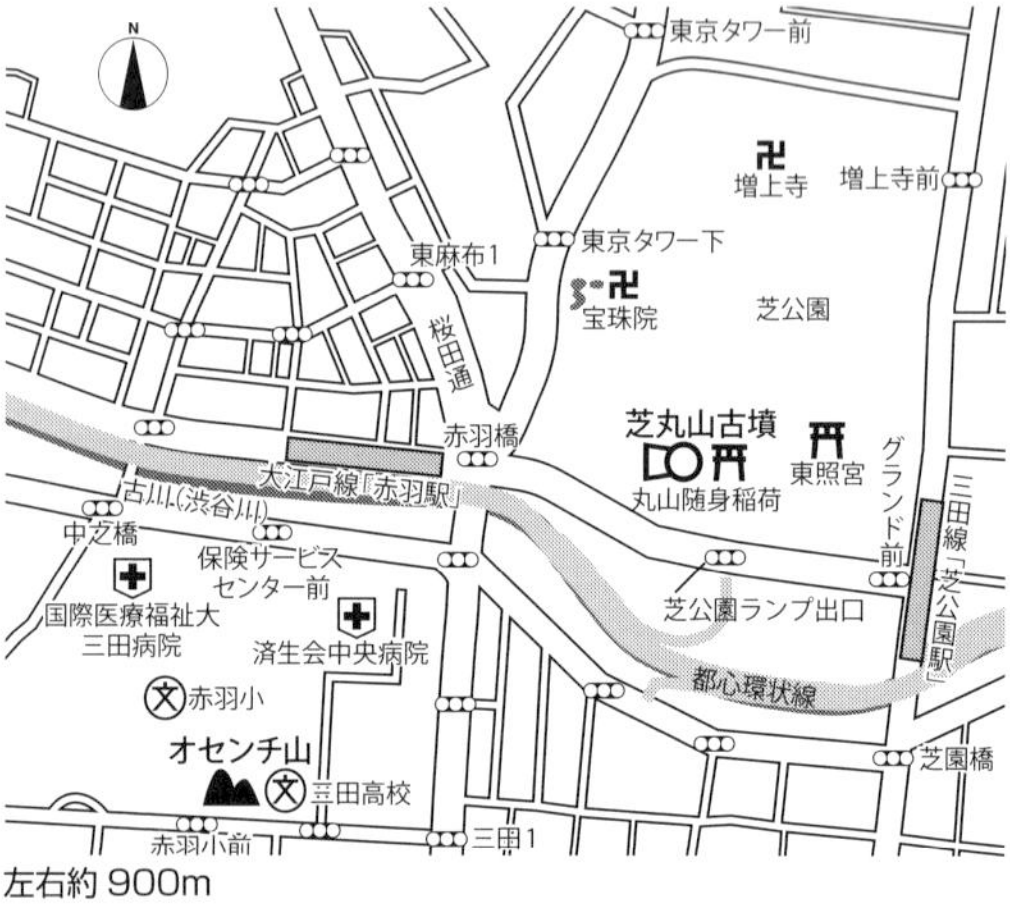

左右約 900m

愛宕山《あたごやま》

都区内で一番高い天然の山に祀られている神さまとは？

港区愛宕一丁目

海抜二十六メートル

　これが東京都区内独立峰としての最高峰である。台地ではない。

　『江戸名所図会・巻之一・愛宕山権現社』には「そもそも、当山は懸岸壁立《けんがんへきりゅう》して空を凌《しの》ぎ、六十八級の石階は、畳々として雲を挿《さしはさ》むがごとく聳然《しゅうぜん》たり。山頂は松柏鬱茂《うつも》し、夏日といへども、ここに登れば、涼風凛々として、さながら炎暑をわする」とある。

　なんとも豪快で風通しが良さそうな情景が目に浮かぶ。もちろん地方の寺社にはこれをはるかに凌ぐ石段はいくらでもある。しかし当時の江戸っ子にとっては、ここが最高度地点であり、入場無料の大展望台だったのだ。

←『太陽コレクション・かわら版 新聞 江戸明治三百事件Ⅱ 黒船来航から』平凡社／昭和53年（1978）／96Pに紹介された臼杵藩士雄島勝吉の記事を書いた瓦版（早稲田大学演劇博物館蔵）。この武士が後に曲垣平九郎のモデルとなったと思われる

←奥　愛宕山頂の茶店前に立つ記念写真用のパネル。馬の顔にも穴が開いていて楽しい。無血開城を記念した西郷隆盛と勝海舟のパネルもあった

愛宕山は時代の転換期ごとに顔を出す。安政七年（一八六〇）に水戸浪士が桜田門外で井伊直弼を討つ前に集結した場所だし、幕末に勝海舟と西郷隆盛が山上から江戸の町を見渡し「戦火で焼失させるには忍びない」と、無血開城を決意した場所でもある。大正十四年（一九二五）にはこの山頂からＮＨＫのラジオ放送が始まった。

しかし一番人気は、ここの石段を馬で上下した豪傑の逸話かも知れない。その男は高松藩士・曲垣《まがき》平九郎《へいくろう》という人物で、徳川家光から「日本一の馬術名人」と讃えられたゆえ、この男坂は出世の石段とよばれるようになったと伝えられている。しかもその時、平九郎が手折った梅の老木が将軍梅と名付けられて生き残っている。

ところがこれほど有名な話にもかかわらず『江戸名所図会』には記載されていない。なぜなら平九郎は講談『寛永三馬術』の登場人物だからだ。

しかしモデルとなった人物は実在したらしく、安政元年（一八五四）豊後臼杵藩の馬役・雄島勝吉が名馬三春に乗ってこの階段を上下したという瓦版が残っている。その後も明治以降数名が挑戦し、達成している。

現在は神仏より石段が有名だが

山頂に鎮座する愛宕神社の主祭神はホムスビ（ホノカグツチ）である。母のイザナミを焼き殺して産まれた火の神だ。荒ぶる神だが祀りようによって火防の神となる。火災保険といってはミもフタもないが、一緒にミズハノメという水の神も祀っている。じつはこの神社は愛宕山円福寺という新義真言宗の寺であったから他にも多くの習合神仏が混在しているのである。

→勝軍地蔵（愛宕権現）。甲冑を纏い騎乗した姿だが、一般に知られる地蔵菩薩と同じ錫杖と宝珠を持つ。庶民からは火伏の神として信仰され、愛宕太郎坊天狗とも同一視されている。『新修日本佛像図説』木村小舟著／日本佛像図説刊行会より転載

↑芝愛宕神社の盗難除け札には天狗の羽団扇が描かれている
←撫でると福が身に付くという「招き石」

現在、本殿祭壇前には三葉葵《あおい》紋付の幕が下がっている。これは徳川家康が慶長八年（一六〇三）に関ヶ原の戦勝を記念して、ここに戦神《いくさがみ》の勝軍《しょうぐん》地蔵《じぞう》の仮殿を建てたことに由来する。この時に愛宕の名が付けられたものと思われる。相殿には地主《じしゅ》神（もともとその土地を支配する神）で、やはり戦神の毘沙門天が祀られた。

愛宕山の本源は京都嵯峨野の北西に聳える九百二十四メートルの山だ。しかし愛宕山は全国にある。理由は修験者がその山に愛宕権現を祀ったからである。本地《ほんじ》（本体）は勝軍《しょうぐん》地蔵と考えられており、京都の愛宕山に棲む愛宕太郎坊という日本一の天狗とも同一視されている。一般に天狗は鬼神（妖怪）と考えられていたが、山岳修験においては聖山の守護神とされた。

地蔵菩薩は地獄の救い神だが勝軍地蔵は戦場での窮地を救ってくれる神として武家の信仰を集めた。また、天狗は火を自由に操れるという信仰から、愛宕権現は秋葉権現（三尺坊天狗）などと同様に火防の神として庶民の信仰を集め、それゆえ愛宕山は貴賤の参拝が許された山だったのである。

ご本尊が五番手の祭神に降格

さて、明治政府が神仏分離令を発すると愛宕権現社は純粋な神社に変身する。そして国家神道を国教とする政府から見れば、あまり素性のよろしくない天狗を、同じ火の神で記紀に登場するエリート神のホムスビに差し替え、仏神である勝軍地蔵を本尊から外した。

愛宕神社では現在も勝軍地蔵を祭神としてはいるが、五番目の祭神である。また、境内末社には太郎坊神社もある。しかし太郎坊神社の祭神は天狗顔の猿

『江戸名所図会・巻之一・愛宕権現社』に描かれた強飯式の様子（部分）

田彦神となっており、太郎坊は天狗ではないことになっている。

現在でもこのように多くの神社が国家神道の影響下から脱せないまま、あくまでも記紀に登場する神々を付会《ふかい》（こじつけ）し続けているのは筆者としては残念であり腑甲斐《ふがい》無く感じる。

筆者が社務所に太郎坊関係のものを求めたところ「今はこれしかありませんがよろしければ…」と出されたのは天狗の団扇《うちわ》が描かれている盗賊除のおふだであった。撫でると福を招くという招き石なども参拝者を喜ばせるサービスとして悪くはないが、せめて火防のおふだを出すなりして愛宕太郎坊天狗の尊格を復活させていただきたい。

異形の毘沙門天使者

愛宕権現では江戸時代、毎年正月三日に山頂の本社から石階の下の別当寺（神仏習合説に基づいて神社に設けられた寺院のこと）の円福寺へ毘沙門天の使いが訪れて強飯式《ごうはんじき》（神から賜る御供《ごくう》として大椀に飯を山盛りにして無理に食べさせる儀式）をおこなっていた。

儀式といってもユーモラスなもので、使者の役は女坂の上にある愛宕屋という茶屋の主人が務めることになっていた。その様子は、麻の裃《かみしも》を着け、橙《だいだい》、ゆずり葉、裏白、昆布など初春の飾り物でできた兜《かぶと》を被り、腰には長い刀と擂粉木《すりこぎ》を差し、大杓文字《しゃもじ》を持っていた。用意された俎板《まないた》を大杓文字で三回突き鳴らして頂戴人（食べさせられる側）に口上《こうじょう》を述べる。

『江戸名所図会』を見ると頂戴人は円福寺や支院の僧侶たちのようだ。使者が「まかり出でたる者は、毘沙門天の御使い。新参は九杯、古参は七杯お飲みやれ。お飲みやれ。返答はいかに」

愛宕山出・世の石段を見下ろす

毘沙門天の使者
広重作『名所江戸百景』

という意の口上を述べると、随員の一人が「仰せの通り残さずにいただきます」という承諾の意を伝える。すると使者は「しからばまかり帰るで御座ある」といってあっさりと踵《きびす》を返し本殿へ立ち帰るのである。浮世絵の題材にもなるほどの人気儀式だったようだ。

幕末におふだを降らせた犯人は

幕末の大衆的狂乱を象徴する事象として「ええじゃないか（伊勢のお札事件）」がある。慶応三年（一八六七）の夏に東海地方で発生、翌年春には近畿・四国・信州方面まで広がった。空から伊勢神宮などの神符が降った。そしてそれを手にした者が「ええじゃないか、ええじゃないか」と叫びながら集団で乱舞狂躁したのである。これは「何事もどうでもいいじゃないか」という庶民の世直し願望でもあり、底深い社会不安の現れであった。

この混乱は尊王攘夷派が人心の不安に付け込んで演出したともいわれている。もちろん神符は江戸でも降った。その日は大嵐だったにもかかわらず、愛宕山の山頂には薩摩藩の密偵・益満《ますみつ》休《きゅう》之《の》助《すけ》と西郷隆盛がいたという。

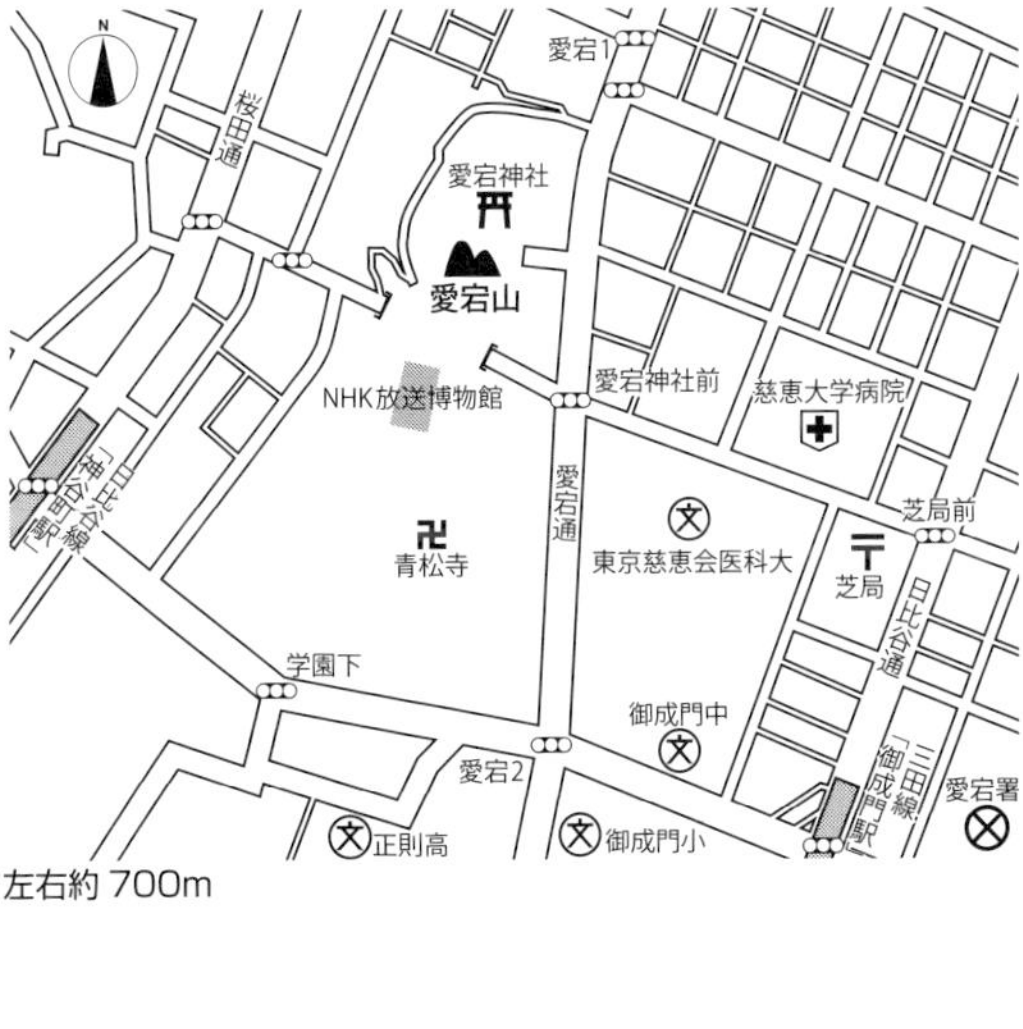

左右約 700m

お台場の海上郭

江戸幕府屈指の先覚者・江川担庵が築いた砲台

港区台場一丁目

お台場の基礎は木の杭

お台場とは鎖国していた江戸幕府が外国船の攻撃から江戸を護るため、海中や岸に築いた砲台のことだ。

日本近海にたびたび現れるようになった外国船に対し、いち早く、しかも何度も幕府に海防建議書を提出していたのが伊豆韮山《にらやま》の代官・江川担庵《たんなん》（江川太郎左衛門英龍《ひでたつ》）である。

それまで鎖国の温室内でぬくぬくとうたた寝していた江戸幕府は、嘉永六年（一八五三）六月、ペリーが来航すると、黒船の脅威に対し江戸城と江戸市街が全く無防備なことにようやく気付く。そこで大慌てで江川に台場の設計と築造を任じた。さっそく八月から着工、安政元年五〜十一月の間に予定九基のうち、六基が完成したが結局、残りは未完成または未着工のままに終わっている。

この人工島は、海底を埋め立て小さな島を築くことから始まり、その周囲を埋め立てながら直径十五〜二十センチ、長さ五メートルほどの杭を等間隔に打ち込みその上に木枠を井桁に組み込み、その間に小石や土砂を詰め込んで基礎を完成させ、この基礎の上に石垣を築くという工法で造られている。

つまり旧丸ビルや東京駅の解体時に発見された百年前の松杭と同じだ。

ここの歴史は約百六十年になるが、配備された大砲が黒船に向けて火を噴くことはなかった。ただ、第二次大戦中には首都防衛のための高射砲が設置されている。内側に残るコンクリート建造物の痕跡はこの時のものである。

風の強い日には寂しげに見えるお台場だが、私たちを護るために築かれた島だという歴史を忘れてはならない。一辺わずか百七十二メートルの正方形といえ、そこに立つと想像以上に広い。

江川担庵公の写真

↑第三台場砲台の石垣は木の杭が基礎になっている

↑内側はすっかり整備され、野球場のような広さだ

↑伊豆の韮山町から贈られた記念植樹の碑

↑海水か雨水か、薮の中には池まである

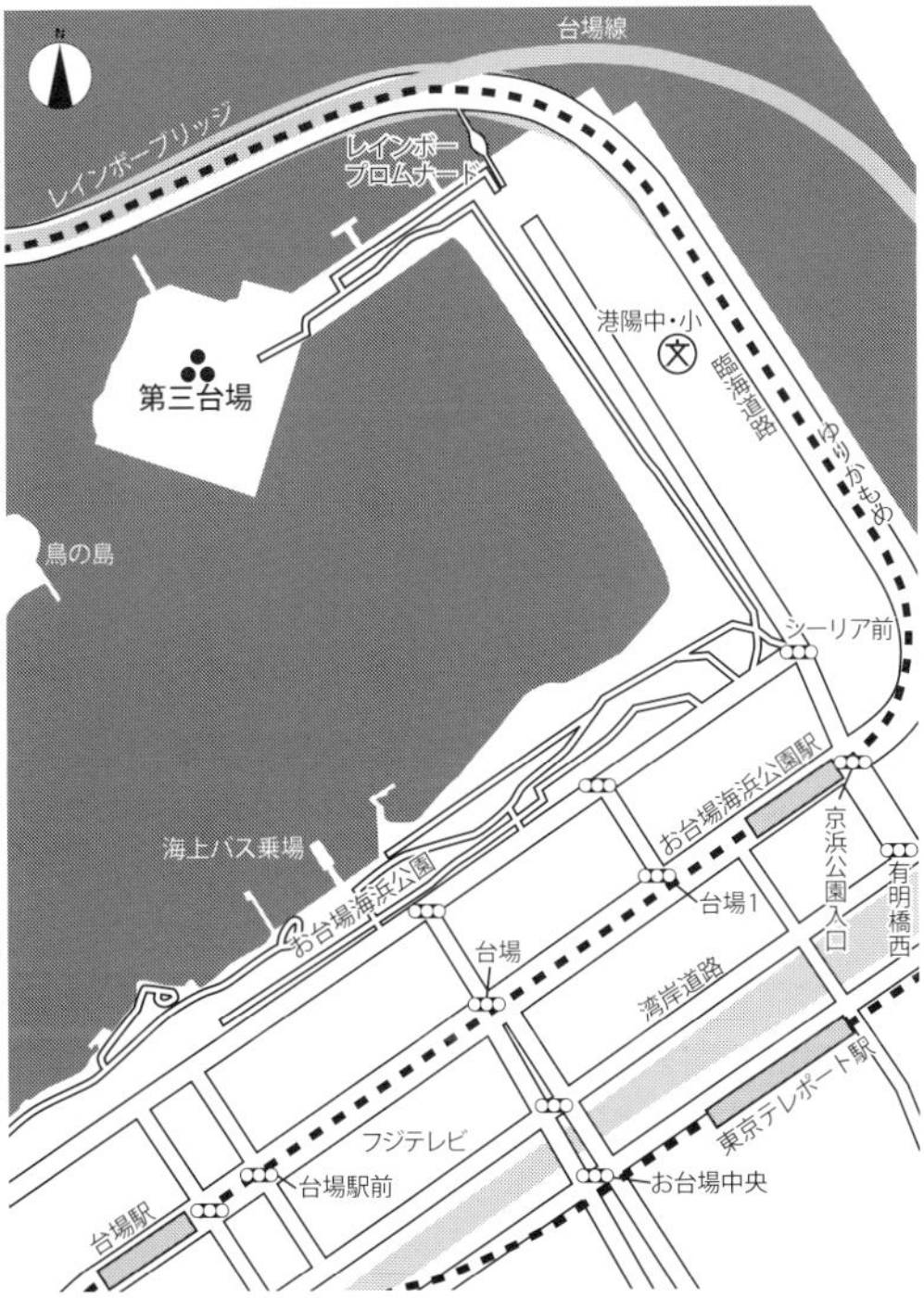

左右約950m

第八章　南江戸山系

❶ 渋谷城址と大口《おおぐち》真神《まがみ》

❷ 桜丘・鉢山・西郷山

❸ 猿楽塚古墳（去我苦塚）

❹ 目黒の元富士と新富士

❺ 白金台と池田山

❻ 大岡山と鉄飛坂

❼ 瀬田城址の展望

❽ 世田谷城主と常盤姫

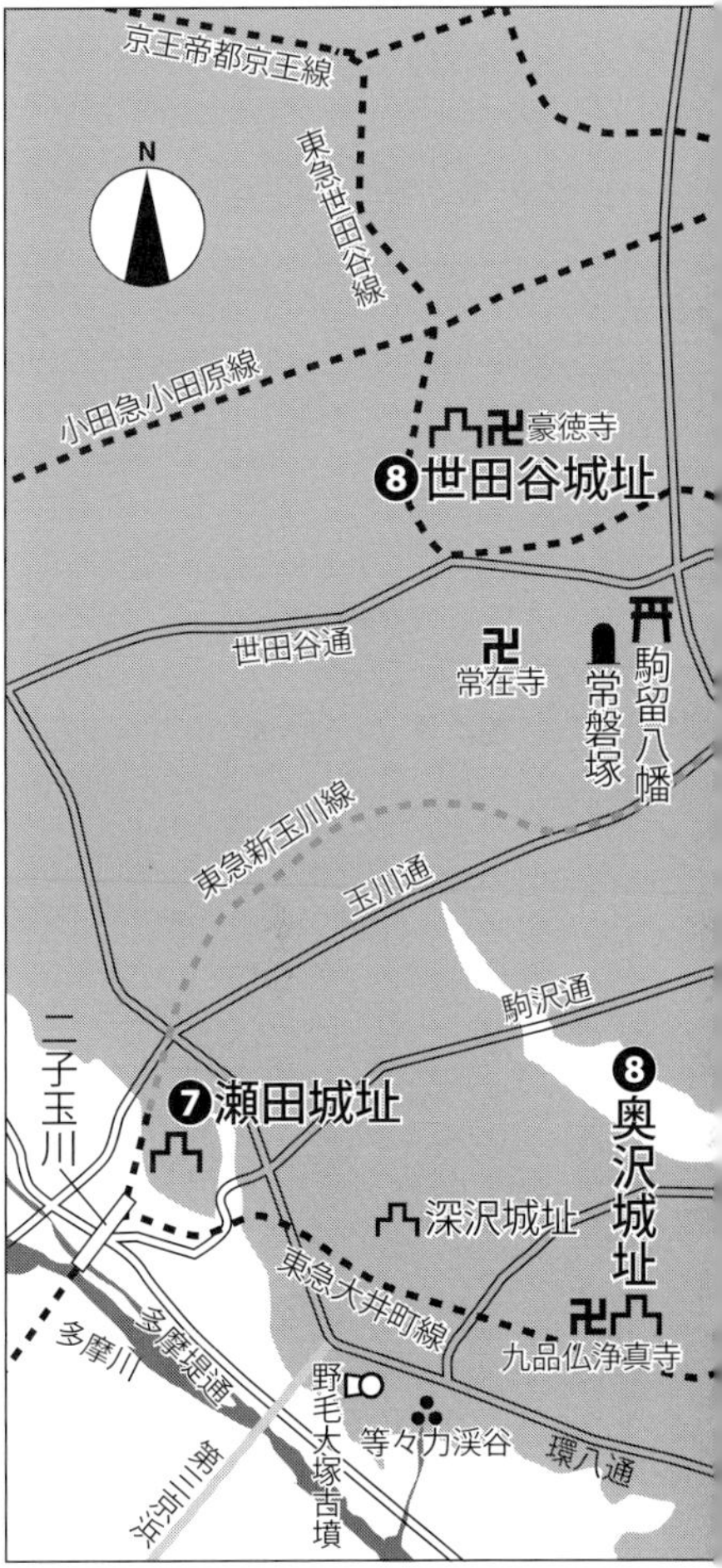

第八章は、お江戸の南部。渋谷区、目黒区、世田谷区一帯を巡る。

❶❷は若者の街として人気の高い渋谷駅周辺。渋谷川に削られた舌状台地の深い谷と山には思いがけない魅力が。

❸❹は目黒川の斜面を利用して築かれた富士塚と古墳。その埋もれかけた歴史を探った。

❺は渋谷川と目黒川に挟まれた台地上の公園。共に斜面に囲まれた谷底に池を持つ。白金長者の館跡（国立自然教育園）には土塁が残っている。

❻は呑川《のみがわ》が削った谷の東斜面。呑川の暗渠（遊歩道）から見上げると大岡山の地名に納得がいく。

❼は国分寺崖線上の城址。多摩川こそ見えないが昔から名勝で知られる。

❽は名門吉良氏が支配した世田谷城と奥沢城。二つの城を結ぶライン上には常盤姫の悲話と伝説が残る。

渋谷城址と大口真神《おおぐちまがみ》

渋谷には、若者の街を見下ろす城址と狼を祀る神社がある

渋谷区渋谷一・三丁目

↑渋谷城の復元想像図。当時の城には石垣などなく、館の周囲に柵や堀、土塁などを廻らしただけの砦であった。右の独立した郭は、現在の豊栄稲荷社か
＊区政 70 周年記念『図説 渋谷区史』（渋谷区）より転載

↓渋谷城の「砦の石」。大永4年（1524）北条氏と上杉氏の合戦で和田義盛に付いた渋谷氏は北条軍により城を焼き払われた

金王《こんのう》八幡宮は渋谷城だった

渋谷駅東口の地下には渋谷川が流れていて、渋谷警察署の前あたりで地上に出る。最初に架かる橋が金王橋、続いて八幡橋。並木橋まで下ると八幡通りが横切る。この道を北上すると金王神社前の信号があり、さらに進むと六本木通りに出る。これを左折すると渋谷駅に戻る。この三角地帯が渋谷城だ。

城といっても復元想像図などを見ると鎌倉時代の渋谷一族の館址《やかたあと》といった方が良い。主郭は現在の金王八幡宮の場所と考えられている。境内には砦の石がかろうじて一つだけ残っている。

この付近には少なくとも江戸時代享保年間（一七一六〜三五）までは馬場・的場・築地跡などが残っていたという。また、渋谷警察署あたりは堀之内という地名だったことからも、渋谷川を天然の堀として利用していたことがわかる。八幡通りは黒鍬《くろくわ》谷とよばれていたから、当然この地形も天然の要害に適したと思われる。

渋谷氏とは平安後期より関東一円に勢力を伸ばした豪族集団・武蔵七党や坂東八平氏の一つ、秩父党の流れである。後に江戸に進出した葛西氏（豊島氏）や、最初に江戸城を築いた江戸太郎の江戸氏もルーツは同じだ。

初めて渋谷姓を名乗ったのは平安後期、源義家《よしいえ》に従って京都にいた河崎重《しげ》家《いえ》といわれる。御所に侵入した渋谷権

↑金王丸の絵馬

→『江戸名所図会・巻之三・金王麿産湯の水（部分）』堀の内（現在の渋谷警察近辺）にあった古井戸の一つ。「この辺りすべて渋谷氏居館の地にして、土人（土地の者）城跡と称す。馬場の形、築地《ついじ》の跡など在せり」とある

介盛国という賊を捉えたので堀川院から渋谷の名を賜ったというが、手柄を立てた者に賊の名を与えることなどあるのだろうか。いずれにせよ渋谷の地名に関しては人の名が先か、地名が先か諸説ある。その頃この谷は塩谷の里とか谷盛庄などとよばれていた。塩の味が渋になったことはありえるか…。

渋谷金王丸の伝説

この渋谷氏から出た豪傑が金王丸常光《つねみつ》（金王麿）で、これが神社の名や青山通りの坂名になっている。系図上の誰に比定されるか、これも諸説あるが実在した人物らしく、一般には重家の孫とされる。父の重国《しげくに》には子がなかったため金剛夜叉王に祈願したところ子を授かったので金王丸と名付けた。十九歳で源義朝《みなもとのよしとも》に仕え保元の乱（一一五六）で大功を立てるが、平治の乱（一一五九）で敗れ、東国へ下る途中、主《あるじ》・義朝は謀殺される。『江戸名所図会』ではその時の様子を「金王麿くちをしく思ひ走り廻り、むかふ者どもをきりふせて、その後都に登り、義朝の妾常盤《ときわ》がもとに参り、そのありさまをかたりて後、義朝の跡をとぶらひまゐらせんがため、出家して諸国を修行し、その終はるところをしらずとなり」とある。彼の刀は毒蛇長刀とよばれ、今も金王八幡宮の宝物である。

その後の金王丸（土佐坊昌俊）について『金王八幡宮参拝の栞』には「頼《より》朝《とも》に義経《よしつね》を討つよう命じられる。それを断ることもできず百騎ばかりを率いて義経の館に討ち入るが、もとより義経を討つ気はなかったのでわざと捕えられ、武将らしい最期を遂げた」とある。いかにも判官びいきが喜びそうな結末に仕立ててある。

→何も知らないとリアルな狛犬にしか見えないが、じつは狼である

←渋谷郵便局の手前にひっそりと立つ御嶽神社の鳥居。主祭神は大和武尊（ヤマトタケル）だが江戸時代の主祭神は蔵王（ザオウ）権現だった

宮益坂のお犬さま

若者で賑わう宮益坂の中程に渋谷郵便局がある。その隣に狼《おおかみ》（山犬）を祀る神社がある。渋谷宮益の町名は『新編武蔵風土記稿』によれば元禄十三年（一七〇〇）「鎮守御嶽社より起こる名なりと云」とある。しかし、宮益坂は『江戸名所図会』では富士見坂と紹介されているし、特に御嶽社の記載もない。絵を見てもずいぶんと寂しそうな坂である。渋谷川に架かる富士見橋を挟んだ道玄坂には山賊が出たとある。

御嶽神社へは渋谷駅から宮益坂を登り、渋谷郵便局の手前にある鳥居をくぐる。階段を登るとビルの谷間にぽっかりとコンクリートの境内が広がる。

本殿の前に狛犬が向き合っているが、これは狼なのである。

本源は青梅市の武蔵御嶽神社で、鹿や猪などの害獣から畑を護ってくれる神、山の神（お犬さま、大口《おおぐち》真《ま》神《がみ》）として信仰されたが、江戸庶民は盗難、火災、狐憑き除けとして狼の神符を求めた。日本の狼は絶滅したといわれるが、今でも奥秩父などに生存していると信じる人もいる。

左右約600m

桜丘・鉢山・西郷山

渋谷は山と坂だらけの凸凹地帯

渋谷区桜丘町、鉢山町／目黒区青葉台二丁目

↑鶯谷から桜丘へ上る坂
→桜丘頂上より渋谷駅へ下る坂

渋谷川と目黒川に挟まれた山と谷

渋谷駅の南側は桜丘《さくらがおか》にはじまって南平台、鶯《うぐいす》谷、代官山、鉢山、青葉台と高低を表す地名がずらりと連なる。渋谷のすぐ南に聳えるのは桜丘だ。

昭和三年（一九二八）に名付けられた地名だが、当時は桜の木が多かったという。駅から見て正面の坂は立派な桜並木だが、数年前までは柳並木だった。丘の頂上には超高層のインフォスタワーが聳え立つ。ビルの下には哲学の森となづけられた小さな公園があり、野良猫がたむろする。

そのまま直進南下すると鶯谷だから、桜丘は都内では珍しい独立峰といってもよいほどの山なのだと実感できる。

桜丘町と鶯谷町の境を西に進むと、鉢山町に出る。『新編武蔵風土記稿・巻之十・豊島郡之二・中渋谷村』には「【江戸砂子】に法道仙人の鉢、此所に飛来し故に斯《この》名つくとあれど、土人は絶へて傳《つた》へず」とある。つまり仙人が托鉢の鉢を（験力で）投げたところ、この山まで飛んできたという伝説があったらしいが、土地の者は誰も覚えていない、ということだ。鉢を思うままに飛ばすことは仙人の基本技である。

この鉢山町の先を旧山手通りが横切っており、ここが鉢山の最高地点になるようだ。道を渡ると目黒区で、そのまま西郷山公園の入口である。

つまりここでは一つの山を旧山手通

↑西郷山頂上のダイナミックな展望。確実にお山の大将気分に浸れる

→西郷山の滝は人工だが20メートルもの落差があり、渓谷のムードが漂う

←西郷山と菅刈公園の周辺にはデジャビュ感たっぷりの一画がある

りが分断しているわけで、渋谷区側が鉢山、目黒区側が西郷山とよばれていることになる。西郷山と西隣の菅刈公園を越えると目黒川に出る。

西郷山公園と菅刈《すげかり》公園

江戸時代は豊後・岡藩の回遊式大名庭園だったが、明治七年（一八七四）軍人政治家の西郷従道が購入。彼は西郷隆盛の弟である。その前年に征韓論政変に敗れ下野した兄の再起の場とする目論みがあったといわれる。

しかし兄・隆盛は西南戦争にも敗れて自刃したため、従道はこの山を自らの別邸とした。フランス人の手になる洋館や書院造りの和館、池を中心とした庭園が設けられたので、人々はこの山を西郷山とよぶようになる。明治二十二年（一八八九）には明治天皇の行幸がおこなわれるほどであった。

西郷山が開園したのは昭和五十六年（一九八一）だが、すぐ西隣の菅刈公園は平成十三年（二〇〇一）と、つい最近で、共に旧西郷邸の跡地である。

旧山手通りから二つの公園を巡ると、ここが目黒川に下る斜面であることがよくわかる。公園内の滝や池は人工だが、まさに超一級の庭園だったのだ。

左右約1000m

猿楽塚古墳（去我苦塚）

憂悲苦情を晴らしてくれる六～七世紀・古墳時代末期の円墳

渋谷区猿楽町

地名の由来となった猿楽塚

わずか五メートルの塚だ。目黒川までは三百メートルほどの距離である。『新編武蔵風土記稿・巻之四十七』には、源頼朝がここで猿楽を催し、その道具を埋めたとか、ここに登れば富士、筑波、房総の山々が見渡せたので気も晴れ晴れとするため去我苦《さるがく》塚とよばれたともある。ゆえに斥候《ものみ》塚ともいった。

『江戸名所図会・巻之三』には去我苦の由来を「昔渋谷長者某《それがし》、この辺の人民を語らひ、ときとしてこの塚の辺《わき》にて酒宴を催し、歓楽せしにより、苦を去るのいはれなりといふ」とある。この人物こそ金王丸（p141）ではないか、とは『新編武蔵風土記稿』の推察だ。

この周辺には塚・古墳が相当数あって、この塚も南北に並ぶ二基の古墳の一つだった。死者を埋葬した墳墓であるから、かつては祟りの話もあったようだが、塚の主もここまで大事に保存され祀られては去我苦の心地だろう。

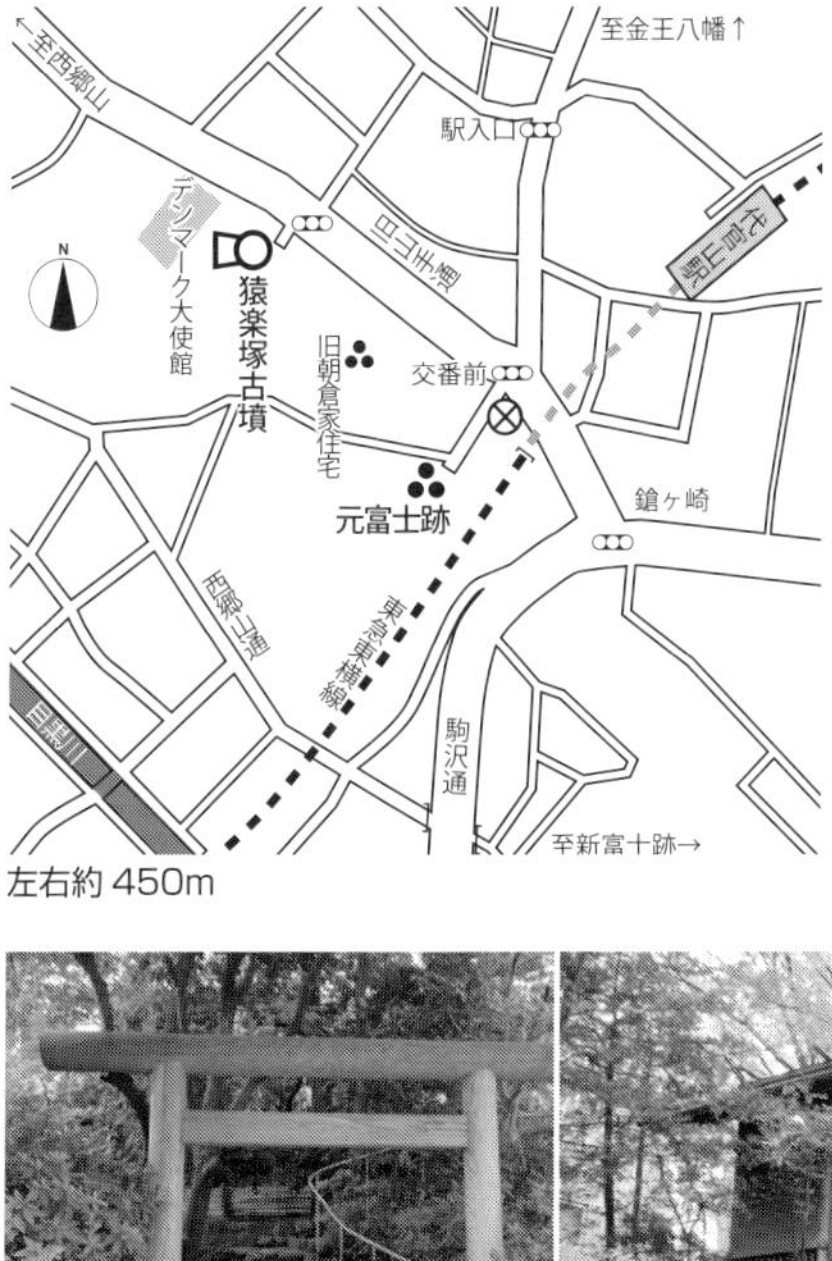

左右約 450m

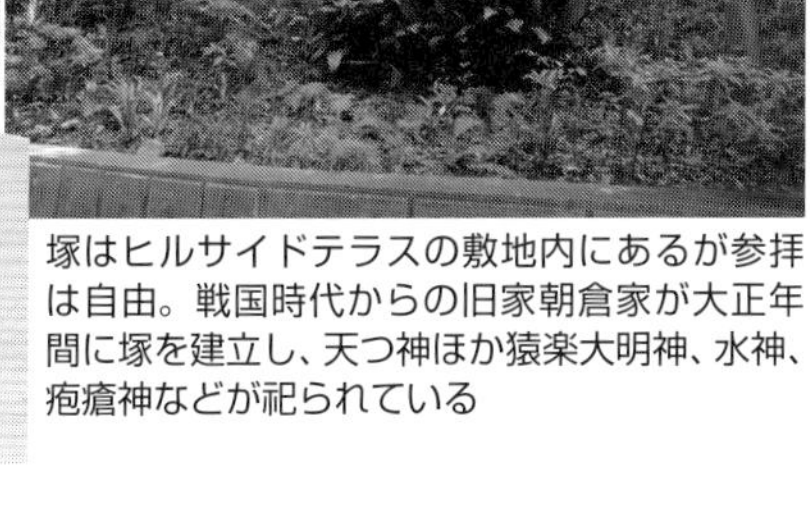

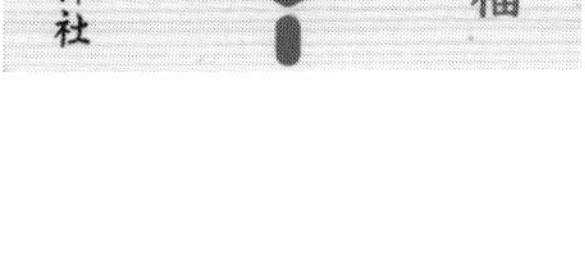

塚はヒルサイドテラスの敷地内にあるが参拝は自由。戦国時代からの旧家朝倉家が大正年間に塚を建立し、天つ神ほか猿楽大明神、水神、疱瘡神などが祀られている

目黒の元富士と新富士

目黒区にあった二基の富士塚の数奇な運命

目黒区大橋一丁目、上目黒一丁目、中目黒二丁目

目黒区には富士塚が二つあった。古い方は元富士とよばれ、文化九年（一八一二）に築かれた。江戸で三番目に古い富士塚だ。それから数年後の文政二年（一八一九）に造られた方は新富士とよばれた。共に広重の「名所江戸百景」に描かれている。

目黒元富士の行方

この二つの富士塚伝承を、元富士（西富士、丸旦《まるたん》富士）から見てみよう。

かつては上目黒と青葉台の境を通る目切坂上に聳え、十二メートルの高さを誇っていたが、明治十一年（一八七八）に取壊され、現在はそこに閑静なマンションが建っている（場所は前頁の地図参照）。

裏を流れる目黒川から見上げると、さぞ立派な富士山であったと思われる。そこは目黒区の散策道コースに当たっているため解説板が立てられているが、どこを探しても塚の痕跡は皆無だ。

しかし昭和十八年（一九四三）、富士塚の石祠や石碑が目黒区大橋二の上目黒氷川神社に移された。

神社は玉川通り沿いの高台（大橋信号前）にあり、昭和五十二年（一九七七）その斜面の左側に富士登山道が開かれた（中央と東側に階段がある）。山道とはいえ山頂は本殿や浅間神社のある境内なので富士塚ではない。

つまり境内への階段（参道）の代わりに、ジグザグの登山道を登る、と考えればよい。しかし数歩で一合分登ってしまう。そして登りきると「目黒富士山頂上」の木柱がひっそり立っているだけなので少々拍子抜けだが、手作りでも何でも「ここをどうにでも富士山にしてみせる」という講の方々の熱い意気込みが感じ取れる。

境内右奥にある浅間神社の脇には元富士を造った丸旦講の石碑が建っており、これが元富士の別名である丸旦富士の由来となったものだ。

富士塚は上目黒の塚跡から一キロメートル以上移動したことになる。しかしこの氷川神社から二百メートルほど南には暗渠から顔を出したばかり

→目切坂上の元富士跡周辺
↑その元富士に鎮座していた丸旦講の石碑。現在は上目黒氷川神社の摂社、浅間神社脇にある

↑現在の目黒富士は上目黒氷川神社の斜面の坂にある。境内が頂上になっており、数歩で登ってしまう。写真は五合目から七合目までを示す木柱。あっけないが、歴史ある富士塚を再現しようと健闘する氏子さんの手作り感に好感を覚える

←手前：広重「目黒元不二」
　　奥：広重「目黒新富士」

の目黒川が流れている。今となってはどちらの場所にあったとしても、建築物に遮られて川も富士山も見えないが、元富士にとっては喜ばしい場所に移ったといえるかもしれない。

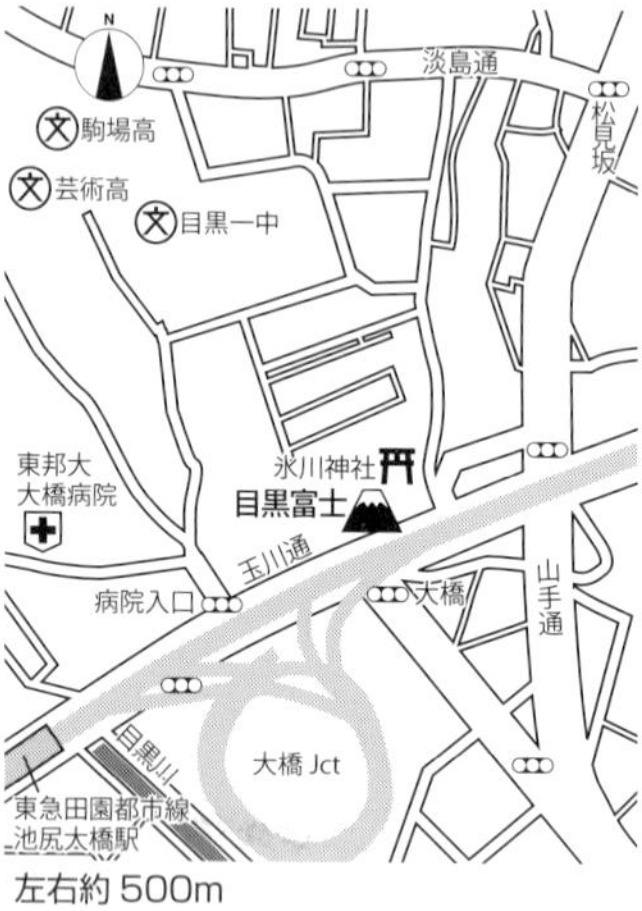

左右約 500m

目黒新富士の行方

新富士は中目黒二丁目の別所坂頂上付近にあった。目黒川側から登ると息が切れるほどの急坂である。登りきると庚申塔群があり、近くに新富士の解説パネルがある。この新富士は千島を探検した近藤重蔵が別荘庭園内に構築した築山だ。優美な姿で人気があった。

しかしその人気故に凄惨な事件が生じた。富士塚完成からわずか七年後の文政九年（一八二六）、利害関係から重蔵の長男・富蔵が隣家に住む七人を殺害。当然のことながら近藤家は断絶、富蔵は八丈島に流罪となる。以来、新富士は血染めの歴史を背負ったまま、昭和三十四年（一九五九）まで山の形を留めていたという。

平成三年（一九九一）マンションの建設工事で、地下から新富士の遺溝が発見された。溝の奥から石祠や富士塚の御神体と思われる大日如来像が出たのだ。しかし遺溝は埋め戻された。

今は新富士に置かれていた石碑が三つ、別所坂中腹から狭い階段を登った場所にある別所坂児童遊園に残っている。行儀よく並んでいて左から「南無妙法蓮華経」「小御嶽」「吉日戌辰」という文字が刻んである。

ちなみに近藤富蔵は六十数年に及ぶ遠島暮らしの中で、大作『八丈実記』を著している。

富士塚が大流行した本当のワケ

本書では多くの富士塚を紹介してきたが、ここで富士塚とは何かを述べておこう。

富士塚の多くは富士信仰の講を構成する信者が築いたものだ。講では様々な神仏を祀るが、じつは富士信仰そのものは新興宗教なのである。

江戸時代初期に生まれた富士信仰の創始者は角行《かくぎょう》という山岳行者で、彼は富士の人穴とよばれる洞窟で超人的な修行を重ね、カリスマ的霊力を身につけて江戸市中に現れた。

当時の江戸ではつきたおしという死病が流行していたが、角行はそれをお

↖ 児童遊園からの展望
↑ 児童遊園に移された新富士石碑群

←別所坂頂上付近。右に庚申塔群が見える

ふせぎという呪術で治した。他のあらゆる病気や狐憑きまでもおふせぎで治したという。

しかしここまでは宗教者にはよくある話かもしれない。

ところが享保年間（一七一六〜三五）角行から数えて六代目に身禄《みろく》という行者が出る。身禄とは「身を粉にして一生懸命働けば身分の上下に関わらず必ず利益（禄）を得る」という意味である。さらに彼は人間や男女の平等を訴え、当時は常識的に禁じられていた女人の富士登拝を推奨したのだ。この教理は大衆に歓迎された。

続いて身禄の弟子で高田藤四郎という植木職人が「十万億土の極楽は凡人が生きて見ることはできないが、老若男女誰でもが登拝できる富士に登れば、これこそ極楽を拝むのと同じ効果がある」と主張し、富士山の石（ボク石）を用い、安政九年に最初の富士塚（高田富士 p90）を築いた。以来富士講は町内ごとに組織化され、天保年間には四百以上の富士塚があったといわるほど民衆に受け入れられたのである。

左右約 450m

白金台と池田山

白金長者の砦址と都心の隠れ里

港区白金台五丁目（国立自然教育園内）／品川区東五反田五丁目

まぼろしの白金長者の砦址

室町時代初期の豪族・白金長者（柳下上総介《かずさのすけ》）が築いたといわれる土塁に囲まれた約六万坪の屋敷跡。北は渋谷川、南は目黒川に挟まれた台地で湧水もあるので砦を築くには絶好の場所だったと思われる。

江戸時代は高松藩主・松平頼重の下屋敷に、明治時代は陸海軍の火薬庫に、大正時代は白金御料地として庶民から遠ざけられてきた地域である。それゆえに自然が豊富に残された贅沢な空間だ。今は国立自然教育園として三百円の入場料で誰でも入れる。

敷地の一部は擂り鉢状の地形になっており、底には池がある。地形的に山とはいえないが、庶民的な視線から見れば敬意を込めてお山とよぶにふさわしい。

高度は公園入口あたりが最も高いようだが園内のあちらこちらに残る土塁が見事だ。土塁には直接登ることはできないが、館跡近くでは土塁の間を歩ける。おそらく当時に比べるとだいぶ低くなっているのだろうが迫力は十分だ。敵に対する防御だけではなく野火を防ぐ役割もあったという。

公園入り口からJR目黒駅からまで五百メートルほど。ただ、正直申し上げると白金台より目黒駅の高度のほうが高い気もする。

静けさ満つ隠れ里・池田山

探しにくい場所にあるからかもしれない。訪れる人も少ない。隠れ里の名にふさわしいお山である。

園内には滝もあれば、石橋、つるべ井戸、東屋まである。さほど広くはないとはいえ入園無料。かつては岡山藩主池田家の下屋敷で、その一部が池田山公園として残された。

ここも池を見下ろす地形だが最高地点の標高は二十九メートルあるそうで遠くからは山に見えたという。少なくとも池から見上げれば立派な山だ。

東屋近くの門から出た第三日野小方面の眺望も十分高さを感じさせてくれる。

↑白金長者の砦址。知らなければただの斜面だが人工の土塁である
→武蔵野の面影が色濃く残る自然教育園の園内

↑池の対岸から見た池田山斜面と東屋

左右約 1050m

大岡山と鉄飛坂《てっぴざか》

大岡山の北端を東西に走る坂

目黒区平町二丁目、大岡山一丁目

↑帝釈堂の庚申塔。表情が良い

高級住宅地の山と谷

柿の木坂、平町、碑文谷、自由が丘、緑が丘、大岡山、奥沢…暗渠の呑《のみ》川が地上に姿を現す周辺は、山や丘、谷と沢の地域だ。その中でも代表的な坂が鉄飛《てっぴ》坂で、雄々しい坂名である。

環七通から西に、呑《のみ》川（現在は暗渠で遊歩道）へ向かう道の中程の頂上から緩いカーブを描きながら一気に下る。

大岡の山中に庵を結ぶ仙人が、得意の験力で托鉢の鉄鉢を飛ばし、それがこの坂の上をビュンビュン行き来していたようなイメージがある。そして坂の頂上には異界に迷い込んだ人々を救い導くように帝釈堂が建つ…。

しかし、堂の前に立つ解説柱には「てっぴとは山頂、てっぺんを意味し、それが坂名になったといわれるが、他にもポルトガル人テッピョウスという人物が住んでいたからや、鉄砲鍛冶がいたからなど諸説がある」とあった。

幼少の頃、近辺に住んでいた人の話では「ちょっと怖い道」だったという。

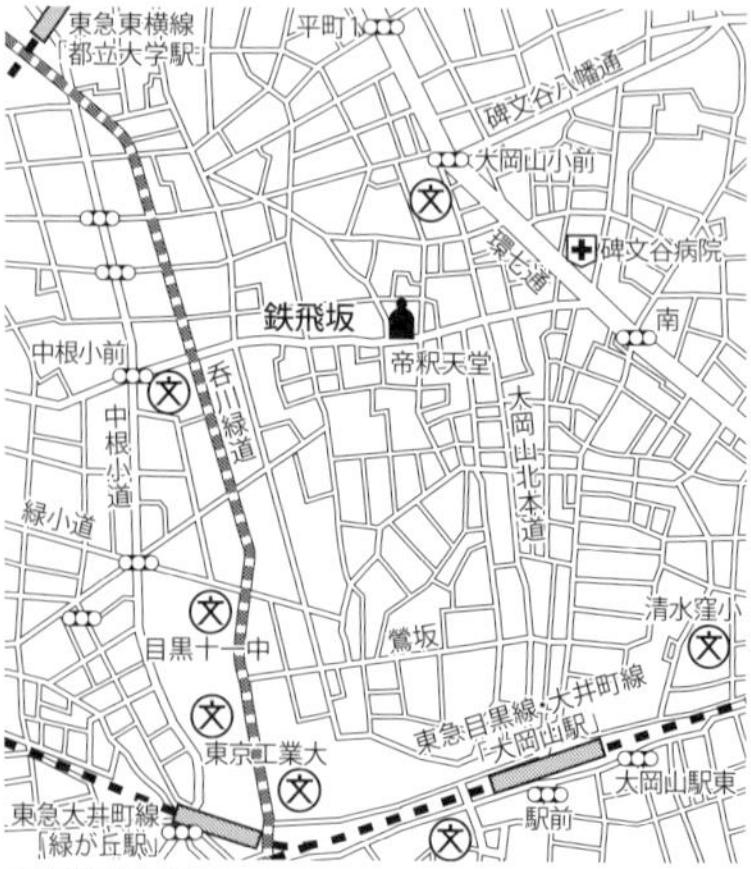

左右約1200m

瀬田城址の展望

二子玉川の街並を一望する玉川八景の地

世田谷区瀬田一丁目

↑行善寺八景

↑瀬田城を彷彿させる行善寺の石垣

↑丸子川を渡り行善寺へ上る坂

後北条氏家臣の城

城主は長崎伊予守《いよのかみ》重光《しげみつ》。東へ二キロメートルも離れていない深沢城（世田谷区中町三丁目）の城主・南条重長《しげなが》とともに後北条氏の家臣であった。

長崎氏は後北条氏が滅亡すると、そのまま土着して代々名主を務めた。ちなみに南条氏はこの時、自ら城を平地にして蟄居《ちっきょ》し、その子孫も生き存《なが》えた。

瀬田城の中心部は行善寺（長崎重光の法名が行善）周辺である。近くのゴルフ練習場にも長崎館址の石碑が立つが、長崎家は今でも存続している。

野川・丸子川が削った国分寺崖線上に位置する丘に行善寺はあり、ここから西方面を望む展望は玉川八景（境内の石柱には行善寺八景と彫られている）の一といわれたほどで十二代将軍家慶も遊覧の折りここを訪れたという。

右には岡本～瀬田と続く崖線が、左には玉川高島屋、眼下には東急田園都市線が眺められるが多摩川が見えないのが残念だ。城のあった頃はよく見えていたのだろう。

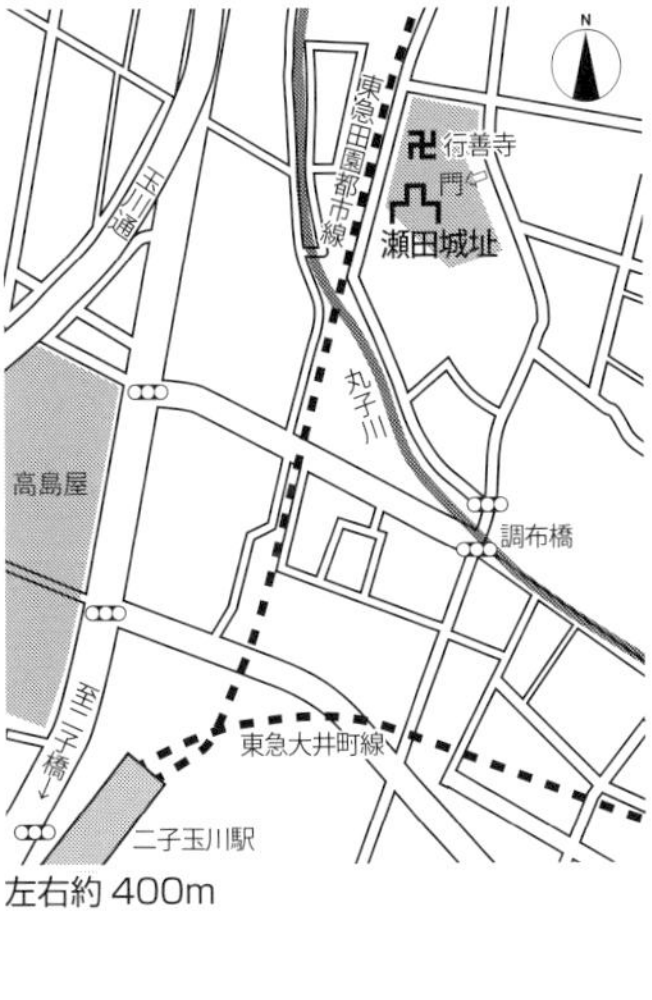

左右約400m

↑世田谷城址公園に残る空堀と土塁。石積で補強されている

世田谷城主と常盤姫

世田谷の領主と奥沢城主の娘にまつわるロマンと怨霊

世田谷区豪徳寺二丁目、奥沢七丁目

住宅地の中に残る空堀と土塁

世田谷城は豪徳寺と世田谷城址公園を十分にカバーする広さだったという。公園には当時の堀跡と土塁の一部が残っている。土塁は隣接する私有地にまで延びているが、そこは立入不可。そして公園の南側は城を囲むように烏山川（現在は遊歩道）が大きくカーブして天然の堀となっていたようだ。

城主は吉良《きら》氏。忠臣蔵で有名な吉良氏と同族で、もともと清和源氏の流れを汲む足利家の出だからエリートだ。

当時の城主・吉良成高《なりたか》は太田道灌と同盟し、その子・頼康《よりやす》は後北条氏と婚姻関係を結んで生き延びた。しかし城は後北条氏の滅亡と運命を共にする。

奥沢城は世田谷城の出城だった

世田谷城から南へ五キロメートル、前述・深沢城からわずか一キロ半ほど東に吉良頼康の老臣・大平出羽守（左《さ》馬《ま》、清久郎とも）を城主とする奥沢城があった。これほど接近しているのは長崎氏、南条氏、吉良氏は後北条の下

左右約500m

←『江戸名所図会・巻之三・常盤橋』

↑浄真寺仁王門脇の「奥沢城跡」石柱と土塁

でそれぞれ監視し合っていたのだろう。
奥沢城の敷地は現在、浄真寺の境内となっている。奥沢城跡の石柱が仁王門脇にあるので、その周囲だけに注意を払いがちだが、よく観察すると境内の周囲は土塁で囲まれていることに気づく。境内のレイアウトは『江戸名所図会・巻之三・九品山浄真寺』の挿絵と今もほぼ同じである。

左右約 400m

常盤《ときわ》姫に関する四つの悲話

奥沢城主・大平出羽守には常盤という娘がおり、頼康の側室だったという。
浄真寺（奥沢城址）の境内に小さな池があり、そこの解説板には
●「室町時代世田谷城主吉良頼康には、家臣の奥沢城主大平出羽守の娘で常盤姫という美しい側室がいて頼康の愛を一身に受けていたが、古くからいる側室達が、これをねたんで常盤が不義をしたとあらぬ告げ口をしたので遠ざけられた。悲しんだ常盤は幼い頃から愛育した白鷺の脚に遺書を結びつけ、両親の住む奥沢城に放った。たまたま奥沢城付近で狩をしていた頼康が白鷺を射落としたところ脚に手紙が結んであったので開いてみると常盤の遺書であった。頼康は驚いて急いで帰館したがときすでに遅かった。白鷺の射落とされた場所から一本の草がはえ、やがて鷺に似た可憐な花をつけたのです（世田谷区）」とあり、世田谷区の花で奥沢にも自生していたサギソウと常盤

を結びつけた哀話に仕上げてある。
　ところが『江戸名所図会・巻之三・常盤橋』によると大分様相が異なる

●「二子《ふたこ》街道中馬牽沢村《なかうまひきざわむら》、世田谷入口三軒茶屋《さんげんぢゃや》の往還角《かど》のところより、向かふへ三丁（約三百三十メートル）ばかり入りて、小溝に渡す石橋をしか名づく。里諺《りげん》に云《いわ》く、『昔吉良頼康の妾常盤といへる婦人、不義のことありてこのところに害せらる。しかるにその霊、里人に祟《たた》りす。よつてその霊を弁天に崇《あが》め、その腹に出生の男子を若宮八幡と崇《あが》め奉《たてまつ》る』といふ。いづれも上馬牽沢村にあり。この常盤といへる女は、大平出羽守が女なるよし、『世田谷私記』（穂積隆彦／一七九七）にみえたり。按ずるに、このはしより二十歩ばかり東の方《かた》、道より北側に松を植ゑたる塚あり。これを常盤の墓といふ。上に不動の石像あり。また同じ南の方にも塚あり。これなりともいへど、いづれか実《じつ》ならん」とあり、この話はサギソウとは無縁で大分血なまぐさい。

　ここで登場する馬牽沢村とは、上中下に分かれているものの、もとは一つの村で境界線も定かではなかったようだ。現在は上馬と下馬の町名が残るが、中馬は現在の若林に相当するようだ。

　また、よほど編者の興味を惹いたのか、里人の信仰が根強かったのか、公文書である『新編武蔵風土記稿・巻之五十一・荏原郡之十三、十四』にも常盤情報がいくつか散見する。

●「〔馬引澤村・八幡社・相殿一座若宮八幡〕相伝《あいつた》ふ永禄（一五五八～七〇）の頃世田ヶ谷の城主、吉良左兵衛佐頼康の寵妾《ちょうさい》常盤と云しものありしが、故有て横死せり、その頃懐妊の身なりしかば堕胎體して男子の死骸出たるを、頼康きてことにいたわりて愁嘆の餘若宮八幡にまつりて当社に納むと…」

　「〔馬引澤村・八幡社・辨天社〕鳥居に向て左方池中にあり、常盤の霊をまつると云…」とあり、「害せらる」と「横死せり」とのニュアンスは大分違うが『江戸名所図会・常盤橋』の記述とおおむね一致する。この八幡社は世田谷通と環七通の交差点常盤陸橋近くにある駒留八幡神社のことである。

●「〔若林村・塚〕村民勝右衛門と云ふ者の地内にあり、塚上に高三丈囲《かこい》五尺五寸許《ばかり》の古松樹あり、相伝ふ世田ヶ谷の領主吉良左兵衛佐頼に十三人の妾ありき、大平出羽守が女常盤前《むすめときわのまえ》も其一人にて寵愛他にすぐれしかば、のこる十二人是をねたみおのがさまざま讒《ざん》を構へ、常盤をあしさまに云ひなせしゆえ遂に冤罪に陥《おちい》りしとぞ、其時常盤は近郷世田ヶ谷村にて害せられしとて、かの地にてもかたりつたへしことなど

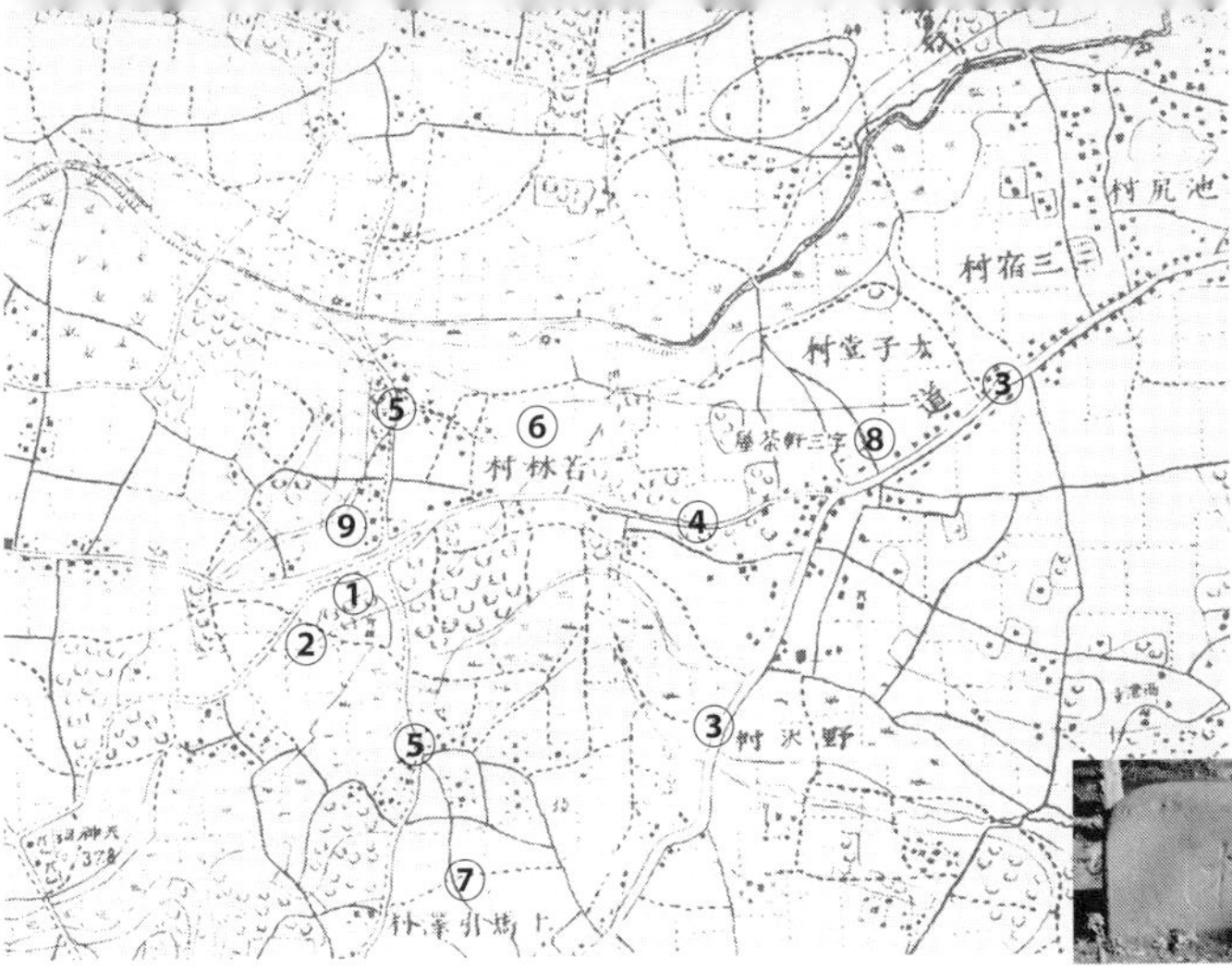

明治13年の地図に比定した現在の地名など
①駒留八幡神社
②常盤塚
③現・玉川通
④現・世田谷通
⑤現・環七通
⑥現・世田谷区若林
⑦現・世田谷区上馬
⑧現・三軒茶屋
⑨現・常盤陸橋
↓駒留八幡神社に残る常盤橋の一部

もあれど、それはかの村の條に出せり、かつて幾ほどなく其實なき事顕れ、彼十二人をば当村にしてたちまち刑に處せられしと云へり、馬引澤村より此邊に及ぶまで十三人の塚あるは常盤を始め残り十二人の尸《むくろ》を埋めし塚にて、これも其一なるより人の口碑にのこれり、この常盤のことは素より疑ひ多ければこの塚の由来も信じがたし、されど土人の伝ふるままにしばらく記し置ぬ」とある。

さらに〔若林村・香林院〕の項には戒名と卒年の異なる常盤の位牌が香林院（昭和初期まで存続、現在は豪徳寺所管）と常在寺（鶴巻一丁目）にそれぞれ存在することに言及し、「いぶかしきことのみ多し」と結んでいる。

しかし塚が十三もあったとは、ただ事とも思えず、惨劇の祟りを恐れて辨天や不動明王に託して霊を祀りたくなるのは人情だ。

ちなみに常在寺には、追っ手から逃れる途中、常盤が井戸に投げ入れて祈ったといわれる持仏の鬼子母神像（角が生えた般若の相）が祀られており、薬効著しいといわれる井戸も残っている。

荒れ果てた塚を見かねた有志により、昭和58年（1983）常盤塚が再建された

左右約 1150m

第九章　新宿山系

❶箱根山
❷天神山と紅皿の墓
❸おとめ山・ねずみ山
❹千駄ヶ谷富士のご朱印
❺空堀に囲まれた四谷天王社

第九章は新宿周辺だが、新宿区内というわけではない。ねずみ山の候補地の一つは豊島区、千駄ヶ谷富士は渋谷区にある。

❶箱根山の標高43メートルは人工の築山とはいえ、山手線内最高峰。

高さでは劣る❷天神山だが、この山には太田道灌に山吹を差し出した紅皿の墓などの伝承が残る。

❸ねずみ山は幻の山だが、おとめ山は公園として残された。いずれも椿山に続く目白台地上の山である。

❹千駄ヶ谷富士は鳩森八幡宮に残る都内最古の美しい富士塚で、登頂記念となるご朱印をいただける。

❺は東斜面を湿地に囲まれた台地上にある四谷天王社（現在の須賀神社）である。この湿地は鮫河橋へ続く。西側の外苑東通り沿いは四谷怪談で名高いお岩さんのメッカである。

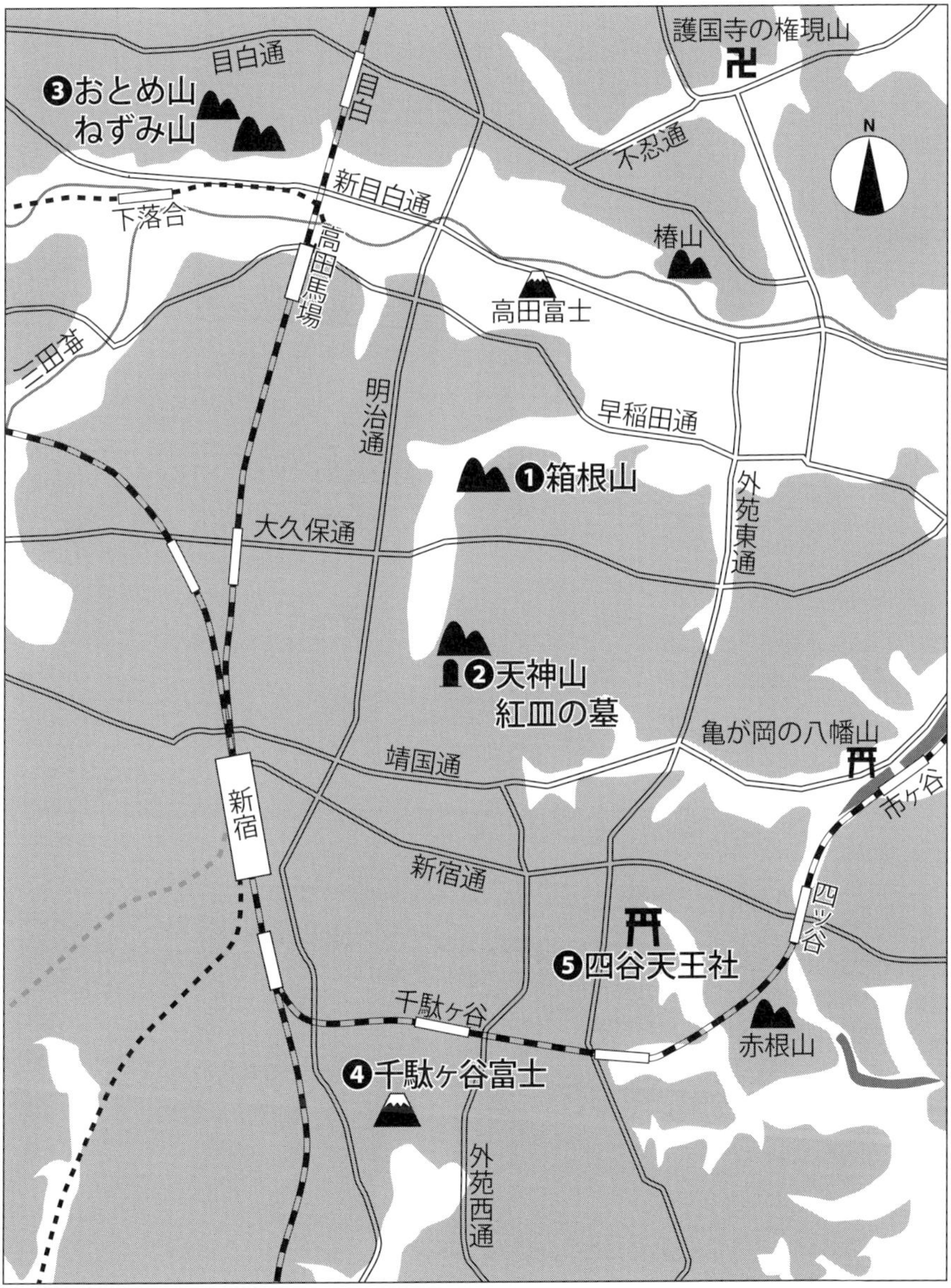
護国寺の権現山
目白通
❸おとめ山
ねずみ山
目白
不忍通
N
新目白通
下落合
高田馬場
椿山
高田富士
神田川
明治通
早稲田通
❶箱根山
外苑東通
大久保通
❷天神山
紅皿の墓
亀が岡の八幡山
靖国通
市ヶ谷
新宿
新宿通
四ツ谷
❺四谷天王社
千駄ヶ谷
赤根山
❹千駄ヶ谷富士
外苑西通

箱根山

蛇も出現する山手線内最高峰。人口の山でも〝秘境の神霊スポット〟

新宿区戸山二丁目（戸山公園箱根山地区）

→園内の数カ所に「箱根山」の標識があり登山気分を盛り上げてくれる

←蛇が出たというだけでこの騒ぎ。山に蛇がいるのは当然だが、ここは都会のド真ん中。捨てられたのか生き残ったのか、情けないやら嬉しいやら…。だいたいハート柄だし、見れば見るほど不思議な立て札だ

↑山頂へのコースは幾つかあるが、どれも手すりや階段がついているので安心だ

山手線内最高峰は四十三メートル

箱根山は山手線内の最高峰である。たかだか標高四十三メートルほどの築《つき》山《やま》とはいえ三角点のある立派な山と公認されているから、詳しい地図にはしっかり載っている。学習院女子大の南裏、早稲田大学戸山キャンパスの西に位置する戸山公園（箱根山地区）の中にあり、JR新宿駅からでも二・五キロメートル程だから散歩気分で歩ける距離だ。地下鉄東西線早稲田駅からだと、ギャンブルや開運にご利益《りやく》があると評判の穴八幡宮に立ち寄ってから、というテもある。

もともと戸山公園一帯は源頼朝の武将・和田義盛の領地で、「和田外山」とよばれていた。その後、江戸時代の寛文八年（一六六八）には徳川御三家尾張藩の下屋敷・戸山山荘となる。つまり江戸郊外の別邸である。とはいえ、その総面積は約四十五万平方メートルというから桁外れに壮大で、東京ディズニーランドの五十一万平方メートルと比較しても引けを取るものではない。

二十五景をしつらえた回遊式庭園として完成したのは元禄年間（一六八八～一七〇三）という。そこには御殿、大泉水、渓谷、田畑、社祠堂塔、茶屋ばかりでなく、箱根山に見立てた築山・玉円峰《ぎょくえんぽう》や東海道五十三次の小田原宿を模した全長百七十メートルほどの町並みまであった。さらに庭内専用の通貨まであり、十一代将軍徳川家斉《いえなり》はここが大層気に入ったらしく何度も来遊したというから、まさに水戸家の小石川後楽園と並ぶ江戸最大のテーマパークだったようだ。

しかし、安政年間（一八五四～一八五九）に二度目の災害に遭うと、そのまま復旧されることなく、明治七年（一八七四）から陸軍戸山学校用地となり、大戦後は国有地になる。

その一部が現在の戸山公園として残されているのだが、玉円峰がズバリ箱根山とよばれるようになったのは明治以降のことらしい。園内の山はほかにも幾つかあったようで『江戸名所図会・巻之四・和田戸山、荒藺山《あらい》』によると戸山公園の北西、諏訪神社のある諏訪町の手前にも荒藺山という雲雀《ひばり》の名所があったらしいが、早稲田大学西早稲田キャンパスか戸山高校あたりであろうか。しかし現在まで残ったのはこの箱根山だけである。

蛇も出現する神霊スポット

ところでここは知る人ぞ知る都内有数の神霊スポットでもある。陸軍戸山学校は陸軍軍医学校でもあった。その関係でこの医学校は、細菌兵器を開発

↑山頂から望む高層ビル群

するための人体実験を行なっていたという七三一部隊と浅からぬ縁があったとしても不思議ではない。さらに、箱根山の下にはその時代の銃弾が多数埋まっているとも噂されている。これらの噂が史実だとしたら「蛇が出る」どころの騒ぎではない。

爽快な山頂ベンチ

中腹には戸山教会があり、こちらが南側にあたる。北側山麓には大きな窪地があり、ここが御泉水の跡だったのだろうか。ここに立つと山の雄大さを感じるので雰囲気を味わうならここから登りたい。山頂近くには山を周回できる散策路（お中道《ちゅうどう》）もある。

頂上は意外に広々としていて爽快だ。眼下の戸山教会の方向には新宿高層ビル群が見える。ただ、冬期以外は周囲の木立が勢い良く茂っているので、あ

↑山頂ベンチの金属プレート。時計回りに霞ヶ関、国技館、東京タワー、丹沢、新宿、富士山、奥多摩、赤城山、サンシャイン 60 が示してある

↑山頂下の周回路（お中道）から見た山頂

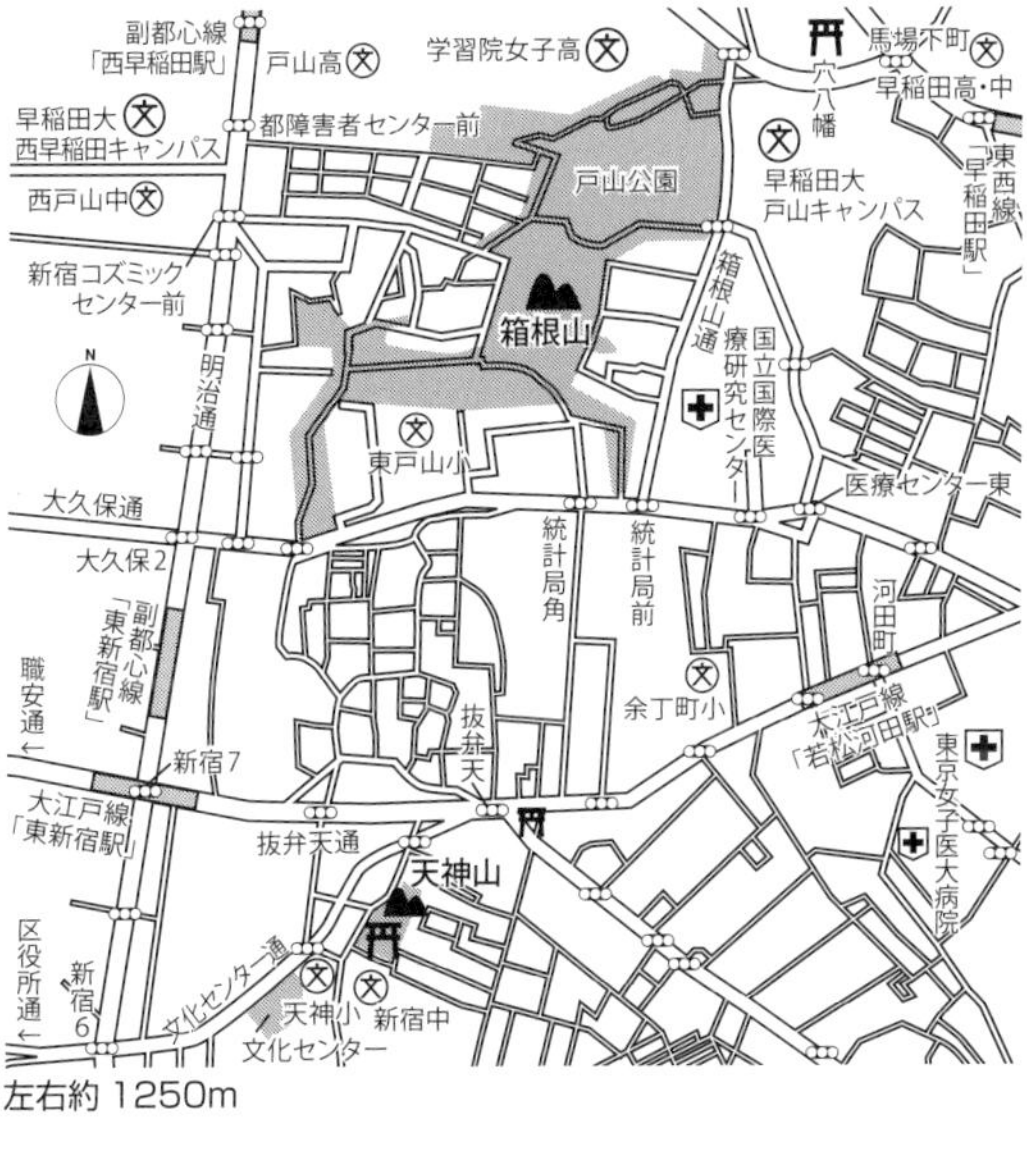

左右約 1250m

まり遠方は望めない。しかし、桜の季節の美しさには定評がある。山頂が満開の桜に囲まれるのである。

ところで私が訪れた時は山頂のテーブル風ベンチに若い男性が快適そうに寝転がって読書をしていた。そのテーブルの中央には金属の風景案内プレートがはめ込んであるのだが…。

天神山と紅皿の墓

道真、道灌、家光……時代のヒーローと係わりながら浮沈を繰り返した山

新宿区新宿六丁目（地図は前頁）

↑↓境内に登ると『江戸名所図会・巻之四・大窪天満宮』の様子が目に浮かぶ

↘境内南端の階段。富士塚がよく見える

↑短く折れ曲がって地味な階段だが「山吹坂」の名がある

→大聖院の駐車場敷地内に残る板碑は紅皿の墓と伝えられる

名前の多い神社

天神山の上には「西向《にしむかい》天神社（西向きの天神）」とその別当寺・大聖院がある。別当寺とは神仏習合時代に神社に併設された寺院で神宮寺ともいうが、明治時代には神社と寺は法令により分離された。

西向天神社はその名のとおり西方（西方浄土。江戸からは京都の方角でもある）を向いている。菅原道真《すがわらのみちざね》公の都への郷愁を慮《おもんぱか》ってのゆえだろうか。

しかし江戸時代、正式にはこの社《やしろ》は「大窪《おおくぼ》天満宮」とよばれていた。かつてこの地が大窪とよばれていたためで、つい最近までここは東大久保という住所だった。窪＝久保とは低い場所＝湿地をあらわす。そのことから天神山は低湿地の中の小さな丘だったことが想像できるのである（地名の変更は人々の営みの歴史を忘れさせてしまうリスクも背負っている）。

当社の歴史は鎌倉時代の安貞三年（一二二九）明恵上人がこの地に道真公自刻の尊像を当地に祀ったとされる。それだけでも凄い話だが、天正年間（一五七三～九二）天神山が兵火に焼かれる憂き目を見た時、社のご神体（道真公の尊像か）が渓間《たにま》の桜の枝に移り止《とど》まったというから話はオカルトじみている。ただしその瑞現《ずいげん》桜は今となっては噂話にすぎない。

ところで天神社、大聖院ともに太田道灌とも係わりが深かったようで、焼失後、道灌より神田《しんでん》を賜ったおかげで再興できたという。大聖院には道灌に山吹を差し出した少女・紅皿《べにざら》が余生を送った庵《いおり》があったという伝説も残っている。

またこの社《やしろ》は「棗《なつめ》の天神」ともよばれていた。『江戸名所図会・巻之四・大窪天満宮』には「棗と称する来由しるべからず」とあるが、現在の由緒では話がさらに展開していて、

「寛永年間（一六二四～一六四四）に徳川家光が鷹狩りの際、当地に立ち寄って黄金の棗（通常漆器で造られる）を下賜した」からだという。しかし、当社の狛犬や神楽殿鏡板の絵が区の文化財であるのに対して棗の記録が皆無というのは少々腑に落ちない。

激しく浮沈を繰り返したと伝える由緒はさておき、同書の挿絵には「境内すこぶる幽邃《ゆうすい》（もの静かで奥深いようす）あり」と添え書きされている。確かに今でもここは都会の喧噪を忘れそうな一画だ。

また境内で一番高所にある児童公園には大正十四年（一九二五）に再築された富士塚や日之尊を祀った築山（登頂不可）が残っている。

おとめ山・ねずみ山

ロマンの山の正体を探り、幻の山を求めて歩く

新宿区下落合二〜四丁目／豊島区目白三丁目

ロマンチックな山名の由来は…

この優しい響きを持つ山名は、造成地の公園に取って付けたような名だが、じつは乙女山ではなく「御留山《おとめやま》」または「御禁止山《おとめやま》」なのである。つまり立ち入り禁止の山という意味だ。

高田馬場駅から歩いて五百メートル程の距離にこれほどの自然が残されていることは驚きだが、そもそもこの周辺は太田道灌《どうかん》の時代から狩猟場だったという。その自然の名残は近辺の「野鳥の森公園」や目白通りを越えた「目白の森」あたりにわずかに残る。

道灌が雨に打たれ、蓑《みの》を借りようと一軒の農家に立ち寄った日も、この山からの帰途であったろうか。蓑の代わりに実のつく事のない八重の山吹の一枝を差し出した貧しい農家の娘・紅皿《べにざら》の身も心も震える覚悟に思いを巡らせると、ひらがなで表記したおとめ山の名はあまりにも出来過ぎである。

やがて江戸時代には将軍の御狩場となり、庶民にとっては狩猟禁止地区となった。これが本来のおとめの名の由来だ。

図会の挿絵「落合惣圖」に「おとめ山」の名はないが、山の東斜面に富士と書き込まれているのは現在の東山藤稲荷のことである。山名が書き込まれていないのは相馬家の敷地だったからか、あるいは御留山または御禁止山という名が、もともと固有の地名ではなかったからだろう。

また、現存する氷川神社はちょうど富士と薬王院の中程に位置している。現在薬王院境内の南は野鳥の森公園になっている。

明治以降、大戦終了までは福島の相馬家が所有していたが、その後は敷地の三分の一ほど（約一万五千平方メートル）が地元の保存運動によって「おとめ山公園」として残された。

立地的には目白台地の南斜面にあたり、公園内には今でも数カ所に湧水が見られ、ホタルの飼育でも有名。斜面を下りきると妙正寺川（新目白通りの下を流れる暗渠）と神田川が流れる。この二本の川はここから八百メートル

↑おとめ山にはピークが二つある。ルートも様々あるが木立が鬱蒼としていて遠景は望みにくい

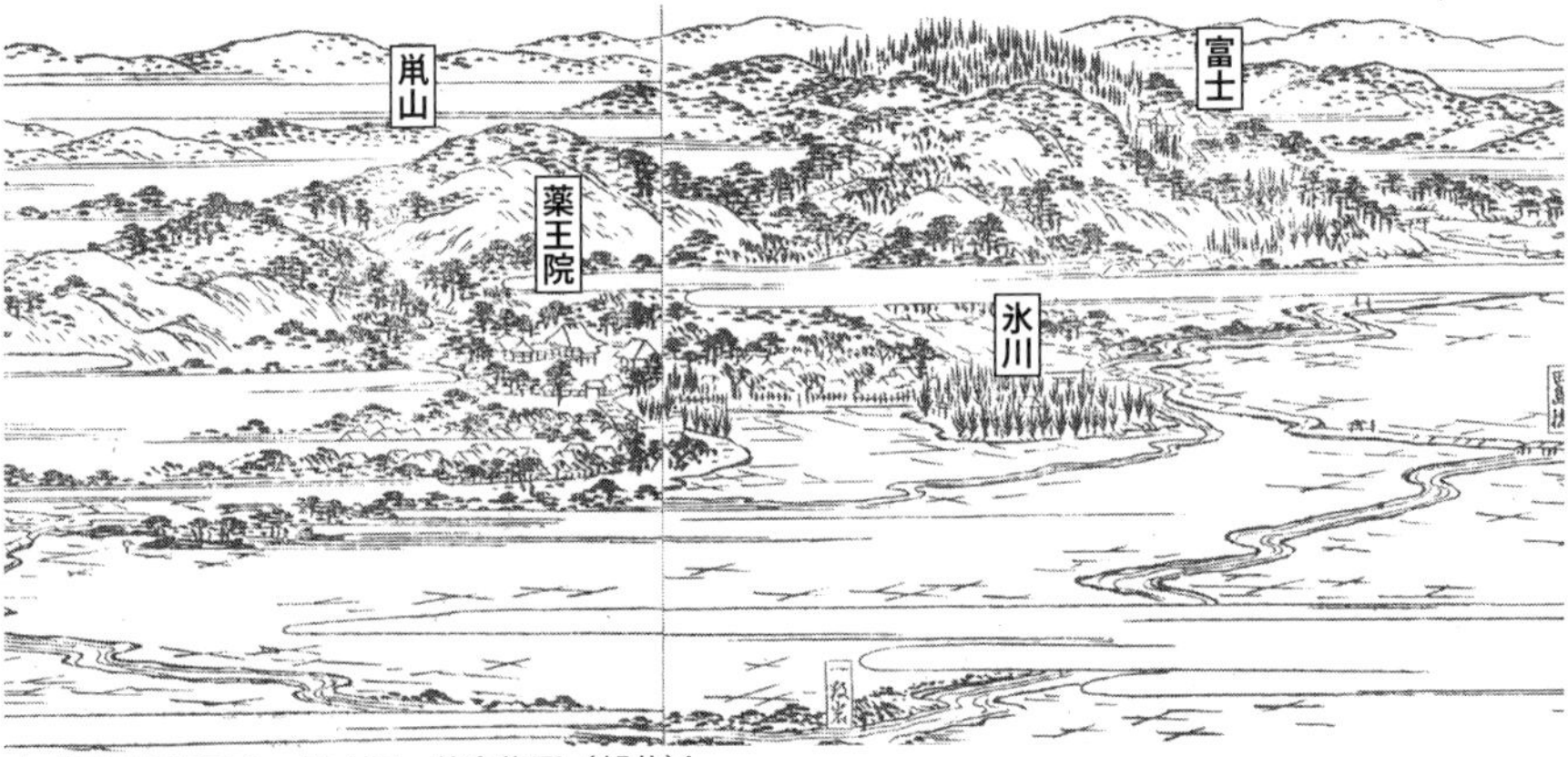

↑『江戸名所図会・巻之四・落合惣圖（部分）』

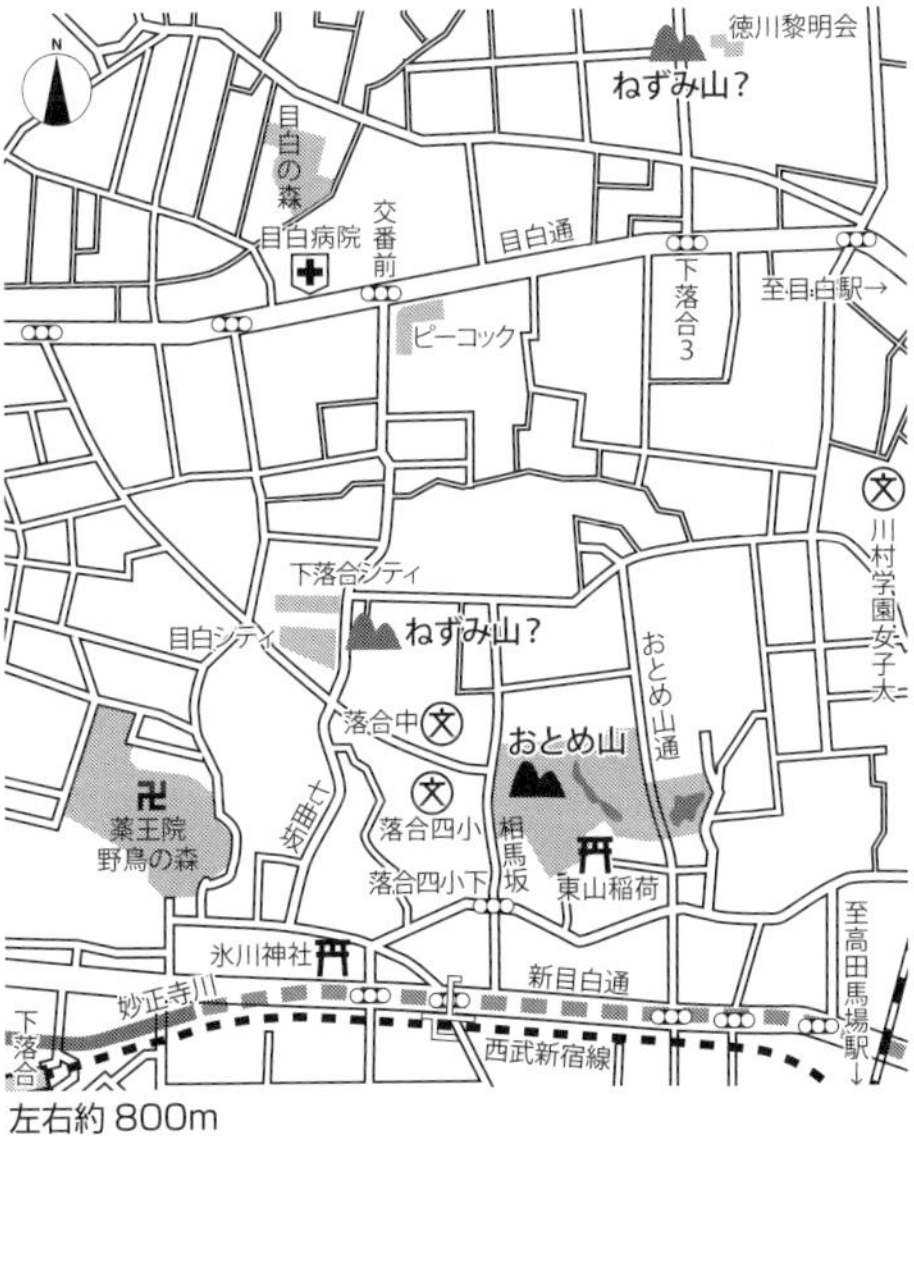

左右約 800m

↑七曲坂の最高地点・下落合シティハウス、目白シティハウス周辺。筆者はここを「ねずみ山」の山頂と考えた

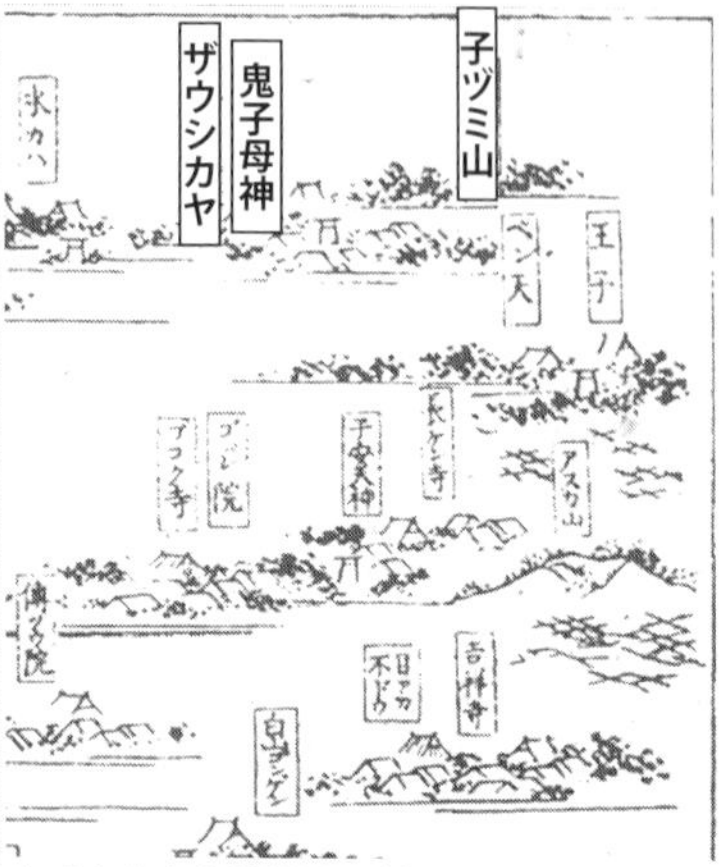

↑『大東京名勝縮圖』（新訂江戸名所図会別巻二「江戸名所図会事典」ちくま学芸文庫083～084ページより転載）。一部拡大

↑薬王院西側の路地。ねずみ山方面へ登る？

↑七曲坂中ほどより南斜面を望む

↑東山藤稲荷神社。もともと富士稲荷神社とも表記していたようだ

山や坂の周囲には石仏や石塔が点在している

ほど下った高戸橋で合流することから、この地は落合とよばれるようになる。

幻の「ねずみ山」はどこにある

ところでこの台地にはもう一つ山があった。ねずみ山である。図会の図版には「鼡山」と記されており、おとめ山の西隣、薬王院の裏山にあたり、古くは櫟《くぬぎ》山ともいったとある。

明治十年発行『東京名勝圖會』の東京全体を描いた鳥瞰図「東京區内名勝縮圖（右頁）」には「子ヅミ山」が北端に書き込まれている。この図では右が北、左が南になっており、東方に当たる手前には「鬼子母神」「ザウシカヤ（雑司ヶ谷）」の文字が見えるから、多少の位置のずれはあるものの、おそらく同じ山だろう。大きな森のように描かれており、おとめ山を包括した山塊にも見える。

じつは、ねずみ山の場所は特定されていないのだが、一つには豊島区目白三、四丁目の「徳川黎明会」周辺という説がある。しかし薬王院からは谷一つ隔たってしまうし、実際に周辺を歩いてみてもなだらかすぎて決め手に欠ける。さらにその西方「目白の森」まで行くと山とよぶには低すぎる。

したがってここは素直に薬王院の裏山と理解した方が良いだろう。

『江戸名所図会・巻之四・七曲坂』には「同所（氷川神社）より鼠山《ねずみやま》の方《かた》へ上がる坂をいふ。曲折あるゆゑに名とす。この辺りは下落合村に属せり」とある。おとめ山と薬王院の中間を大きく蛇行する七曲坂のきつい坂を登っていると確かに山を感じる。登りきると右が落合中学校のグラウンド、その向かいが閑静な目白シティハウスと下落合シティハウスだ。この周辺がねずみ山の山頂だろう。そこからだらだら下ると目白通りの交番前に出る。その先は豊島区で、徳川黎明会や目白の森のあるなだらかな台地となる。

見張りを置いた「不寝見山」？

山名の由来は鎌倉時代に源頼朝が奥州攻めの帰途、あるいは太田道灌が豊島氏を攻めた時に追っ手に備え、この高台に寝ずの見張りを置いたから不寝見《ねずみ》山になったという。英雄の名を由来にしたい気持ちはわかるが、この命名には無理を感じる。

むしろこの地域の櫟林に多くの栗鼠が生息していたからというほうが面白味には欠けるが自然だ。

ところで筆者は名勝縮圖の位置から、江戸の最北端（子《ね》の方角の隅《すみ》）に望める山、つまり「子隅山《ねのすみ》」と穿って見たが、いかがなものか。

千駄ヶ谷富士のご朱印

現存する江戸最古の富士塚には今も江戸庶民の熱い信仰心が籠る

渋谷区千駄ヶ谷一丁目

↑境内の外、東側の道路から見た千駄ヶ谷富士は荒々しい
→正面から見た姿は一転して優美だ。
↓登山記念のご朱印がうれしい

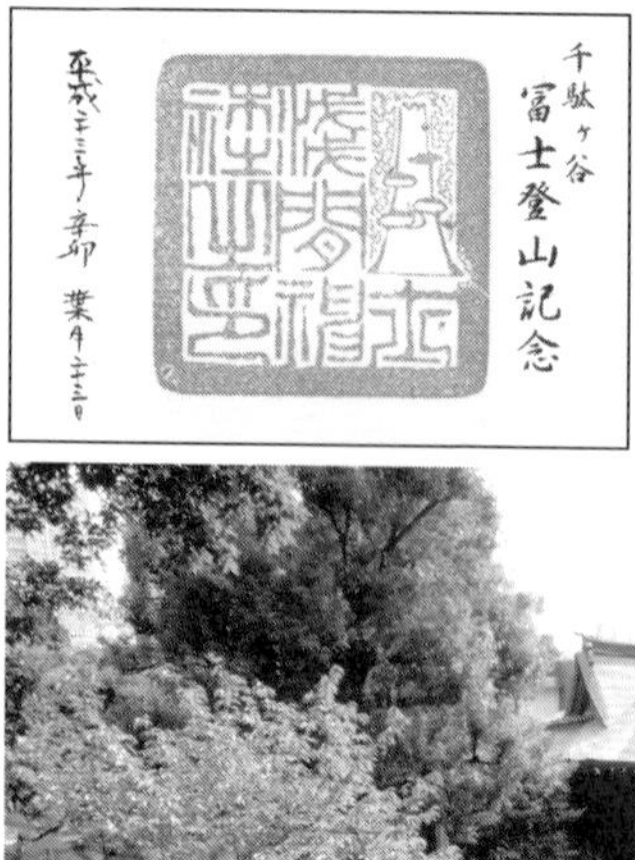

山頂からの景色は爽快だ

眺めても登っても楽しめる富士山

都内に現存するものでは最も古い富士塚で、寛政元年（一七八九）に造られた。盛り土を採掘した凹地は池になっており、江戸期の築造基本様式をよく残しているという。

塚は東京都指定の有形民俗文化財になっているが、いつでも登拝できるし、高さもそこそこあり、眺めても非常に美しい。ここまで三拍子揃った富士塚は貴重である。

かつてこの谷で千駄（馬千頭で運ぶ量）の稲が収穫されたところから太田道灌が名付けたという地名、千駄ヶ谷駅の改札を出て交番、東京体育館、室内プールを左手に見ながら三百メートルほど直進すると鳩森《はとのもり》神社前だ。

すぐにも鳥居をくぐりたい気持ちを抑え、境内に沿って左に回り込むと千駄ヶ谷富士の側面が迫ってくる。そのまま進むと別の鳥居があるのでここから入る。じつはそこが鳩森神社の正面で、お目当ての富士山は右手になる。

この富士塚は角度によって姿が変わり、表と裏では全く表情が違うし、どの方角にもいろいろな仕掛けがあるので見ているだけでも楽しめる。山中に何が配置されているのか解説図が立っているので、ある程度頭に入れてから登るとさらに数倍楽しめる。

注意しないと見落としてしまいそうな亀岩、烏帽子岩、小御岳石尊大権現などの岩や石碑、洞窟と食行身禄の石像、お中道まで揃っているのだ。

正面に戻り、池にかかった石橋を渡り、富士講ならではのお題目「参明《さんみょう》藤開山《とうかいさん》」と彫られた石柱を左に見ながら登り始めると登山道が縦横に走っていて驚く。

山頂の奥宮は黒ボク（富士山の黒い溶岩）に囲まれていて個性的だ。富士講に参加し、熱心に信仰し、心から楽しんだであろう江戸庶民の熱い気持ちが伝わってくる。ただ、夏は蚊が多いのでそれなりの準備をしたい。

『江戸名所図会・巻之三・千駄ヶ谷八幡宮』にも富士、浅間社、かぐら殿が描き込まれている。

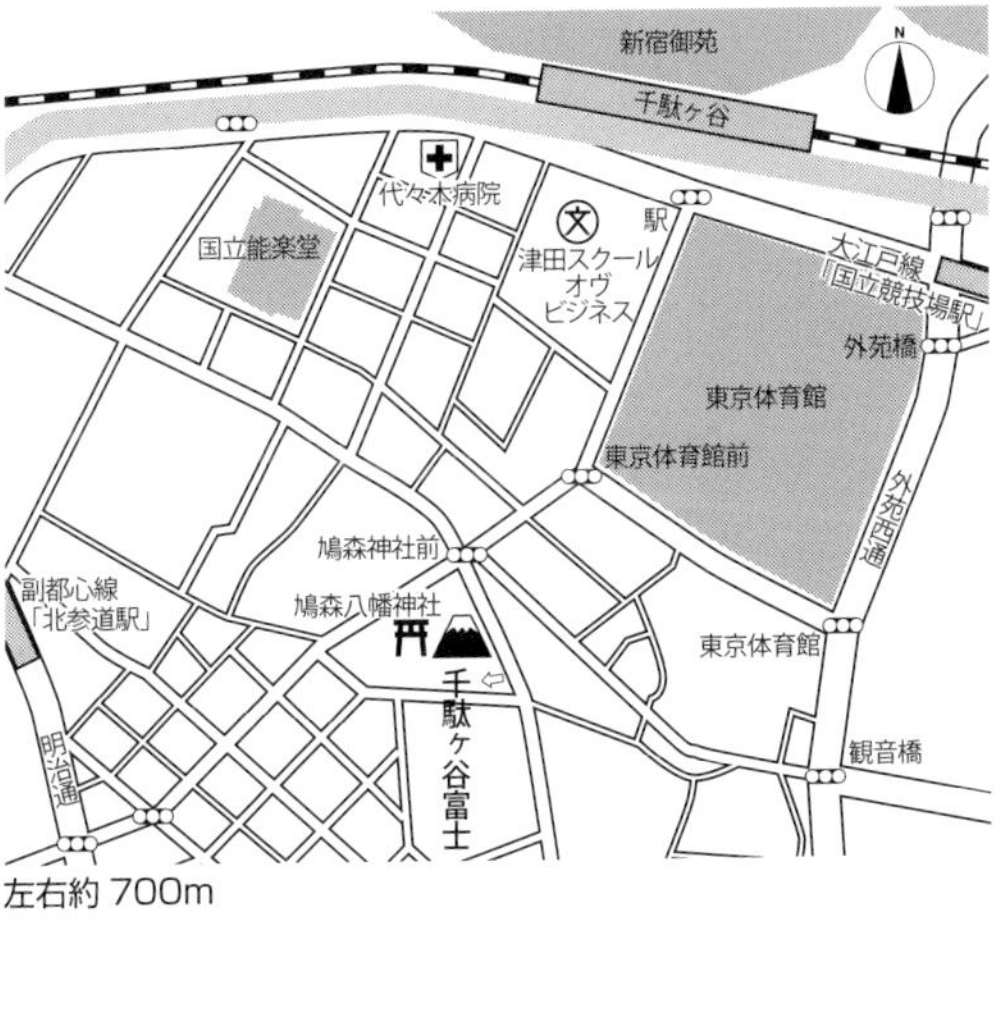

左右約 700m

空堀に囲まれた四谷天王社

須賀神社――疫病神と幽霊に護られた不思議な空間

新宿区須賀町

巨大な空堀に囲まれた要塞？

須賀神社の参道には男坂と女坂がある。つまりそれだけ高台にあるということだ。しかも新宿通り側から参拝すると、一度谷を下ってまた登り直すことになる。地図を見ると須賀神社の東半分を道が丸く囲んでいる。じつはこの道は空堀のように窪んでいる。したがって神社はあたかも高台に聳える要塞の如くである。この窪地はかつては低湿地帯だったのだ。そのまま南に下ると、明治まで江戸・東京の三大貧民街の一つといわれた「鮫河橋」に行き着く。周辺は夜鷹の名所でもあった。

しかし西の外苑東通りから入ると、須賀神社は全くの平地にあるのだ。

ところで須賀神社とは明治以降の社名で、もともとは赤坂一ツ木村の稲荷神社を外堀普請のために当地に移したという。江戸時代初期から「四谷天王《てんのう》社」とよばれ、須佐之男命《スサノヲノミコト》つまり除疫神である牛頭《ごず》天王を祀っていた。それゆえか「疫病斎」のお札《ふだ》も出している。もちろん無病息災のお守り、蘇民将来《そみんしょうらい》の茅《ち》の輪《わ》もある。しかし、稲荷神社の本質も守り続けているからか、社紋は三つ巴を稲荷の稲穂が丸く囲むというちょっと欲張りなデザインだ。

じつは除疫神とは裏を返せば疫病神《やくびょうがみ》で、祀《まつ》りを怠れば気分を損ねて疫病を流行《はや》らせるという世にも恐ろしい祟《たた》り神でもある。同じ神を祀る八坂神社の祇園《ぎおん》祭があれだけ豪華絢爛なのは疫病神をお慰めするためのものだからである。とはいえ須賀神社の一角は児童公園にもなっており、子どもたちの声が響いている。地域の人々に親しまれている証《あかし》であろう。

ついでながら隣町の左門町方面には、表現は悪いが同じ祟り神（幽霊）として名高いお岩さんを祀った田宮神社とお岩稲荷の陽雲寺がある。路地を挟んでほぼ向き合っているので、まるで本家と元祖の赴《おもむ》きだ。田宮神社のほうは一時、中央区に移転したが、そちらも現存している。また、四谷三丁目交差点近くのマーケット丸正の前にはお岩さんの水かけ観音が祀られている。

↑須賀神社女坂

↑須賀神社参道（男坂）上より山王坂を望む

↑須賀神社の社紋は三つ巴を稲穂が囲んでいて、かつては稲荷神社だったことを表している

←牛頭天王は疫神でもあるから、祀ることによって病気や災いを防いでもらう

↑陽雲寺・於岩稲荷の絵馬。若者受けしそうなアニメ風美人に描かれている

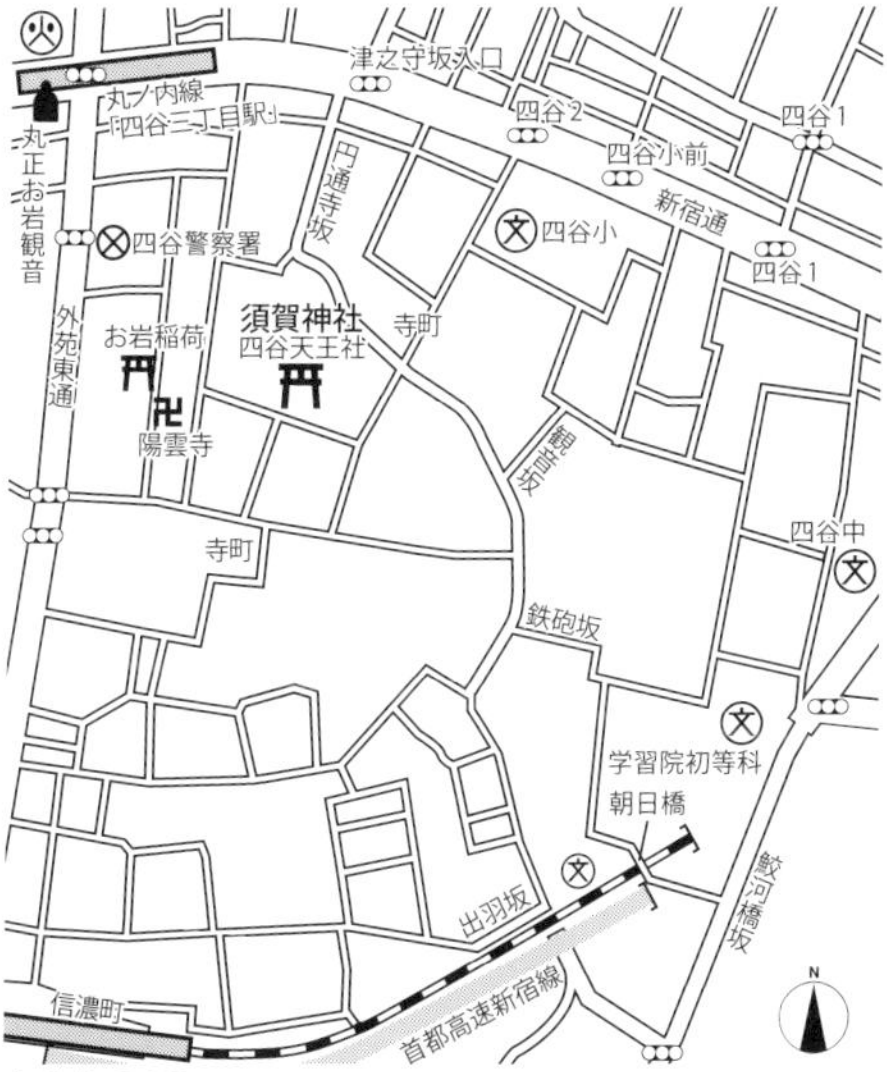

左右約800m

↓田宮神社も於岩稲荷だ。こちらの於岩さんは良妻賢母の楚々とした女性だったと伝えられている

↓四谷三丁目交差点近く・丸正前に祀られた「水かけお岩観音」

四谷三丁目・左門町は四谷怪談の悲劇のヒロイン「お岩さん」で有名な町だが、じつはお岩さんの墓は豊島区西巣鴨四丁目の「妙行寺」にある

第十章　多摩川古代アルプス

最終章は東京都の南端を流れる多摩川周辺。ごらんのように川に沿って古墳が並ぶ。❸❹荏原《えばら》台は武蔵野台地の一部だが、特に❶❷多摩川台はその南端部で、多摩川を眼下に望める。

図には神奈川側の多摩丘陵は描き入れていないが共に西は関東山地へ続く。

多摩川の丘陵斜面に古墳が多いのは被葬者にとっては景観から得られる雄大な生命観とその再生観からだろう。また、河原から見上げれば権力者の威容を強調させる効果もある。

❺呑川《のみ》が麓を流れる池上の山は独立峰ともいえるほどの立派なお山である。ここでは『江戸名所図会』に描かれている本門寺東の小山も探索してみた。

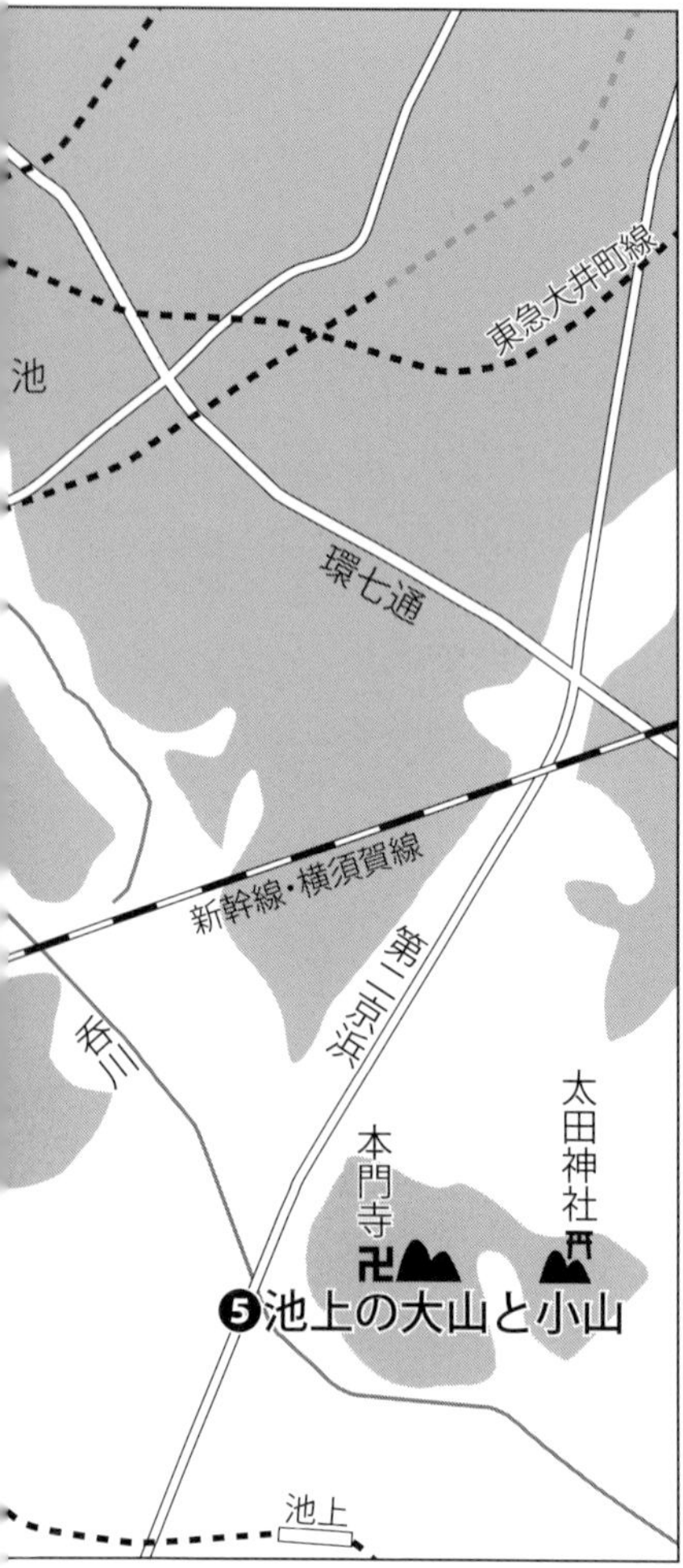

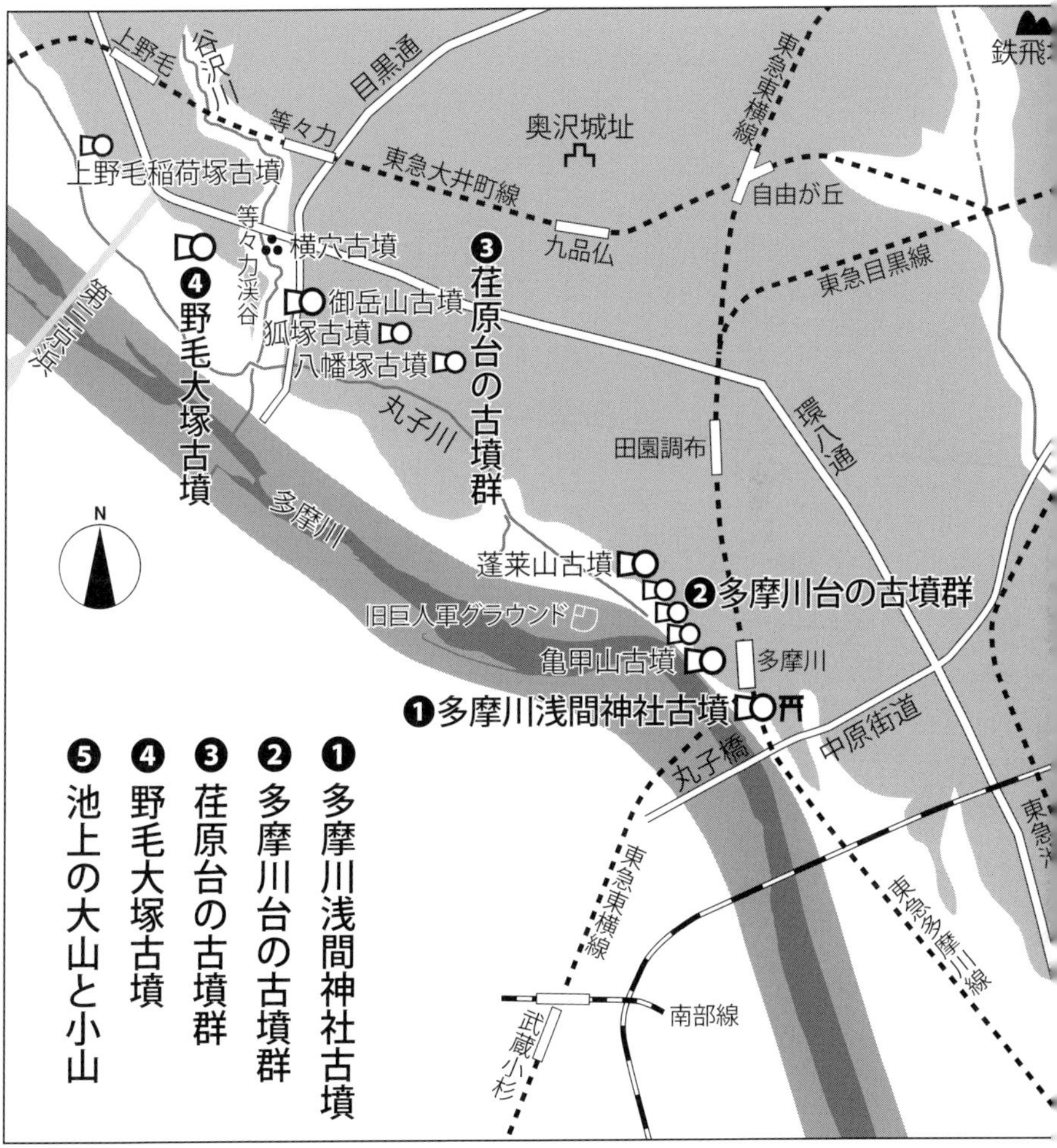
上野毛
谷沢川
等々力
目黒通
奥沢城址
東急東横線
鉄飛
東急大井町線
自由が丘
上野毛稲荷塚古墳
九品仏
等々力渓谷
横穴古墳
❸荏原台の古墳群
東急目黒線
❹野毛大塚古墳
御岳山古墳
狐塚古墳
八幡塚古墳
第三京浜
丸子川
田園調布
環八通
多摩川
N
蓬莱山古墳
❷多摩川台の古墳群
旧巨人軍グラウンド
亀甲山古墳
多摩川
❶多摩川浅間神社古墳
中原街道
丸子橋
東急東横線
東急多摩川線
南部線
武蔵小杉
❶多摩川浅間神社古墳
❷多摩川台の古墳群
❸荏原台の古墳群
❹野毛大塚古墳
❺池上の大山と小山

多摩川浅間神社古墳

雄大なパノラマが楽しめる古墳

太田区田園調布一丁目

↑小御岳石尊の下３文字が削られた石碑

↑かつては前方部と考えられていた正面の石段。この右側が富士塚になっている。古墳の規模は、全長約 60 メートル、後円部径約 32 メートルと想定されている

庶民生活と共に歩んできた古墳

古墳の上に、後の時代に神社を建てることは珍しいことではない。それをそのまま富士塚にしてしまう場合もある。しかしこれだけの規模の神社を載せている古墳は少ない。

多摩川台地の南東端にある浅間神社古墳は五世紀末～六世紀初頭の築造とされている。もちろん神社の創建はその後になる。

もともとの本尊が北条政子がこの丘から望む富士山に手を合わせ、身につけていた正観音像を祀ったところ、村人たちがそれを富士浅間大菩薩とよんだという。つまり観音様を木花咲耶姫《このはなのさくやひめ》にしてしまった。

社務所横からの展望。晴れていれば富士山は右方面に見える

実際に承応元年（一六五二）に唐銅製の正観音像が発掘され、それが今でも神式例大祭の本尊だという。神仏習合の時代においてはありがちな話だが、明治以降の神社で仏像を祭神にしているとは何とも込み入った由緒だ。

また長い間、正面石段がある場所（南東方向）が前方部、本殿のある場所が後円部と思われてきた。ところが平成二年（一九九〇）の調査で後円部の位置は変わらないが、前方部が反対側の北西方向を向いていることが判明した。

ところでここには浅間神社らしく正面石段の右にボク石を使った富士塚がある。その中に、左右に大天狗、小天狗と彫られ、中央に小御岳石尊□□□と三文字分削られた石碑がある。当然大権現と彫られていたのだが、明治の神仏判然令で削り取られたのだろう。

ずいぶんと時代による状況の変化を受けてきた古墳だ。ただ、多摩川のおかげで見晴らしも良く、今でも天気が良ければ遠くに富士山を望めることに変わりはない。聖なる山への信仰心は古代から不変である。

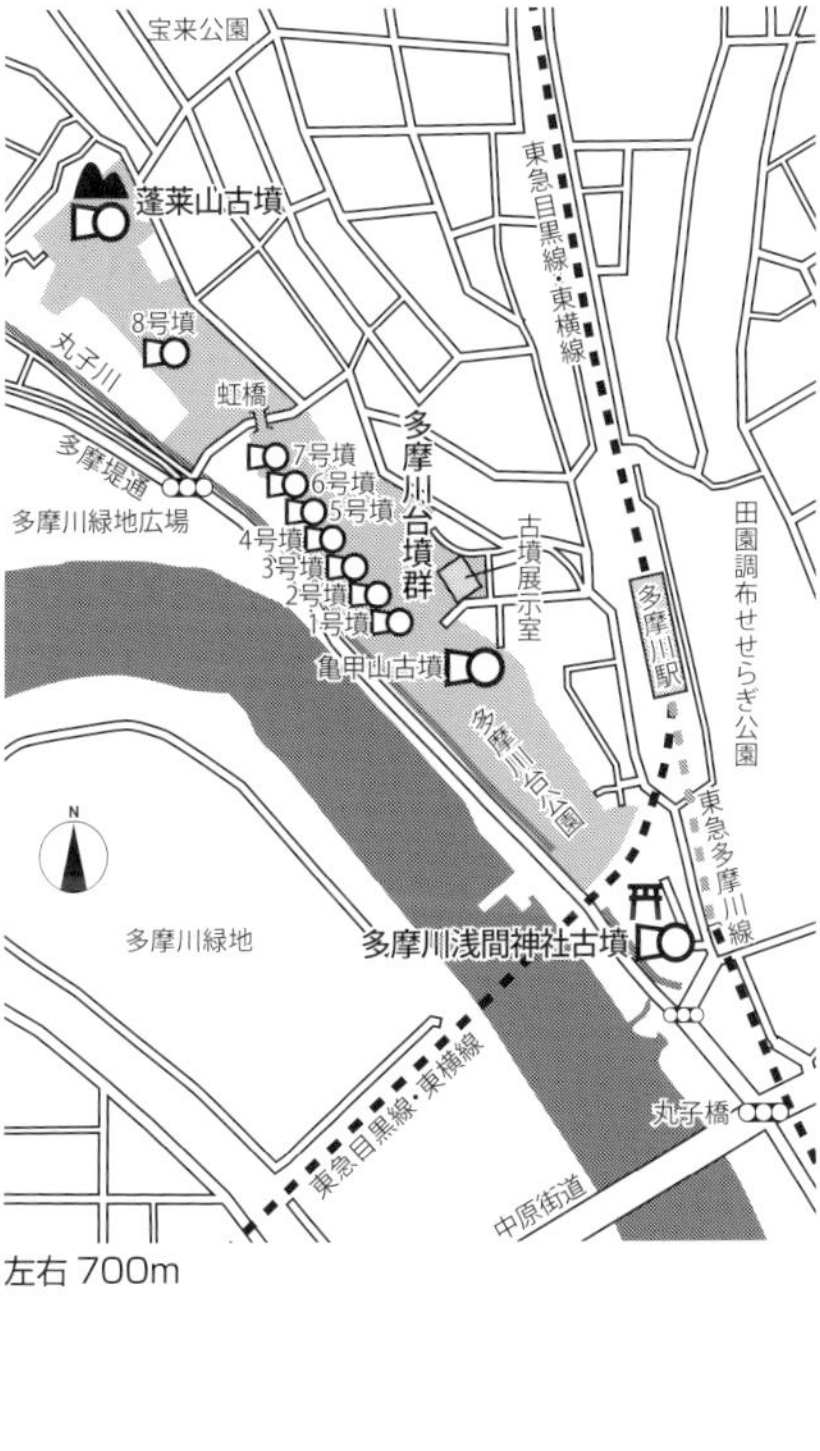

左右 700m

多摩川台の古墳群

多摩川の悠久の流れを見下ろす古代の王墓

太田区田園調布一・四丁目（地図は前頁）

亀甲山《かめのこやま》古墳

全長百七メートル、後円部径六十六メートルの古墳は都内第二位の規模である。一部が削られているが前方後円墳としての形状は非常に良く残されているし、誰が見ても（おそらく）登りたくなる魅力に満ちている。しかし発掘調査が行なわれていないためか、立ち入ることができないのが残念である。

とはいえ、この多摩川台の標高自体三十五メートル前後なので多摩川河畔から登れば汗ばむほどの高さだ。さらに亀甲山の高さが十メートルある。

一刻も早く発掘調査が行なわれ、筆者に登れる体力が残っている間に開放していただきたいものだ。

古代ロマンの主は誰か

考古学では古墳の主（被葬者）の名前を半端な記録や推測だけからは決して断定しないし、論じることすらタブーだったようだが、古墳ファンならずともロマンとしてそこが知りたいところだ。そこで資料をひっくり返すが「亀甲山古墳は四世紀後半に宝萊山《ほうらいさん》古墳（後述）の次に築造された。南武蔵で後の荏原郡に当たる地域を治めた首長墓と考えられる」といった程度である。

しかしヒントはある。この古墳が築造された頃より百年ほど後の話だが『日本書紀・巻第十八・安閑《あんかん》天皇』の項に「武蔵國造《むさしのくにのみやつこ》（古代の世襲の地方官）笠原直《かさはらのあたい》使主《おみ》と同族小杵《おき》（使主・小杵ともに人名）と、國造を相争《あらそ》ひて年経《ふ》るに決め難し。小杵、性《ひととなり》阻《うぢはやく》くして（激しい性格で）逆《さか》ふこと有り。心高びて（高慢で）順《まつろ》ふこと無し。密《ひそか》に就《ゆ》きて援《たすけ》を上毛野君小熊《かみつけのきみおくま》（古代上野《こうづけ》の大豪族）に求む。而《しこう》して使主を殺さむと謀《はか》る。使主覚《さと》りて走《にげ》げ出《い》づ。京《みやこ》に詣《もう》でて状《そのかたち》を言《もう》す。朝庭臨断《みかどつみさだ》めたまひて（裁決して）、使主を以て國造とす。小杵を誅《ころ》す。國造使主、悚憙懐《かしこまりよろこびこころ》に交《み》ちて、黙己《もだ》あること能《あた》はず。謹みて國家《みかど》の為に、横渟《よこぬ》（埼玉県比企郡吉見村と東村山市北部か）・橘花《たちばな》（川崎市住吉と横浜市日吉付近か）・多氷《おおい》（多摩郡であろう）・倉樔《くらす》（横浜市か）、四處の屯倉《みやけ》を置き奉る。是年《このとし》、太歳甲寅《きのえとら》（五三四年）」とある。

さらに続けて翌年正月には、天皇が「このところ豊作で憂えも飢餓もない。自分を讃える声は天地に充ち、国家は富み栄えたので人々に酒を振舞い五日間盛大な宴を催し、天下こぞって歓びを交わせ」という意の詔《みことのり》をしたという。

この時期は朝廷にとり、辺境の豪族

↑←↙ １号～８号墳は雑木林の中にモコモコと続く小さな丘にしか見えない。「第○号墳」と書かれたプレートで、かろうじて「ああ、これか」と確認できる程度だ。しかし周囲の散策道はところどころ古墳の間を横切れるようになっているので、丘の上には登れないが古墳の形状を観察することはできる。木々の間から覗く多摩川の流れとあいまって「悠久の時の流れ」を感じられる場所である

を次々と従え、屯倉も収穫も増え続け、笑いが止まらない状況だったのだろう。

そしてここに登場した小杵の一族こそが、朝廷に屯倉として差し出された橘花・多氷・倉樔を含む荏原郡を中心とした地域の首長だったと考えられる。

ただ、横渟は埼玉一帯を支配していた使主の領域だから、彼も朝廷の監視下に置かれたということだ。

小規模な古墳が連なる緑の丘

多摩川台公園には十基の古墳がある。亀甲山古墳から北西方向に一号～八号墳と小規模な古墳が続き、その先の宝莱山古墳までわずか五百メートルほどの距離だ。

二号～八号墳は基本的に円墳で、直径十四～二十メートル程度。六世紀後半に築造された一号墳は、それ以前の六世紀前半に造られた二号墳を前方部としてリサイクル利用した全長三十九メートルの前方後円墳だ。

三～七号墳はその後の七世紀前半、最後に八号墳が七世紀中頃に造られている。どれも表示プレートがなければ古墳には見えないほど小さい。しかし武器や装飾品などは出土している。特に埴輪や須恵器などは埼玉県や大阪府で生産されたものと判明しており、地域間の交流があったことがわかる。

↑丸子川の橋から見た宝莱山古墳への入口

↑宝莱山古墳。歩道の右が前方部で、後に築造された亀甲山古墳と向き合っている

これらの古墳には登れないが、小さな緑の丘を巡る散策は爽快だ。政争に明け暮れた首長たちも、ここでは至福の時を過ごしているように感じる。

多摩川台公園の中程には古墳展示室（無料）があり、より詳しく古墳について学べる。

公園内で最も古い宝莱山《ほうらいさん》古墳

全長九十七メートル、後円部径五十二メートルと亀甲山古墳に匹敵する規模の前方後円墳で、武器、装飾品、四獣鏡などが出土している（レプリカが古墳展示室にある）。昭和九年（一九三四）に宅地造成されたため、後円部は三分の一ほどしか残っていないが、前方部と後円部の間には歩道があって登ることができる。近辺の標高は三十七メートル以上だから、足下の丸子川から登ると立派なお山である。

荏原《えばら》台の古墳群

時代を超えて一直線に並ぶ古墳。権力者の好む景観はどの時代も変わらない

世田谷区尾山台二丁目／等々力一丁目／野毛一丁目

環八通りと多摩川に挟まれて、ほぼ東南~北西のライン、つまり標高三十メートルあまりの武蔵野舌状台地の上部に古墳が転々と並ぶ。ほとんどが住宅地に埋もれているが登ってみると意外に高い場所にあることに気づく。

権力や財力のある者は生前から高い場所を好む。死後の宮殿を眺めの良い一等地に築こうとした結果であろう。

八幡塚古墳

宇佐神社の裏山にある。社務所脇の細い道を上がると樹木に覆われた古墳がある。正面には石段があり頂上は玉垣に囲われている。残念ながら中は進入禁止だ。研究資料では帆立貝式古墳となっているが、前方部があったとしてもそこは駐車場になっている。

後ろ円部の径は三十メートル、高さは五メートルほど。玉垣の中には狛犬に守られた大小四基の石祠がある。帆立貝式だとすると正面方向が不自然だが、祠も玉垣も新しいようだから、駐車場に向ける訳にはいかないのだろう。

狐塚古墳

尾山台二丁目にある。「尾山台クラブ広場」と書かれた看板が立っているだけで入り口となる階段も見過ごしそうだ。円筒派埴輪が出たというが頂上には公園施設（水道）の台や石が残っているだけだ。おそらく古くは頂上に稲荷祠が祀られていたのだろう。というのも尾山台駅からハッピーロードを南下して古墳の横を通り、丸子川までくると稲荷橋が架かっているからだ。近辺に稲荷神社は見当たらない。

築造は帆立貝式古墳と同時期らしいが周囲は四角く削られているため実態は予測不能。径は四十メートル、高さ六メートルほどある。

御岳山《みたけさん》古墳

目黒通を挟んで等々力不動尊の向かいにある。五十数基からなる荏原台古墳の一つで全長五十七メートル、現在の高さ七メートルあるという。野毛大塚古墳と同じ帆立貝型だが築造は五世

↑宇佐神社の境内。右の社務所（住宅兼か）の横の路地を入ると神社の裏山（古墳）に出る
←薮の奥が八幡塚古墳だが、立ち入り禁止の札が下がっている

↑道路から見た狐塚古墳（尾山台クラブ）
←狐塚古墳の頂上はちょっとした広場になっているが祠やベンチなどの施設はない

↑等々力不動尊前から見た御岳山古墳の森
←御岳山古墳の頂上。通常は扉が閉まっている。等々力不動尊が管理しているせいか石仏などが点々と置かれていて密教的ムードが強く漂う

紀後半から六世紀中頃というから、こちらのほうが新しいようだ。埴輪、七《しち》鈴鏡《れいきょう》（銅鏡）や武具が出ている。

　実際は円墳のイメージだが、頂上には蔵王権現（比較的新しそうなレリーフ像）が祀られており、参道には多くの地蔵菩薩や如意輪観音の石仏が並んでいる。等々力不動尊が管理しているのだろう、非常に密教的・修験的な雰囲気に満ちた古墳だ。

等々力《とどろき》渓谷三号横穴《おうけつ》

　墳とは土を盛り上げたものだから、この場合は古墳ではなく横穴とよばれる古代墓である。等々力渓谷公園内の環八通り近くの斜面上部にある。といっても、ここは渓谷だから矢沢川から見るとずいぶん高い場所にあるが、実際は平地より低い場所に位置する。

　古墳時代末期から奈良時代にかけて構築されているというから古墳より新しい形の埋葬法である。渓谷の周囲には六基以上あったという。

　現在確認できるのは昭和四十八年（一九七三）に発見された三号横穴のみ。当時の庶民の葬法は野山へ遺体を捨て置く風葬《ふうそう》が一般だから、埋葬者は等々力周辺の有力農民の一族とみられる。

　横穴の中（玄室《げんしつ》）は奥が広いらしいが、入り口（羨《せん》門《もん》）には厚いガラスがはめ込まれていて、真っ暗な内部を窺うことはできない。解説版のほのぼのしいイラストで想像するしかない。中には三体以上の人骨と土器、刀、金銅製の耳輪《じかん》などが副葬されていたという。

　入り口の前面は斜面を切り通した短い道（羨道《せんどう》）になっていて、ここで火を焚いた跡があることから墓前祭が行なわれていたらしい。

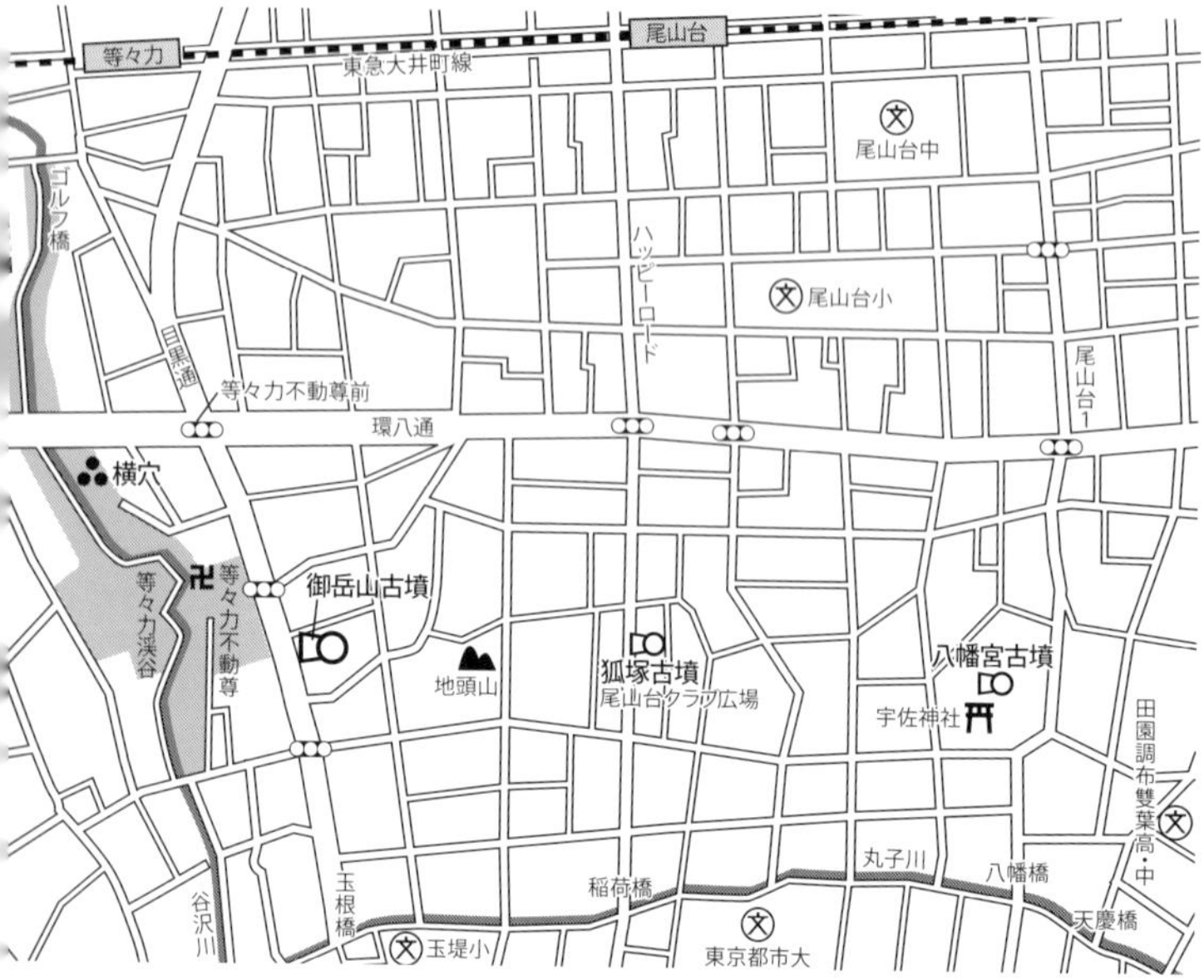

→世田谷区教育委員会の解説板のイラスト
↓等々力渓谷３号横穴

←狐塚古墳と御岳山古墳の間は谷になっており、御岳山古墳側の斜面には地頭山とよばれるお山があったようだ。写真はその地頭山があったと思われる付近の斜面。階段途中右側に大日如来尊が祀られており、大日塚古墳跡である

↑上野毛稲荷塚古墳（解説は p187）の入り口はうっかりすると見過ごしそうな住宅地の道路脇にある（世田谷区上野毛 2-12）
↓上野毛稲荷塚古墳はこの角度からしか見えないため高さ３メートルほどの後円部しか確認できない

左右 2100m

野毛大塚古墳

住宅街の中でタイムスリップ

世田谷区野毛一丁目／上野毛二丁目（地図は前頁）

↑登り口は南北に２カ所。周囲に建物がないので 11 メートルはかなり高く感じる

↑頂上からの眺め

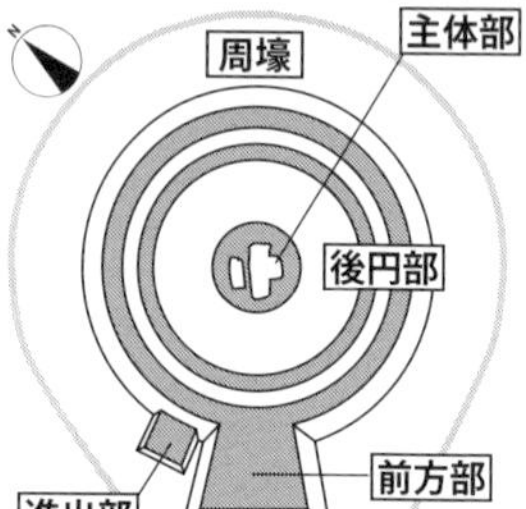

←参考資料：リーフレット『野毛大塚古墳』編集：野毛大塚古墳整理調査会／発行：世田谷教育委員会より。基本は前方後円墳なのだが、前方部が極端に小さいので帆立貝式とよばれる。濃いグレーの部分はテラス（平らな部分）。周囲を取り巻く薄いグレーの内側は周壕だった。後円部の直径 15 メートルほどの頂上には主体部（棺や埋葬品を納める施設）がタイルで描かれている

実物の美しさと迫力を楽しむ

大きな古墳を背景にテニスや野球を楽しむのはさぞ爽快だろう。墳頂からは親子の遊ぶ姿を眺めることもできる。

多くの古墳は立ち入り禁止か、知らなければただの鬱蒼とした小山のようにしか見えないが、野毛大塚古墳は明るくて開放的だ。かつて祀られていた祠は撤去され、墓という重いイメージが全くないからかもしれない。

江戸時代、付近一帯は畑や山林で、古墳は「下野毛村字原の東大塚」「塚山」「吾妻塚」などとよばれていた。

明治三十年（一八九七）近辺の農民がこの一帯を開墾しようとしたところ、頂上の椿の下から石棺が出て、朱で赤く塗られた内部から甲冑を着けた人骨と剣などの副葬品（現在は国立博物館蔵）が見つかったことから頂上に吾妻神社を建て、塚の神霊を祀った。それが話題になって茶店が出るほど賑わった時期もあったという。

昭和に入るとゴルフ場のコースに組み込まれる。現在、等々力渓谷の北端に架かる「ゴルフ橋」の由縁だ。戦時中は野菜畑や都営住宅の敷地になったこともあるという。

昭和六十三年（一九八八）の調査でそれまで円墳と思われていたものが、前方後円墳の前方部が極端に小さいダガ形（帆立貝式）古墳であることがわかった。その後、平成初期に保存整備され現在に至っている。

周囲を馬蹄形の浅い濠が巡っており、これを含むと全長百メートルを超える。後円部の直径は六十八メートル、高さ十一メートルある。学問的には荏原台古墳群の中の野毛古墳群に属し、五世紀初頭のものといわれる。

やはり塚の主は南武蔵の小豪族をまとめる大首長だったと考えられているが、これだけの古墳を造るということは、すなわち畿内の大王と直接の交渉があったという証しらしい。

上野毛稲荷塚古墳

上野毛二丁目の住宅地の道路から少し奥まったところにある。前方後円墳で、平成九年に個人から区に寄付された。全長二十数メートルあるというが、前方部はかなり削られているそうだ。現在は鉄柵扉から覗くことしかできないので、高さ三メートルほどの、築山のように整備された後円部しか確認できない。小さな円墳のように見える。

世田谷区教育委員会の解説板によると、築造時期は古墳時代前期の四世紀後半で野毛古墳群の中で最初の首長墳だという。鉄剣と直刀の破片が出土したという（地図と写真はp185）。

池上の大山と小山

江戸名所図会に描かれた無名の小山を探す

大田区池上一～二丁目／中央六丁目

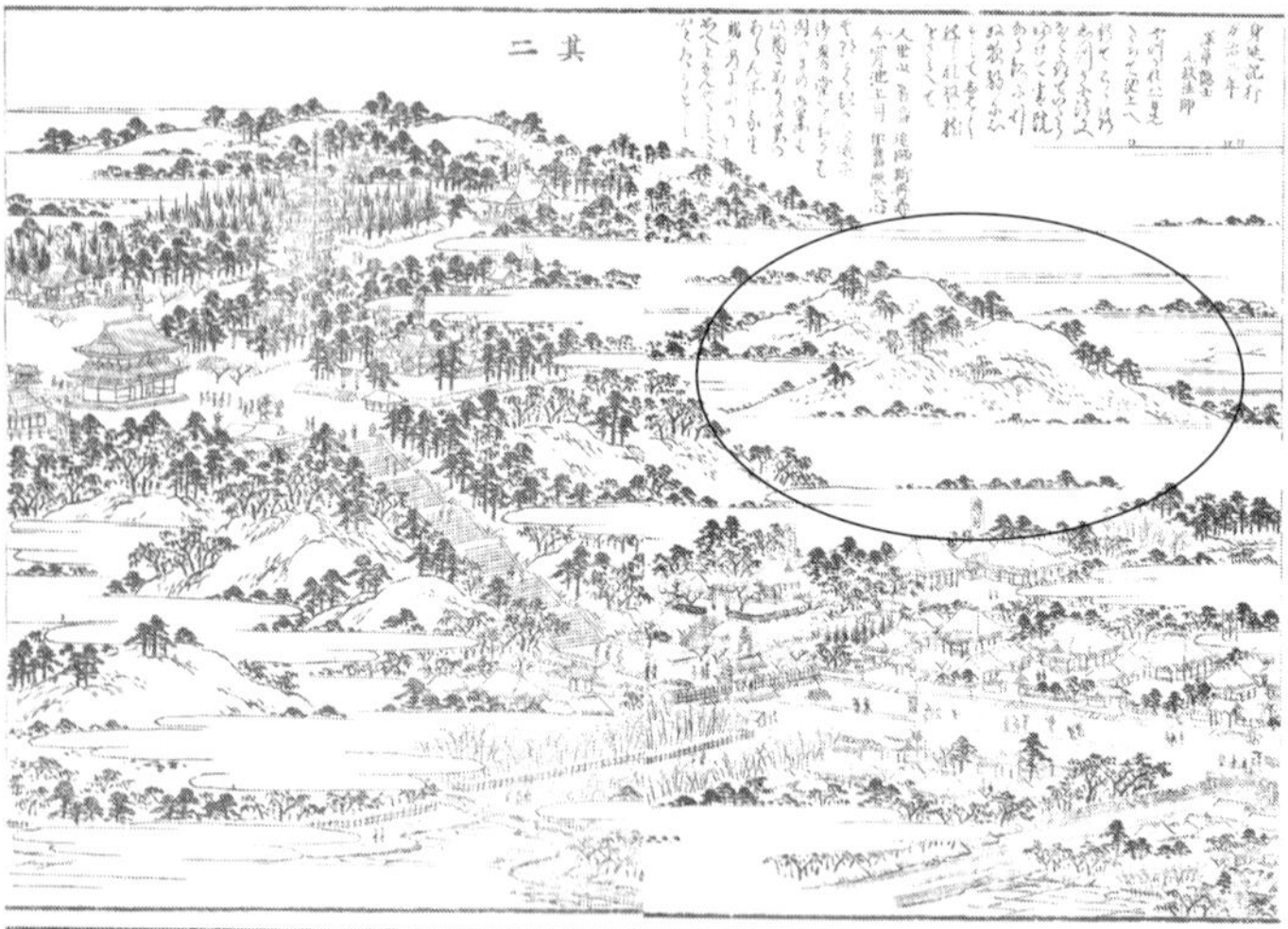

此経難持坂

妙見堂方面へ登る長い階段

↑馬込車両基地上の跨線橋より本門寺方面を望む

←太田神社へ続く急坂。奥は神社の西側、手前は北側

本門寺の境内は立派な山である

右図は『江戸名所図会・巻之三・長栄山本門寺』通称池上本門寺の六枚綴りの絵の一部である。この二枚には加藤清正が寄進した九十六段の石段（此《し》経《きょう》難《なん》持《じ》坂《ざか》）と五層塔、仁王門までが描かれている。壮大な寺院で日蓮聖人入滅の聖地として有名だ。

弘安五年（一二八二）病のため身延山を降りた日蓮は、彼に深く帰依していた鎌倉幕府の番匠《ばんじょう》（大工）で、この地の豪族だった池上宗仲《むねなか》の屋敷に逗留したが山を降りてわずかひと月ほどで亡くなった。寺の広大な敷地は池上氏が寄進したものだ。

そもそも本門寺の境内は麓に呑川《のみがわ》が流れる立派な山である。どこから参拝しても必ず坂を上らなければならない。

ついでながら本門寺の北、馬込車両基地を跨いで第二京浜に降りる跨線橋は、高さもさることながら長さ百メートル以上あり、眺めも申し分ない。

本門寺の東にある小山は今

本門寺の谷を挟んで東側、図の円内にも独立した小さな山が描かれている。この山はおそらく太田神社（古くは家運八幡社として『新編武蔵風土記稿・巻之四十三・荏原郡之五・市ノ倉村』に記載）のある那須原だろう。

かつて市野倉から六郷までを領地としていた大田新六郎の氏神だという。祭神は誉田別命《ほんたわけのみこと》だが、御神体は大戦の空襲からも奇跡的に逃れた木造の衣冠装束像で、那須与一の守本尊と伝えられている。

拝殿は木製だがコンクリート製の本殿が造築されたのは平成六年（一九九四）だから比較的新しい神社の印象を受けるが、境内整地の際、寝棺式で埋葬された人骨が出ているから、塚だったともいえる。

那須原は小山といえどもかなりの急坂で、表参道側（南東）からは自転車を引いて登る道もないほどだ。

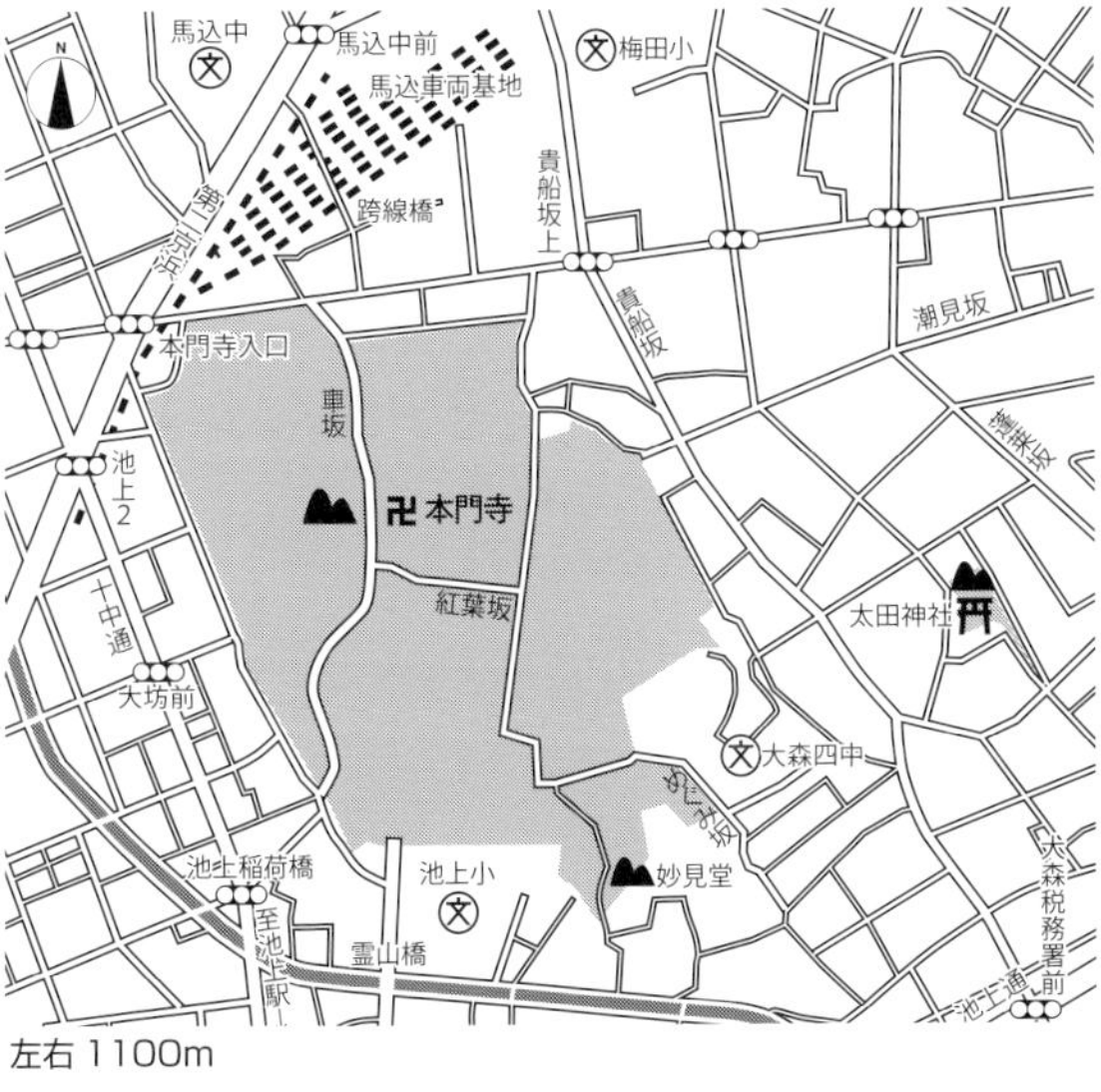

左右 1100m

主な参考文献 ＊出版年度は第一刷発行年のみ表記

『絵本江戸風俗往来（東洋文庫 50）』著：菊池貴一郎／編：鈴木棠三／平凡社・東洋文庫／ 1965
『日本書紀（下）日本古典文学大系 68』校注：坂本太郎、家永三郎、井上光貞、大野晋／岩波書店／ 1965
『甲子夜話続編 7』著：松浦静山／校訂：中村幸彦、中野三敏／東洋文庫／ 1981
『耳嚢（上）』著根岸鎮衛／校注：長谷川強／岩波文庫／ 1991
『大日本地誌大系 新編武蔵風土記稿（巻一～七）』雄山閣／ 1996
『新訂 江戸名所図会（巻一～六、別二）』校訂：市古夏生、鈴木健一／ちくま学芸文庫／ 1997

『新修 日本佛像図説』著：木村小舟／日本佛像圖説刊行會／ 1952
『江戸編年事典』編：稲垣史生／青蛙房／ 1966
『日本六十余州 伝説と奇談 第 10 集 中部編』発：山田書院／ 1967
『史蹟 将門塚の記』刊：史蹟将門塚保存会／ 1968
『歴史細見 東京江戸案内』編：桜井正信／八坂書房／ 1979
『江戸の坂 東京の坂／続 江戸の坂 東京の坂』著：横関英一／中央公論社／ 1981 ～ 82
『日本の神々 神社と聖地 11 関東』編：谷川健一／白水社／ 1984
『東京の［地霊］』著：鈴木博之／文藝春秋／ 1990
『大田区 古墳ガイドブック』編：大田区立郷土博物館／発：大田区大田西地域行政センターまちなみ整備課／ 1992
『区政 60 周年記念 図説 板橋区史』編：板橋区史編さん調査会／発：板橋区／ 1992
『北区の昔・よもやまばなし』編：東京都北区立郷土資料館／発：東京都北区教育委員会／ 1994
『世田谷城悲話 伝説「常盤塚」』著：人見輝人／発：常盤塚保存会事務局／ 1996
『図説 浅草寺 今むかし』編：金龍山浅草寺／東京美術／ 1996
『魔都江戸の都市計画』著：内藤正敏／洋泉社／ 1996
『江戸東京の庶民信仰』著：長沢利明／三弥井書店／ 1996
『大昔の大田区 原始・古代の遺跡ガイドブック』編・発：大田区立郷土博物館／ 1997
『台場～幕末の海防政策と江川担庵（平成 15 年度後期企画展パンフレット）』編・発：韮山町立郷土資料館／ 2003
『江戸の坂 東京・歴史散歩ガイド』著：山野勝／朝日新聞社／ 2006
『東京の地名由来辞典』編：竹内誠／東京堂出版／ 2006
『宮田登 日本を語る 3 はやり神と民衆宗教』著：宮田登／吉川弘文館／ 2006
『お江戸超低山さんぽ』著：中村みつお／書肆侃侃房／ 2007
『城巡礼 諸行無常 東京48カ所巡り』編：東京地図出版編集部／東京地図出版／ 2008
『江戸の庶民信仰（大江戸カルチャーブックス）』著：山路興造／青幻舎／ 2008
『ご近所富士山の「謎」』著：有坂蓉子／講談社＋α新書／ 2008
『東京の「痕跡」』著：遠藤ユウキ／同文館出版／ 2008
『ふるさと練馬探訪』編：練馬区立石神井公園ふるさと文化館／ 2011
『多摩のあゆみ 143「中世多摩の荘園と武士」』発：財団法人 たましん地域文化財団／ 2011
『江戸東京の寺社 609 を歩く 下町・東京編、山の手・西郊編』監修：山折哲雄／著：槇野修／ PHP 新書／ 2011

『武蔵国二万分一之尺地図』地区陸地測量部／測量：1880 ／製版：1886
『「東京都区部」1:25,000 デジタル標高地形図』国土地理院／（財）日本地図センター／ 2003

お山一覧

著……**川副秀樹**（かわぞえ・ひでき）

1949年生。中央大学経済学部卒。G・デザイン事務所経営を経て現在、著作・編集業・民俗学研究者。'03～「東京都高尾パークボランティア会」会員。'06～神職の体験及び研究を開始。'11～「古文書の会」（武蔵野市）会員。ベランダのプランターで古代米を栽培し、メダカを飼育。飯縄信仰をはじめとする庶民信仰の研究をライフワークとする。また、'50～'60年代の黒人音楽（Soul Music, R&B）に造詣が深く自らもグループを組み、年数回の演奏活動を続けている。

著書：『雑学 ご先祖様の知恵袋』（黒鉄ヒロシ監修／宝島社／'04）、『スキャンダラスな神々』（龍鳳書房／'06）、『八百万のカミサマがついている！』（志學社／'08）、『絵解き・謎解き 日本の神仏』（彩流社／'10） ほか企画編集書多数。

http://www.zoeji.com

＊本書掲載のモノクロ写真をカラーにて掲載

＊筆者が講師を務める「ごりやく民俗講座」の情報

装丁………山田英春

DTP制作、撮影、地図………Hi-Studio

【言視BOOKS】

東京「消えた山」発掘散歩

都区内の名（迷）山と埋もれた歴史を掘り起こす

発行日❖2012年4月30日　初版第1刷

著者

川副秀樹

発行者

杉山尚次

発行所

株式会社言視舎

東京都千代田区富士見2-2-2　〒102-0071

電話03-3234-5997　FAX 03-3234-5957

http://www.s-pn.jp/

印刷・製本

（株）厚徳社

ISBN978-4-905369-29-5 C0325